Gerda Hoffer

Nathan Ben Simon und seine Kinder

Eine europäisch-jüdische Familiengeschichte

Deutscher Taschenbuch Verlag

Mit einem Nachwort zur Taschenbuchausgabe

Ungekürzte Ausgabe
November 1996
Deutscher Taschenbuch Verlag GmbH & Co. KG, München

Titel der englischen Originalausgabe:
The Utitz Legacy
ISBN 965-219-010-1

Unter dem Titel: Ererbt von meinen Vätern
Aus dem Englischen von Gerda Hoffer
ISBN 3-8046-8744-X
Umschlaggestaltung: Costanza Puglisi, Klaus Meyer
Gesetzt aus der Sabon 10.5/12˙ (Linotron 202)
Satz: IBV Satz- und Datentechnik, Berlin
Gedruckt auf säurefreiem, chlorfrei gebleichtem Papier
Druck und Bindung: C. H. Beck'sche Buchdruckerei, Nördlingen
Printed in Germany · ISBN 3-423-30568-1

Nathan Ben Simon, der erste Urahn, den Gerda Hoffer bei ihrer faszinierenden Spurensuche nach der eigenen Familiengeschichte aufspürte, kam im Jahre 1610 in einem Dorf südlich von Prag zur Welt. Ausgehend von diesem Zentrum mitteleuropäischen Judentums führt die Autorin durch 13 Generationen familiären Lebens und läßt den Leser teilhaben am Alltag und an den Festen, am Auf und Ab von Gettoleben und Emanzipation, an Nöten und Hoffnungen von Kindern und Rabbinern, an Krieg und Frieden, Verfolgung und Exil. Im Spiegel der Familie Utitz, zu der Ledermacher, Professoren, Schriftsteller zählten – darunter der Physik-Nobelpreisträger Wolfgang Pauli sowie der Begründer der Logotherapie Viktor E. Frankl –, wird die Sozial- und Wirtschaftsgeschichte der in Böhmen, später in der Habsburger Monarchie, dann in Österreich, England, Schweiz, Nordirland, USA und Israel lebenden Juden äußerst anschaulich, lebendig und überschaubar dargestellt.

Gerda Hoffer, geboren 1921 in Wien, Tochter des Dichters Stefan Pollatschek und seiner Frau Ilka Lion, emigrierte 1938 mit ihren Eltern nach England. Sie studierte vergleichende Religionswissenschaft und unterrichtete in der Erwachsenenbildung. Seit 1968 ist sie als freie Autorin tätig, schrieb unter anderem einen Detektivroman und das Buch ›I Did Not Survive. Letters from the Kielce Ghetto‹. Gerda Hoffer lebt seit 1978 als Publizistin in Jerusalem.

Inhalt

Ufer nur sind wir, und tief in uns rinnt
Blut von Gewesenen, zu Kommenden rollt's,
Blut unserer Väter, voll Unruh und Stolz.
In uns sind alle. Wer fühlt sich allein,
Du bist ihr Leben, ihr Leben ist Dein.
Miriam, mein Leben, mein Kind – schlaf ein.

(Nach Richard Beer-Hoffmanns
Schlaflied für Miriam)

Einleitung
Die Entstehungsgeschichte dieses Buches

Der Ursprung dieser Erzählung war die schnippische Bemerkung von Doris Engländers 16jährigem Sohn, der im Brustton der Überzeugung erklärte: »Unsinn, deine Großmutter kann nicht das 21. Kind gewesen sein; das ist eine physische Unmöglichkeit.«

Genaugenommen ist Doris Engländer keine Utitz. Sie hat den größten Teil ihrer Kindheit mit Anna Utitz' Sohn Jakob und dessen Frau in Nordirland verbracht, die sie adoptierten. Aber gerade sie ist es, die die Familie zusammenhält und alle Familienmitglieder einlädt, wann immer einige von uns in London sind.

Während einer dieser Zusammenkünfte versuchten wir, uns an die Namen von Julias Kinderschar zu erinnern. Jeder von uns hatte von seinen Großeltern die Sage der 21 Kinder gehört, doch konnten wir uns nur die Namen von acht in Erinnerung rufen. Aber meine Wißbegier war geweckt, und ich schrieb an die jüdische Gemeinde in Prag, an die Beerdigungsgesellschaft und an eine Anzahl von anderen jüdischen Institutionen mit der Bitte, mir die Namen der Kinder des ehemaligen Schuldirektors Abraham Utitz und seiner Frau Julia Teller bekanntzugeben. Die meisten meiner Anfragen blieben unbeantwortet. Während der folgenden Jahre korrespondierte ich mit der Polizei in Wien, mit den Hafenbehörden in New York, mit der Stadtverwaltung in Chatanooga, ja sogar mit der Telefongesellschaft von Texas, in der Hoffnung, Abrahams und Julias Nachkommen zu finden.

Nach langer, verzweigter Korrespondenz waren meine Anstrengungen von Erfolg gekrönt. Eines Tages hielt ich zwei verblichene Briefseiten in der Hand, die nach dem Staub von fünf Jahrzehnten rochen. Es stellte sich heraus, daß kurz vor ihrem Tode, etwa um 1930, Heinrich Utitz und sein Bruder Gotthold versucht hatten, etwas über die Geschichte der Familie zu erfahren. Der genealogische Forscher, den sie mit diesem Auftrag betraut hatten, übergab ihnen schließlich eine Liste mit den Namen und persönlichen Daten einiger ihrer Vorfahren. Wunderbarerweise war diese Liste in der Hitlerzeit nicht vernichtet worden, sondern kam im Nachlaß von Gottholds Sohn Emil zum Vorschein (»Heinrichs Liste«).

Meine erste Reaktion war Enttäuschung. Statt meiner Großtanten und Onkel war der erste, der in dieser Liste erwähnt wurde, Mosche Utitz, der angeblich im Alter von 90 Jahren 1733 gestorben war. Soviel ich wußte, war die Lebenserwartung in früheren Jahrhunderten kaum 60 Jahre gewesen; nur selten hatte jemand ein höheres Alter erreicht. Ich verdächtigte sofort Heinrichs Informanten des Schwindels und machte mich auf, in der Nationalbibliothek in Jerusalem ein Buch über die Lebenserwartung böhmischer Juden im 18. Jahrhundert zu finden.

Das erste Buch, das mir in die Hände fiel, hieß ›Die jüdischen Familien Prags‹. Es enthielt ein alphabetisches Verzeichnis der Gräber des alten Judenfriedhofs in Prag. Zu meiner Überraschung sah ich, daß einige Leute, die den Namen Utitz führten, dort begraben waren, unter ihnen: »Mosche, der Sohn des Nathan, der am Vorabend des Pessachfestes des Jahres 1733 im Alter von 90 Jahren verschieden ist.« Auch der Tod von Mosches zweiter und dritter Frau sowie der einiger seiner Söhne und anderer Verwandter waren dort verzeichnet. Es brauchte allerdings etwa drei Jahre intensiver Forschung, um herauszufinden, wie alle diese Utitzens miteinander verwandt waren.

Unter »intensiver Forschung« verstehe ich das Lesen von Grablisten verschiedener Friedhöfe, die genaue Überprüfung aller vorhandenen ›Dokumente der Archive des jüdischen Volkes‹ in Jerusalem und schließlich zwei Besuche in Wien und Prag. Bevor ich zum ersten Mal ›Die jüdischen Familien Prags‹ in den Händen hielt, hatte ich keine Ahnung, daß solche Quellen existierten. Ich nahm einfach ein Buch nach dem anderen, das etwas über böhmische Juden enthielt, aus den Regalen der Bibliothek, in der Hoffnung, etwas über die Umstände, unter denen Mosche und seine Söhne lebten, zu erfahren. Bald war ich besessen von der Idee herauszufinden, wie sich das tägliche Leben unserer Vorfahren abgespielt hatte. Der Name Utitz erschien des öfteren in den Werken, die ich las, z. B. in einer Liste von Feuerschäden, in einer Abschrift der Volkszählung von 1729 usw. Ein Buch erwähnte, daß Mosche die Wahl Rabbi Oppenheims zum Oberrabbiner unterstützte, ein anderes gab an, daß Chaims Schwiegervater der bekannte deutsche Rabbiner Tewel Scheurer war.

Den Ursprung des Namens Utitz entdeckte ich im Diaspora-Museum in Tel Aviv; dort erfuhr ich, daß Leute dieses Namens aus der kleinen Stadt Votice in der Nähe von Tabor stammten. In Jerusalem fand ich einen Artikel über diesen kleinen Marktflecken und seine Juden. Was ich da las, brachte frühe Kindheitserinnerungen an eine Erzählung meiner Großmutter zurück. Ihre Geschichte begann mit einem Vers: »Eine Mauer um uns baue, daß der Feind uns nicht erschaue.« Großmama fuhr fort, mir zu erzählen, daß einst, in Kriegszeiten, Juden so gebetet hätten. Gott erhörte ihre Bitte, und in der Nacht begann es zu schneien; der Schnee fiel, bis ihre Häuser völlig bedeckt und somit unsichtbar waren. Der Feind entdeckte ihre Siedlung nicht und zog vorbei, ohne sie zu belästigen. Während ich die Geschichte Votices las, klangen mir Emilies Worte in den Ohren. Da stand wahrhaftig geschrieben, daß während des kältesten Winters des Dreißigjährigen Krieges feindliche Armeen nicht in die Nachbarschaft von Tabor vordringen konnten, weil die Wege völlig verschneit waren. Ich bezweifle, daß meine Großmutter je den Namen Votice gehört hatte und von der

Existenz dieses Ortes wußte. Die Geschichte des »Wunders« war sicherlich durch Generationen mündlich überliefert worden.

Angeregt durch diese Entdeckung, schrieb ich systematisch alle Erinnerungen an Großmutters Geschichten nieder. Vor mehr als 50 Jahren hatte sie mich oft mit Erzählungen aus ihrer Kindheit amüsiert. Sie hatte ein so lebendiges Bild der Zeit gemalt, daß mir vieles noch klar in Erinnerung ist. In der Hoffnung, ähnliches von anderen Familienmitgliedern zu hören, bat ich so lange um ihre Berichte, bis sie begannen, mir aus dem Weg zu gehen.

Enttäuscht, nicht weiterzukommen, begann ich wieder die Suche nach Abrahams und Julias Nachkommen. Durch den Computer des israelischen Innenministeriums erfuhr ich, daß eine Familie namens Utitz in einem Kibbuz in der Nähe von Haifa wohnt. Dort empfing mich liebenswürdigerweise Zeev Utitz. Obwohl er Jakob Utitz ähnlich sah, erklärte er mir energisch, er sei mit uns nicht verwandt. Zur Entschädigung gab er mir ein kleines Buch, das er vor Jahren in einem Antiquariat gekauft hatte. Es beschrieb das Leben des Rabbi Nathan Utitz, der während des 18. Jahrhunderts im nordböhmischen Teplitz gelebt hatte. Der Bericht enthielt auch eine Menge Einzelheiten über Rabbi Nathans Familie, und ich konnte bald feststellen, daß er ein Neffe unseres Rabbi Mosche war. Die Quellenangabe des Buches veranlaßte mich, erneut ins Jerusalemer Archiv zu gehen. Dort verbrachte ich nun viele Tage damit, Mikrofilme von Geburts-, Hochzeits- und Sterbeurkunden zu überprüfen. Die meisten Urkunden waren mit Gänsekiel in alten gotischen Buchstaben, oft in fast unleserlichen Handschriften, geschrieben. Nach Wochen nicht immer besonders geduldiger Forschungsarbeit hatte ich mein Wissen über die Familie Utitz erweitert; ich hatte auch herausgefunden, daß Zeevs Urgroßvater ein Halbbruder meines Urgroßvaters war.

Meine Suche nach den seit Jahrhunderten »verschollenen«

Verwandten war in eine Manie ausgeartet, und so verbrachte ich meine nächsten Urlaube zum Teil in der Wiener Nationalbibliothek und zum Teil auf alten Prager Friedhöfen.

Der alte jüdische Friedhof in Prag gilt als eine nationale Sehenswürdigkeit und wird in tadelloser Ordnung gehalten. Hingegen, so erzählte man mir, übergab der Oberrabbiner einen anderen Friedhof der Stadt Prag, und auf dem befindet sich jetzt ein Kinderspielplatz. Nicht einmal eine Liste der dort Begrabenen existiert. Auch der »neue« jüdische Friedhof bot einen melancholischen Anblick. Alle Gräber, außer den neuesten, waren von Unkraut überwuchert. Viele der Grabsteine waren zerbrochen, und der Regen hatte die Inschriften weggewaschen. Durch puren Zufall stand ich plötzlich vor dem Grab von Mathias Utitz. Ich konnte entziffern, daß er der Sohn von Isak Loeb Utitz war. Aber der Rest der Grabinschrift war völlig mit Ranken bedeckt. Die Dornen zerrissen mein Kleid, doch es war mir unmöglich, mehr herauszufinden. Die tschechischen Beamten im alten jüdischen Rathaus waren überaus bemüht, konnten mir aber nicht weiterhelfen. Sie hatten keine Register von Häusern oder Geschäften, die ehemals in jüdischen Händen waren.

Nichtsdestoweniger übte Prag eine magische Anziehungskraft auf mich aus. Stundenlang bewunderte ich die schönen alten Häuser, die Neubauten waren, als Mosche sie zum ersten Mal sah. Ich war froh, einen Grund zu finden, im nächsten Jahr Prag nochmals zu besuchen.

Im Jahre 1836 hatte jemand ein Buch verfaßt, das die ersten 50 Jahre der Prager Judenschule beschrieb. Es ist wohl eine Freudsche Fehlleistung, daß ich dieses Buch in der Jerusalemer Bibliothek nicht fand, obwohl es dort in Form eines Mikrofilms existiert. So fuhr ich wieder nach Prag. Dort konnte ich jedoch nicht in die jüdische Bibliothek. Eine reizende junge Assistentin, die mich im Hausflur empfing, erklärte mir, daß ich eine Besuchserlaubnis vom Erziehungsministerium haben müsse. Ich erklärte ihr, daß ich ein Buch, in dem mein Urgroßvater erwähnt sei, suche und eine Karte, auf der die Häuser des Gettos eingezeichnet seien. Sie versprach, meine Bitte, die für mich wichtigen Seiten des Buches zu fotokopieren, an den Direktor des Instituts weiterzuleiten, und wir schieden als gute Freunde.

Eine halbe Stunde später fand ich in einem Antiquariat, gegenüber der Bibliothek, zwei wunderschöne Karten des alten Gettos. Einige Monate später erhielt ich freundlicherweise die Fotokopien der Abschnitte des Buches, die meinen Urgroßvater betrafen, und sechs Monate später fand ich den Mikrofilm des Buches in Jerusalem.

Wir können nicht über das Schicksal jedes einzelnen von Simons Nachkommen berichten; wir wissen nicht einmal, ob Nathan sein einziger Sohn war. Aber dank der Nachforschungen von Heinrich und Gotthold Utitz war es uns möglich, die Ahnenkette zu verfolgen, die bis zu Simon dem Hausierer zurückführt. 13 Generationen sind dahingegangen, seit Simon seine Waren von Dorf zu Dorf schleppte. Tausende seiner Nachkommen leben heute über alle fünf Erdteile verstreut, ohne das geringste Wissen über das Schicksal ihrer direkten Vorfahren. Es wird hier von »Tausenden« gesprochen. Der ›Encyclopaedia Judaica‹ nach gab es im Jahre 1800, also zwei Jahrhunderte nach Simon, zwei Millionen Juden auf der Welt; heute zählt man zwischen 12 und 14 Millionen. Es könnte sogar sein, daß Sie, werter Leser, ein Nachkomme von Simon sind.

Obwohl es mir gelang, meine Vorfahren bis zum Ende des 16. Jahrhunderts aufzuspüren, konnte ich nur 16 Namen der Kinder Abrahams und Julias finden. Ist es möglicherweise doch nur eine Sage, daß meine Großmutter das 21. Kind war, wenn so vieles, das ich für Legende hielt, sich als Wahrheit herausstellte? Als Heinrich und Gotthold ihre Nachforschungen begannen, kannten sie wohl kaum meinen Namen. Und doch ist ihr Vermächtnis, ihre Namensliste, das schönste und wertvollste Geschenk, das ich je bekommen habe. Die Vorfahren, die ich dank ihrer Hilfe entdeckte, sind ein Teil von mir, in gleicher Weise, wie es meine Eltern sind. Dieses Buch ist ihnen allen gewidmet.

Mein Dank gilt Walter Leo Schwarz, ohne dessen Hilfe die deutsche Ausgabe des Utitz-Vermächtnisses nicht zustande gekommen wäre.

Gerda Hoffer

Nathan Ben Simon und seine Zeit

Im Jahre 1610 schrieb Shakespeare in London an seinem Wintermärchen, in Venedig arbeitete Galileo Galilei an seinem Teleskop, in Virginia begannen sich die ersten englischen Einwohner Amerikas an ihr neues Leben zu gewöhnen, und in Votice wurde Nathan Ben Simon geboren.[1] Wie alle Säuglinge war auch Nathan einzigartig, Votice hingegen, wie die meisten böhmischen Marktflecken, war uninteressant. Etwa 100 km südlich von Prag und 25 km nördlich von Tabor gelegen, schlummerte es dahin, von sanften Hügeln umgeben, auf denen dunkle Tannen wuchsen. Niemals hat es dort ein welterschütterndes Ereignis gegeben, weder vor noch nach Nathans Geburt. Votice war ein typischer kleiner Ort, in nichts unterschieden von 200 anderen solchen Orten in Böhmen, in denen es Juden erlaubt war, sich niederzulassen. Die frühesten uns zur Verfügung stehenden Dokumente zeigen, daß zwar schon im 15. Jahrhundert Juden in Votice lebten. Die meisten aber siedelten sich dort 1538 an. Nathans Urgroßvater zählte vermutlich zu denen, die im 16. Jahrhundert dort hinkamen.

Zur Zeit von Nathans Geburt besaßen sechs von 20 jüdischen Familien in Votice eigene Häuser. Sie waren nicht gezwungen, in einem Getto zu leben, sondern wohnten Seite an Seite mit den übrigen Einwohnern, meist böhmischen Hussiten. Die reicheren Juden handelten mit Vieh, die anderen hatten Buden auf Märkten in der Nachbarschaft oder ernährten sich durch Hausieren. In ländlichen Gegenden waren Juden fast die einzigen reisenden Händler. Abseits gelegene Dörfer zu besuchen war oft ein gefährliches Unternehmen, das von jedem, der sich auf angenehmere Art sein Brot verdienen konnte, gemieden wurde.

Als Kind mußte Nathan manches Mal mitansehen, wie

eine Nachbarsfrau in Tränen ausbrach, wenn sie erfuhr, daß ihr Mann auf offener Landstraße ermordet worden war. Herbergen, in denen Juden übernachten durften, mußten mit einem Schild ausgestattet sein, das einen Juden mit einem Sack auf dem Rücken darstellte. Solche Häuser waren selten. Konnten sie eine derartige Unterkunft nicht finden, mußten sie die Nacht im Freien verbringen. Simon, Nathans Vater, zählte nicht zu den wohlhabenden Juden, die später Votice verließen, also war er vermutlich einer der ärmeren Hausierer.

Nathan wurde am Ende jener Periode geboren, die von böhmischen Juden als das »goldene Zeitalter« bezeichnet wird. Während der Regierung Rudolfs II. erreichte die Prager jüdische Gemeinde den Höhepunkt ihrer Entwicklung. Im Gegensatz zu seinen Vorgängern, die in Wien hofgehalten hatten, wohnte Kaiser Rudolf, ein eingefleischter Junggeselle und Sonderling, in seiner Prager Burg. Sein Hang zum Mystischen und zur Alchemie brachte ihn auf den Gedanken, es müsse möglich sein, gewöhnliche Metalle in Gold zu verwandeln. Er rief nicht nur viele jüdische Goldschmiede an seinen Hof, er gewährte sogar Prags Oberrabbiner eine Audienz.

Obwohl er ein frommer Katholik war, zeigte der Monarch reges Interesse an allen möglichen mystischen Lehren, einschließlich der jüdischen Geheimlehre. Prags Oberrabbiner Loew Ben Bezalel, genannt der Maharal, galt als Experte auf dem Gebiet des jüdischen Mystizismus.

Zu Beginn des 16. Jahrhunderts hatten etwa 600 Juden in Prag gelebt. Während Rudolfs Herrschaft war ihre Zahl auf 6000 angewachsen. Der Handel mit Bayern und Sachsen befand sich fast ausschließlich in jüdischen Händen. David Gans, ein jüdischer Astronom und Chronist, berichtet vom starken gegenseitigen Einfluß der jüdischen und böhmischen Gesellschaft, sowohl im kulturellen als auch im gesellschaftlichen Bereich. 1595 erklärte er, daß seine Chronik geschrieben sei: »... zur Lobpreisung des Landes, in welchem ich lebe, dieses Landes, auf dem Gottes Segen ruht.«

1612 starb Rudolf II. kurz nach seiner Abdankung. Der Tod dieses ungewöhnlichen Mannes bedeutete nicht nur für die Juden Böhmens das Ende des »goldenen Zeitalters«. Das tragische Ende eines Streites zwischen Rudolf und seinem Bruder brachte Unglück über alle Einwohner des großen Habsburgerreiches.

Während der langen, schweren Jahre, die Rudolfs Tod folgten, muß Nathan oft mit Sehnsucht an seine frühesten Kindheitstage gedacht haben, an eine Zeit, in der Kälte, Hunger und Angst die Ausnahme und nicht die Regel gewesen waren. Wie die meisten böhmischen Juden wuchs Nathan in einer strohgedeckten Hütte auf. Sie bestand aus einer Stube, deren Decke von rauchgeschwärzten Balken getragen wurde. Ein großer Kamin führte direkt nach oben ins Freie. An Regentagen mußte Nathans Mutter ein großes Gefäß darunterstellen, um zu verhindern, daß ihre Wohnung überschwemmt wurde. Hinter der Hütte befanden sich zwei kleine Räume, die sowohl als Ställe wie auch als Schlafstätten für die älteren Kinder benutzt wurden. Eine Ziege gab Milch, Hühner und Gänse lieferten Eier und an Festtagen auch Fleisch.

Normalerweise sah Nathan seinen Vater nur am Wochenende. Freitags begann die Familie bei Sonnenaufgang die Hütte zu säubern und genügend Wasser zu wärmen, so daß nicht nur der Vater, sondern sie alle ein Bad nehmen konnten. In Nathans Jugendjahren gab es in Votice noch kein rituelles jüdisches Bad, und um den Sabbat in dem vorgeschriebenen Zustand von Reinlichkeit begehen zu können, bedurfte es eines komplizierten Rituals.

»Sholet«, ein Gericht aus Gerste, Grütze und Fleisch, mußte vorbereitet und unter eines der großen Federbetten gestellt werden, damit es bis Samstag mittag warm blieb. Freitag und Samstag waren die einzigen Tage, an denen Hausierer wie Simon eine warme Mahlzeit essen konnten. Den Rest der Woche lebten sie von Brot und Käse, um die jüdischen Speisegesetze nicht zu verletzen.[2]

Freitags, wenn die Sonne hoch am Himmel stand und Simon noch nicht zu Hause war, wurde Nathans Mutter unruhig. Nicht selten kamen Hausierer mit leeren Händen nach Hause, weil sie in einsamen Gegenden überfallen, verprügelt und ausgeraubt worden waren. Normalerweise jedoch war Simons Sack voll von Garn, Flachs, Leinen und Korn. Damit hatten die Bauern der einsam gelegenen Gehöfte Simon für Federn, Felle, altes Eisen, Nadeln und dergleichen bezahlt. Simon wiederum erstand seine Waren sonntags auf den Märkten, ebenfalls im Tauschhandel. Nur selten hatte er Geldmünzen in seiner Hand.

Kaum hatte Simon die Haustür erreicht, so bestürmten ihn Nachbarn, Juden wie Christen, mit Fragen, ob er Nachrichten von Freunden und Verwandten für sie hätte. Hausierer wie er waren meistens nicht nur Postboten und Handelsagenten, sondern auch Heiratsvermittler und Neuigkeitenkrämer. Sogar dem kleinen Nathan fiel auf, daß sein Vater von Woche zu Woche besorgter aussah. Und tatsächlich, die Nachrichten, die Simon nach Kaiser Rudolfs Tod brachte, wurden immer schlimmer.

Zu dieser Zeit bestand die Bevölkerung Böhmens aus ungefähr einem Drittel deutsch sprechender Katholiken, zwei Dritteln tschechisch sprechender Protestanten und etwa 1500 Juden, deren Muttersprache meist Jiddisch war. Sobald der Kaiser zu Grabe getragen war, brach der 200 Jahre alte Kampf zwischen Katholiken und Protestanten aufs neue aus. Die Schließung zweier protestantischer Kirchen, eine in Braunau, die andere in Klostergrab, verursachte beträchtliche Aufregung. Als Antwort darauf erließ der hauptsächlich aus tschechischen Bürgern bestehende Landtag 1615 ein Gesetz, demzufolge nur Leuten, die fließend tschechisch sprachen, der Aufenthalt in Böhmen gewährt wurde.

Bald nachdem er mit dem Lernen im Cheder begonnen

hatte[3], beeinflußten daher politische Ereignisse allmählich das Leben Nathans. Infolge des Machtkampfes zwischen Katholiken und Protestanten mußte der jüdische Knabe Nathan Tschechisch lernen. Sein schlauer Vater zwang ihn, neben dem hebräischen Alphabet auch das gotische zu erlernen, denn als zukünftiger Steuereinnehmer mußte Nathan tadellos Deutsch lesen und schreiben können. Dem sich mit dem Gänsekiel abmühenden Kind war es gleichgültig, wer der nächste böhmische König sein würde. Die Erwachsenen in seiner Umgebung jedoch waren entsetzt, als sie hörten, daß der künftige Kaiser Ferdinand II. die böhmische Krone tragen werde. Dieser junge Mann war, wie alle Habsburger, deutscher Abstammung und stand völlig unter dem Einfluß der Jesuiten. Jesuiten, das hieß Inquisition, und Inquisition hieß Tod oder bestenfalls Landesverweisung. Einige von Votices Juden begannen ganz offen ihre Sympathie für die Protestanten zu zeigen. Diese waren wütend über die Wahl des neuen Königs und warfen mehrere hohe Beamte aus einem Fenster der Prager Ratskammer. Der Prager Fenstersturz war der Auftakt zu einem Krieg, der mehr als 30 Jahre dauerte und in dem die meisten Völker Europas kämpften, um die religiösen Bekenntnisse ihrer jeweiligen Herrscher zu verteidigen.

Simon bewies wieder seinen Scharfsinn; er war nicht bereit, in einem Krieg, in dem Christen sich bekämpften, sich auf die eine oder andere Seite zu schlagen, auch nicht, als die protestantische Armee aus der ersten Schlacht als Sieger hervorging und 1619 bis fast in die Vorstädte Wiens vordrang. Bald stürmten katholische Truppen nach Südböhmen, wo sie über 100 Siedlungen niederbrannten; eine davon war Votice. Während der Kämpfe dort, in denen der protestantische Führer, Graf Mansfeld, eine entscheidende Rolle spielte, brannten unzählige Häuser ab, natürlich auch die der Juden.

Die ersten Kriegsjahre waren sicher fürchterlich für Simon und die Seinen; sie waren ohne Dach über dem Kopf, und infolge der verbrannten Erde gab es auch noch eine Hungersnot. Bauern, die aus den Kampfgebieten flohen, wurden zu Straßenräubern und überfielen jeden, der sich auf der Landstraße zeigte. Noch dazu war der Winter von 1620 der strengste seit Menschengedenken; es war so kalt, daß sogar der Bosporus mit Eis bedeckt war. Andauernde Schneefälle versperrten alle Wege nach Votice, und so blieben dem kleinen Marktflecken weitere Kämpfe erspart. Wo hätte Simon unter diesen Umständen einen Bauern finden können, der ihm Nadeln und Tand abkaufte?

Ohne Zweifel unterbrach der Krieg Nathans Studien, besser gesagt, er setzte ihnen ein Ende. Die Kämpfe in der Umgebung Votices dauerten an, bis im Winter des Jahres 1620 katholische Truppen einen entscheidenden Sieg errangen. Es schien, als sei der Krieg in Südböhmen beendet, und bald waren auch die Folgen des Sieges spürbar.

Als erstes wurde der protestantische, meist tschechische Adel des Landes verwiesen und ihre Ländereien unter den Siegern, meist eifernden Jesuiten, aufgeteilt. Lange Zeit hatte die Herrschaft in Votice in den Händen einer Frau gelegen. Nach ihrem Tode verkaufte ihr Gatte, Kaspar von Sulevice, das Land an einen Verwandten, Pavel Ostersky von Sulevice. Die beiden protestantischen Aristokraten hatten den größten Teil des Jahres in Votice verbracht und waren jedermann im Ort bekannt. Während der entscheidenden Jahre, 1618 bis 1620, war Pavel Mitglied des protestantischen Oberkommandos und Kaspar Mitglied des Landtages gewesen. Die Bevölkerung von Voctice, sowohl die jüdische wie die protestantische, war sprachlos, als sie erfuhr, daß Kaspar zu jenen Protestanten gehörte, die am 21. Juni 1621 in Prag öffentlich hingerichtet wurden. Der Besitz in Voctice kam in die Hände eines tschechischen Katholiken, Sezima von Vrataba, von dem ab jetzt Nathans Schicksal abhing.

Der neue Herr von Votice vertrieb nicht nur alle führenden Protestanten aus dem Ort, sondern auch die Juden, die Sympathie für die Protestanten gezeigt hatten. Alle wohlhabenderen Juden verließen die Stadt aus eigenem Antrieb. Nathan war nicht der einzige, der bittere Tränen vergoß, als er Abschied von seinen Spielkameraden nehmen mußte.

Die Bar Mitzwa des 13jährigen Nathan nahte heran, und Votice war nun ein ganz anderer Ort als der, in dem er geboren worden war. Die wenigen verbliebenen jüdischen Familien mußten von den Christen getrennt im Nordwesten der Stadt leben, wo die Gerber ihre Werkstätten hatten und wo ihnen ständig der Gestank des trocknenden Leders in die Nase zog. Die meisten Jungen, mit denen Nathan lesen und schreiben gelernt hatte, lebten nicht mehr in Votice. Dem Halbwüchsigen kam es vor, als lägen seine Schultage in grauer Vorzeit. Seit seinem achten Lebensjahr hatte er mitgeholfen, seine Familie auf alle möglichen Arten zu ernähren.

Nun war das Städtchen verarmt, die Einwohner lebten in Angst vor dem neuen Besitzer, der ganz auf der Seite der Habsburger stand und nicht an dem Wohlbefinden seiner Leibeigenen interessiert war. Er zwang sie, fünf Tage in der Woche ohne Bezahlung auf seinen Feldern zu arbeiten. Der Ausweisung der protestantischen Edelleute folgte die Ausweisung der protestantischen Bourgeoisie, und die grausame Behandlung der zurückgebliebenen Papstgegner veranlaßte jeden, der die Möglichkeit hatte, aus Böhmen zu fliehen. Deutschsprachige Bürger kämpften in fernen Ländern für ihren katholischen Kaiser und hatten keine Zeit, sich um den Handel in ihrem Heimatland zu kümmern. Niemand war da, die Ernte zu verkaufen oder die Steuern einzutreiben. Plötzlich brauchte man die Juden. 1623 erließ Ferdinand II. eine Proklamation, die bestätigte, daß Juden das Recht hätten, in Böhmen zu leben und mit Gütern jeder Art zu handeln. Er verlieh sogar einem gewissen Jakob Schmiedel das Adelsprädikat und erlaubte dem Prager Getto sich 39 Häuser, die protestantischen Rebellen gehört hatten, einzuverleiben.

Der Krieg wurde nun in anderen Regionen ausgetragen;

man konnte wieder die Märkte der nahe gelegenen Dörfer besuchen, und für einen klugen Jungen gab es einige Möglichkeiten, Geld zu verdienen. Wie die anderen böhmischen Lehnsherren zog auch Sezima von Vrataba nach Wien an den Kaiserhof. Von dort wurden alle Anordnungen in deutscher Sprache erlassen, so daß zwar der Dorfpfarrer, nicht aber die Bauern von Votice und aus der Umgebung sie verstehen konnten. Den Bauern widerstrebte es, den katholischen Geistlichen um Hilfe zu bitten, und so wandten sie sich lieber an die Juden, deren jiddische Muttersprache es ihnen ermöglichte, deutsche Erlasse zu verstehen. Nathan und die wenigen anderen, die das Lesen und Schreiben beherrschten, konnten sich bald nützlich machen.

Nach alter Sitte heiratete Nathan im Alter von 18 Jahren. Von seiner Frau wissen wir nur, daß sie Roszina Resel hieß und daß sie ihm sieben Kinder gebar. Ehe der älteste Sohn, Loeb, aus den Wickelkissen war, hatte sich das Kriegsglück wieder gewendet. Protestantische Sachsen fielen in Nordböhmen ein und erreichten bald die Vororte von Prag. Die kaiserliche Armee zog sich nach Tabor zurück, das in der Nähe von Votice liegt. Während Loebs Kindheit spielte sich manches Scharmützel in der nahen Umgebung ab, und Roszina lebte sicher in ständiger Angst. Aber nur einmal, im Jahre 1645, kam die kaiserliche Armee wieder in das Städtchen, wo dann auch gekämpft wurde.

In einer Zeit, in der 80 bis 85 Prozent der örtlichen Bevölkerung Analphabeten waren, beherrschte Nathan das hebräische und das gotische Alphabet, sprach Tschechisch und war fähig, sich in Deutsch, welches seit 1628 die Landessprache war, zu verständigen. Daher erhielt er bald die Stellung eines Steuereinnehmers. Er schien ausgezeichnet geeignet, die Wünsche und Befehle aus Wien an die Leibeigenen zu übermitteln, eine nicht gerade beneidenswerte Aufgabe. Nathan mußte Menschen, die er seit seiner Kindheit kannte, dazu zwingen, die enormen Steuern zu zahlen, welche auf dem erbärmlich kleinen Ertrag lagen, der von Frauen und Kindern mühsam dem Boden abgerungen worden war, während die Männer die Felder des Schloßherrn unentgeltlich zu bestellen hatten.

Es war sicherlich auch kein Vergnügen zu sehen, daß seine Glaubensgenossen ihren Anteil an den hohen Steuern zahlten, welche die jüdische Gemeinde der kaiserlichen Schatzkammer zu liefern hatte. Als Jude lag sein Schicksal, gleich dem des ärmsten Leibeigenen, völlig in den Händen des Schloßherrn. Trotz der Proklamation, die Ferdinand II. 1623 erlassen hatte, konnte er sein Haus, sein Einkommen und seine Freiheit innerhalb einer Sekunde verlieren.

Während des Dreißigjährigen Krieges war es unter den Juden des Kreises Beraun, zu dem Votice gehörte, üblich, ihren Kindern nur jüdische Namen zu geben. Also nannten Roszina und Nathan ihre Kinder Loeb, Chaim, Salomena und Mariana. Doch dann erhielt ein Sohn den aristokratisch klingenden Namen Philip. Könnte es sein, daß der Knabe nach einem Mitglied der in Votice herrschenden Familie benannt wurde, um Nathans Arbeitgeber zu schmeicheln? Simon starb in den dreißiger Jahren des Jahrhunderts, und Nathans nächster Sohn erhielt den Namen seines Großvaters.

1639 brach in Prag die Pest aus, an der mehr als die Hälfte der Gettobewohner starb. Doch es scheint, daß Votice von der Krankheit verschont blieb und das Leben dort weiterging, unberührt von dieser Tragödie und dem fernen Krieg. 1642 schenkte Roszina noch einem Sohn, Mosche, das Leben, und einige Jahre später war es Zeit, passende Ehepartner für die älteren Kinder zu finden.

Der erste, der Hochzeit feierte, war Loeb. Er lebte weiter mit seiner jungen Frau Esther im väterlichen Haus, sogar noch nach der Geburt ihres ersten Sohnes, den sie Mayger nannten. Auch für die älteste Tochter, Salomena, war bald ein Ehemann gefunden. Nathan wählte Eliezer Backofen zum Schwiegersohn, einen jungen Mann aus weitverzweigter, einflußreicher Familie, die nicht in Votice ansässig war. Die Tatsache, daß die Backofens, eine der angesehensten jüdischen Familien Böhmens und mit dem Prager Oberrabbiner verwandt, sich mit Nathan verschwägerten, spricht für die Stellung, die er unter seinen Glaubensgenossen einnahm. Aber auch Eliezer konnte sich keinen eigenen Haushalt leisten und mußte im Hause seines Schwiegervaters leben. Es ist wohl anzunehmen, daß die Behausung eines Steuereinnehmers sich wesentlich von der eines Hausierers unterschied. Allem Anschein nach hatte der einst bettelarme Junge seinen Weg gemacht. Es wäre faszinierend zu wissen, warum auch Eliezer seinen ersten Sohn Philip nannte.[4]

1648, gerade als die Juden von Votice und Umgebung sich darauf vorbereiteten, den letzten Tag des Laubhüttenfestes würdig zu feiern, erhielten sie erschütternde Nachrichten von ihren Glaubensgenossen in Prag. Die in Böhmen eingefallenen Schweden hatten den Prager Stadtteil gegenüber dem Getto besetzt. Juden kämpften Seite an Seite mit Prager Bürgern, um den Feind zurückzuschlagen. Der Oberrabbiner hatte den Kämpfenden sogar erlaubt, am Yom Kippur auf das Fasten zu verzichten, um das Getto besser verteidigen zu können. Doch da die Kämpfe bereits seit dem Spätsommer andauerten, stand kaum mehr ein unbeschädigtes Haus.

Als alle sich schon mit dem Gedanken abgefunden hatten, daß der Krieg ewig dauern werde, wurde am 24. November 1648 in Westfalen der Friedensvertrag unterschrieben. Der Krieg hatte in den anderen Ländern Europas kaum etwas geändert. In Böhmen aber war alles anders geworden. Mehr als die Hälfte der tschechischen Bevölkerung hatte das Land verlassen; die Zurückgebliebenen, meist arme Bauern, wurden gezwungen, die Religion des Kaiserhauses anzunehmen, mit dessen Beamten sie keine gemeinsame Sprache hatten.

Zu Kriegsbeginn war Nathan ein achtjähriges Kind gewesen; 1648, als Großvater, war er einer der bedeutendsten jüdischen Bürger Votices. In den Tagen unmittelbar nach Kriegsende zeigte der Kaiser, nun Ferdinand III., seinen Dank für die Hilfe, die die Juden bei der Verteidigung Prags geleistet hatten; er schenkte ihnen eine Fahne zur Erinnerung an die Begebenheit.

Nathan, nun ein relativ wohlhabender Mann, beschloß, zwei seiner Söhne, Chaim und Mosche, nach Prag zu schikken, um dort für das Rabbinat zu studieren. Man kann sich leicht vorstellen, wie sehr Roszina dagegen protestierte, den achtjährigen Mosche so weit wegzuschicken. Sicherlich wies sie mehr als einmal darauf hin, daß die Reise gefährlich sei, daß Prag 100 km von Votice entfernt liege, daß es kaum eine Möglichkeit geben werde, ihr Kind je wiederzusehen. Es zeigte sich aber, daß sie Nathan nicht beeinflussen konnte. Seine Söhne sollten die Chance zum Studieren bekommen, die er selbst nie gehabt hatte. Sie sollten Rabbiner, aber nicht Steuereinnehmer werden.

Nicht nur Nathans Kinder, auch eine neue Generation von Tschechen war inzwischen herangewachsen. Diese von Jesuiten zu katholischen Fanatikern erzogenen Tschechen setzten es sich bald zum Ziel, den Juden die Privilegien wieder zu entziehen, die ihnen während des Dreißigjährigen Krieges gewährt worden waren.

1650 erklärte Ferdinand, daß nur die Juden in Böhmen bleiben durften, die dort schon vor 1618 gelebt hatten. Juden war es nicht mehr erlaubt, Schwerter zu schmieden oder Handwerke auszuüben, die mit der Herstellung von Waffen zu tun hatten. Sie konnten ihre Waren nur im Getto oder auf Flohmärkten verkaufen und durften weder in ihren Werkstätten noch in ihren Häusern Christen beschäftigen. Neue, höhere Steuern erschwerten ihnen das Leben zusätzlich.

Aber nicht alle Juden sprachen sich gegen den ersten Teil des Erlasses aus. Fast täglich trafen nämlich mittellose Flüchtlinge aus der Ukraine ein, die Chmielnickis Pogromen entkommen waren und nun eine unwillkommene Konkurrenz für die einheimischen Juden darstellten. Mit dem bloßen Leben davongekommen, waren die Neuankömmlinge unfähig, zu den hohen Steuern beizutragen, die auf den böhmischen Juden lasteten. Jeder Bezirk hatte eine Liste mit den Namen der dort lebenden Juden abzuliefern. An der Spitze der Voticer Juden standen Nathan und seine Familie. Nur ein Jude hatte sich nach 1618 in Votice niedergelassen, ein gewisser Josef Pollak, der nun schon seit 1620 dort lebte. Von den 249 Juden des Bernauer Bezirkes wohnten 94 in Votice, und zwar in insgesamt elf Häusern. Den Juden dieses Bezirks war es verboten, mit Wolle, altem Eisen und Fellen zu handeln, und sie durften ihre Stände nur in der dritten Reihe der Märkte aufstellen. So legte jede Gemeinde die kaiserlichen Erlasse nach eigenem Gutdünken aus. Reisende Juden konnten, falls sie nicht eine Spezialerlaubnis vom Voticer Richter hatten, sich nicht länger als drei Tage im Ort aufhalten. Keiner jedoch mischte sich in die internen jüdischen Angelegenheiten ein. Alles, was ihre Religion betraf, durften die Juden selber entscheiden, und sie konnten zum Rabbi wählen, wen immer sie wollten.

Es ist daher nicht ganz überraschend, daß Chaim, als er endlich nach Votice zurückkehrte, Rabbi der kleinen Gemeinde wurde. Er heiratete die Tochter des Wolf Katz, deren Grab noch in den dreißiger Jahren dieses Jahrhunderts auf dem jüdischen Friedhof von Votice zu sehen war.

Trotz aller Schwierigkeiten, zu denen auch noch eine Feuersbrunst kam, die 1661 die halbe Stadt zerstörte, scheint es den Voticer Juden nicht an Geld gefehlt zu haben. Jedenfalls war genug da, um im Jahre 1665 eine Synagoge zu erbauen, und es ist anzunehmen, daß Rabbi Chaim und sein Vater dabei ein Wörtchen mitzureden hatten.

Es ist unwahrscheinlich, daß die Voticer Juden ihren Rabbi weniger großzügig behandelten als die Teplitzer den ihren. Diese kleine Stadt in Nordböhmen versorgte einige Jahre später ihren Rabbi mit einer Wohnung, einem Gehalt von 104

Gulden im Jahr und besonderer Bezahlung für Hochzeiten und dergleichen. (Das Gehalt eines einfachen Arbeiters betrug zu dieser Zeit 40 Gulden im Jahr.) Außer den üblichen Steuern hatte der Rabbi zehn Gulden Schutzgeld an den Schloßherrn abzuliefern.

Chaim hatte sich nicht nur um die religiösen Angelegenheiten seiner Gemeinde zu kümmern, er hatte auch Streit zwischen Gemeindemitgliedern zu schlichten. Aufzeichnungen eines Disputs zwischen dem Schornsteinfeger Simon Komenik und einem Bernhard Kanter existieren bis heute.[5]

Nathan hatte zwar Grund, auf seinen Sohn Chaim stolz zu sein, und auch der angehende Rabbi Mosche in Prag machte ihm Freude. Jedoch Salomenas Familie gab dem Vater Anlaß zur Sorge. Ihr Mann, Eliezer Backofen, war der Anführer einer Gruppe von Juden, die in Opposition zu Abraham Arons aus Lichtenstein, dem Primator aller Juden in Böhmen, stand. Der Streit dauerte Jahrzehnte, und zuletzt war die ganze jüdische Bevölkerung Böhmens in ihn verwickelt. 1667 begann Eliezer, Arons öffentlich aller möglichen Vergehen zu bezichtigen. Das gipfelte in der Beschuldigung, Arons habe ihm anvertraute Gelder unterschlagen. Die Sache kam vor den kaiserlichen Gerichtshof. Glücklicherweise lebe Nathan nicht mehr, als sowohl Arons als auch Eliezer verhaftet wurden. Das Gericht befand Arons für unschuldig und erlaubte ihm, sein Amt wieder auszuüben. Eliezer wurde zu zwei Jahren Gefängnis und anschließender Landesausweisung verurteilt.

Im 17. Jahrhundert betrug die normale Lebenserwartung eines Menschen etwa 50 Jahre. Im Alter von 60, umgeben von seinen Kindern und Enkeln, galt Nathan als Greis. Doch hatte er noch einige Jahre vor sich. Als er schließlich im Sterben lag, versammelte sich nach altem Brauch die Voticer Gemeinde um sein Krankenlager, um seine letzten Gebete zu hören. Während seines langen Lebens hatte Nathan so manches Bittgebet an den Allmächtigen gerichtet. Eines davon wurde mit einer Verzögerung von 300 Jahren erfüllt. Jeden Frühling hatte Nathan gebetet: »Nächstes Jahr in Jerusalem.« Heute leben mehr als 40 seiner Nachkommen im Staate Israel, eine davon tatsächlich in Jerusalem.

Im Jahre 1673 starb Molière im Alter von 51 Jahren. Spinoza ging 1677 46jährig dahin. Ein Jahr später verschied Nathan, nachdem er das 68. Lebensjahr erreicht hatte.

Das Prager Getto
zur Zeit Mosche Ben Nathans

Votice war 100 km von Prag entfernt. 1650 jedoch bedeutete das eine gefährliche Reise von mehreren Tagen Dauer. Nur in wenigen der vom Krieg zerstörten Dörfer waren Lebensmittel und Unterkunft zu finden, und auf den vernachlässigten Landstraßen mußten Chaim und Mosche sich ständig vor den mit ihrer Beute heimziehenden schwedischen Soldaten verstecken. Das Essen, das die beiden Jungen schleppen konnten, reichte nicht für die lange Reise. Die meisten Nächte verbrachten die Kinder auf Heuböden versteckt, hungrig, durstig, verängstigt und von Heimweh geplagt. Das mühevolle Unternehmen scheint Mosche jede weitere Reiselust genommen zu haben. Jedenfalls deutet nichts darauf hin, daß er sich je wieder auf derartige Abenteuer einließ.

Endlich, den Kindern schien es wie nach einer ewig währenden Wanderung, erreichten sie ihr Ziel und erblickten Prag! Chaim und Mosche starrten voll Staunen auf die riesige Stadt. Hunderte von Häusern zogen sich an beiden Seiten des Flusses entlang. Das kaiserliche Schloß stand auf einem steilen Hügel, und gegenüber, auf der anderen Seite des Flusses, erblickten die Kinder das Getto, auf einer Seite begrenzt durch den Fluß, auf der anderen von großen christlichen Kirchen eingerahmt. Drei-, ja sogar vierstöckige Häuser standen da zusammengepfercht auf einer Fläche von etwa einem Quadratkilometer.

Bevor der achtjährige Mosche nach Prag gekommen war, hatte seine Welt aus einigen ebenerdigen Gebäuden bestanden, bewohnt von seiner Familie und ihren Freunden. Im Prager Getto wanderten durch enge, sich schlängelnde Gäßchen mehr als 7000 Juden.[6] Der kleine Junge dachte, er sei in einer übervölkerten Metropole gelandet. Die elf Gotteshäuser des Gettos waren in seinen Augen Paläste; die Chormusik, die jeden Freitagabend daraus erscholl, erschien ihm der Inbegriff der Kunst.

Zum Glück hatte der Vater der Kinder so manchen Bekannten in Prag. Rabbi Hillel Utitz, ein entfernter Vetter, und Hirsch Backofen, ein Verwandter von Eliezer, saßen beide im Gemeinderat und gehörten zur tonangebenden Elite des Gettos. Zweifellos berieten sie Nathan, wie die Kinder zu erziehen, wo die richtigen Lehrer und Talmudschulen zu finden seien. Aus Votice kommend, war es schwierig für Mosche, sich an das Leben zwischen Tausenden von Juden zu gewöhnen, die durch Beruf, Erziehung, Reichtum oder Armut in verschiedene soziale Gruppen aufgeteilt waren. Die meisten Gettobewohner hatten kaum Kontakt zu der christlichen Welt. Die Administration der Gemeinde war in jüdischen Händen, ein jüdischer Gerichtshof war zuständig für Vergehen, die innerhalb der Gettomauern begangen wurden; es war ein kleiner Staat innerhalb eines Staates, eine eigene Welt, umgeben von einer feindlichen Umwelt.

Es muß schwer für Mosche gewesen sein, den Lehrern Glauben zu schenken, wenn sie erzählten, daß die Stadt, die er so überwältigend fand, nun, nach dem Ende des langen Krieges, nichts als eine Provinzstadt sei, ein Vorposten des großen Kaiserreichs. Das herrliche Schloß, in dem Rudolf, umgeben von den Großen des Reiches, regiert hatte, stand nun leer und verlassen. Die böhmische Aristokratie zog an den Kaiserhof in Wien; die Angehörigen der Intelligenzija starben im Exil; die höheren Schulen waren in den Händen eifernder Jesuiten. Nur im Getto ging das Leben weiter, als hätte der Dreißigjährige Krieg nie stattgefunden. Dank seiner zentralen geographischen Lage zwischen Mittel- und Osteuropa hatte es den Sturm überstanden und war noch immer der Mittelpunkt der europäischen Judenheit.

Mosche verbrachte die nächsten zehn Jahre hauptsächlich

in männlicher Gesellschaft. Unter Aufsicht berühmter Rabbiner begann er langsam das Hebräische zu beherrschen, das Alte Testament und endlich auch den Talmud zu studieren. Und als für Chaim die Zeit kam, nach Votice zurückzukehren, war Mosche nicht länger an die alte Heimat gebunden; er hatte sich völlig im Getto eingelebt und strebte danach, seinen Wissensdurst zu stillen und eine erfolgreiche Karriere zu beginnen.

Um ihre Studien fortsetzen zu können, heirateten Studenten der Talmudschulen meist Töchter von gelehrten Rabbinern und lebten dann im Haushalt ihres Schwiegervaters und Lehrers. Wehe dem jungen Mann, der es unter diesen Umständen wagte, seine Frau nicht mit dem gebührenden Respekt zu behandeln. Obwohl wir den Namen von Mosches erster Frau nicht kennen, besteht wenig Zweifel daran, daß auch er dieser alten Tradition folgte.

Es ist anzunehmen, daß er viele Jahre im Hause seines Schwiegervaters verbrachte, bis endlich auch seine talmudischen Kenntnisse Anerkennung fanden und der Oberrabbiner ihm den Titel »Morenu« verlieh, die nötige Qualifikation, um in Böhmen offiziell als Rabbiner zu gelten.

Wie die meisten jungen Juden des 17. Jahrhunderts hatte auch Mosche bis zum Tage seiner Hochzeit nur selten Kontakt zu der Welt der Frauen gehabt. Im Gegensatz zur zeitgenössischen Gepflogenheit wurden die Frauen des Prager Gettos hoch geschätzt. Sogar im religiösen Leben spielten sie eine ungewöhnliche Rolle. So schrieb zum Beispiel Bella, die Tochter eines gewissen Esekiel Horowitz, ein Gebetbuch mit dem Titel ›Busandacht, was man soll sagen bevor dem neuen Mond‹. Nicht nur ein Arzt, sondern auch eine Ärztin übten ihre Kunst im Getto aus, assistiert von zahlreichen Hebammen und Bartscherern.[7] Einige Frauen besaßen Apotheken, andere betätigten sich als Schuhmacherinnen. Viele Frauen besaßen Geschäfte, und zwar nicht nur kleine Gemüseläden, sondern auch ansehnliche Unternehmen. Das zarte Geschlecht brachte bei Gericht ungeniert Klagen gegen weibliche wie auch gegen männliche Konkurrenten ein, Klagen, bei denen es oft um beträchtliche Summen ging.

Die Folgen des Krieges änderten in mancher Hinsicht die Struktur der böhmischen Wirtschaft. Die neue Aristokratie behandelte ihre Leibeigenen wie seelenlose Roboter. Die durch deren Arbeit erwirtschafteten Überschüsse wurden an die Nachbarländer verkauft, und so erlangten die Aristokraten ihren Reichtum. Oft konnten Juden durch ihre Sprachkenntnisse und ihre guten Verbindungen zu ausländischen Juden diese Verkäufe vermitteln, und der Adel war ihnen daher gelegentlich recht wohlgesinnt.

Im schroffen Gegensatz hierzu stand das Verhalten der Kirche den Juden gegenüber. Mosche mußte, wie alle Gettobewohner, einmal in der Woche in die Nikolaikirche gehen, um sich dort die Ansprache eines berühmten jesuitischen Predigers anzuhören. Wollte er Freunde in dem benachbarten Dorf Lieben besuchen, durfte er das Getto nicht vor Ende der christlichen Gottesdienste verlassen. Da von Juden verlangt wurde, daß sie gesteifte Halskrausen trugen, konnte man sie leicht schon von weitem erkennen, und sie wurden auch oft auf offener Landstraße überfallen und verprügelt. Der Talmud wurde als unerwünschte Lektüre betrachtet, die den Widerstand gegen die Taufe stärke, und sowohl seine Veröffentlichung als auch sein Import waren verboten.

Weit ernster jedoch waren die häufigen Taufen jüdischer Kinder, die ohne Einwilligung der Eltern erfolgten. Ein solcher Fall führte zur Verhaftung des Prager Oberrabbiners Simon Wedeles und zu Hirsch Backofens Tod im Gefängnis. Der Vorfall, der Mosches Zukunft wesentlich beeinflußte, begann recht harmlos. Anfang des Jahres 1664 versuchte ein gewisser Simon Wineberg vergeblich, in den Gemeinderat des Gettos gewählt zu werden. Wütend kehrte er daraufhin dem Judentum den Rücken und ließ sich taufen. Er ging außerdem soweit, ein jüdisches Paar anzuklagen, seinen eigenen jungen Sohn ermordet zu haben, als es von dessen geplanter Taufe hörte. Wineberg behauptete, der Oberrabbiner sei an dem Mord beteiligt gewesen, und so wurde Simon Wedeles verhaftet. Erst 1665 entließ man ihn wieder aus der Haft, nachdem er zahlreiche Bittschriften an den Kaiser gerichtet und eine ansehnliche Summe Geldes gezahlt hatte.

Man fand Wineberg eines Nachts tot auf, in einer Lache von Blut. Am nächsten Tag wurden Berl Jeiteles und Hirsch Backofen, zwei prominente Ratsherren, verhaftet und des Mordes an Wineberg beschuldigt. Es dauerte, ähnlich wie 200 Jahre später im Dreyfus-Prozeß, neun Jahre, bis das Gericht die Unschuld der beiden Männer als erwiesen ansah. Erst nach weiteren drei Jahren wurde Berl Jeiteles aus dem Gefängnis entlassen. Hirsch Backofen war dort inzwischen an Altersschwäche gestorben.

Es scheint, als hätte Mosche sich zu diesem Zeitpunkt entschlossen, kein öffentliches Amt zu übernehmen, was eine Einschränkung seiner Karriere bedeutete.

Antisemitismus war nicht nur eine Sache der böhmischen Jesuiten. 1670 gelang es Bischof Kolonisch aus der Wiener Neustadt mühelos, den Kaiser, dessen Armee gegen die Türken kämpfte, zu überreden, die Wiener Juden auszuweisen. Bald tauchten viele der Unglücklichen in Prag auf und entfachten im Herzen ihrer Glaubensgenossen eine panische Angst vor einem ähnlichen Schicksal. Die Neueinwanderer, die keine Aufenthaltsgenehmigung hatten, mußten sich in dem überfüllten Getto verstecken.[8]

Von jeher hatte es im Getto an Brunnen gefehlt, und die Häuser waren fast ausnahmslos ohne jegliche sanitären Einrichtungen gebaut. Die ihrer Existenz beraubten Flüchtlinge verdienten sich ihren Lebensunterhalt durch den Handel mit alten Kleidern, die oft aus dem Nachlaß kürzlich Verstorbener stammten, und das in einer Zeit, in der die Pest in Europa wütete. Im Jahre 1677 brachten Reisende die Schreckensnachricht nach Prag, daß die Seuche Ungarns Bevölkerung dezimiert habe. Zwei Jahre später hielt die Krankheit ihren Einzug in Wien, und der Kaiser flüchtete mit seinem Hof nach Prag. Dort beeilten sich die Behörden, alle Flohmärkte zu schließen, aber es war zu spät: Die Pest wütete bereits in Prag, insbesondere im Getto.

Eines der ersten Opfer der Krankheit war der nun greise Oberrabbiner Simon Wedeles, der Anfang Dezember 1679 starb. Im März wurden täglich neue Todesfälle gemeldet; im April riegelten die Behörden das Getto hermetisch ab, niemand durfte herein, niemand durfte hinaus. Erst als es im Herbst kühler wurde, begann die Krankheit abzuflauen. Vermutlich war auch Mosches erste Frau unter den 3529 Toten des Gettos. Häuser standen leer, durch verlassene Werkstätten wehte der Novemberwind.

Nach unglaublich kurzer Zeit füllten Juden aus der Provinz die Lücken, froh über die Möglichkeit, in Europas größtem Getto unterschlüpfen zu können. Die Behörden, die mit ihren eigenen Verlusten beschäftigt waren, fanden keine Zeit, sich um das Getto zu kümmern, und bemerkten nichts von diesem Zuzug.

Wie so vielen anderen blieb auch Mosche nichts anderes übrig, als die Vergangenheit zu begraben. Seine zweite Frau, Malka, die Tochter des Rabbi von Burnmasch, scheint wesentlich jünger als Mosche gewesen zu sein.[9] Selbstverständlich nannten sie ihren ersten Sohn Nathan, nach Mosches verstorbenen Vater. Gabriel, Abraham und Wolf folgten in kurzen Abständen. Unter dem Einfluß seines neuen Schwiegervaters begann Mosche langsam, eine aktive Rolle im Gettoleben zu spielen.

Daß das Geschick Europas an einem seidenen Faden hing und nur die türkische Niederlage vor den Toren Wiens Mitteleuropa davor bewahrte, ein Teil des Osmanischen Reiches zu werden, interessierte nur wenige Prager Juden. Wahrscheinlich überlegte Mosche des öfteren, ob ein türkischer

Sieg für ihn nicht besser gewesen wäre und sein Leben erleichtert hätte.

Das Leben im Getto war voller kleiner und großer Probleme. Es war oft unmöglich für Mosche, sich auf die Schriften zu konzentrieren. Weder in seiner Wohnung noch in der anderer Leute mit durchschnittlichem Einkommen gab es eine Ecke, in der man ungestört lesen und schreiben konnte. Lärmende Kinder, keifende Nachbarn, ihre Waren anpreisende Straßenverkäufer raubten Mosche oft jegliche Konzentration. Auch die Räume der Gebetshäuser waren ständig voll von diskutierenden Gelehrten. Das Getto zu verlassen und einen langen Spaziergang zu unternehmen, um seine Gedanken zu ordnen, war ein gefährliches Unterfangen. Einmal eine Stunde ganz allein zu sein, das war für Gettobewohner eine unbekannte Situation. Bald brachte die Überfüllung des Viertels eine neue Katastrophe.

Der Frühling des Jahres 1689 war ungewöhnlich warm gewesen. Dienstag, der 21. Juni, war ein besonders schöner Sommertag. Alle Fenster standen offen. Der übliche Gestank der Straße zog in die Wohnräume und mischte sich plötzlich mit dem beißenden Geruch brennenden Holzes. Sekunden später, gerade als die Glocken der Niklaskirche zwei Uhr schlugen, konnte man die ersten Schreie hören: »Feuer!«

Viele flohen in die Synagogen, wo sie unter fallenden Balken und brennenden Thorarollen den Tod fanden. Mosche und die Seinen waren unter denen, die dem Inferno entfliehen konnten. Doch sobald sie den brennenden Stadtteil verließen, traf sie ein Steinhagel, und lachende Bengel entrissen den fliehenden Juden die wenigen Habseligkeiten, die sie vor dem Feuer gerettet hatten. Anderseits gab es aber auch barmherzige Christen, welche die Obdachlosen in ihren Häusern aufnahmen. Die Kirchenführung war außer sich. Juden und Christen unter einem Dach, wer hatte je so etwas gehört![10]

Sicher fand auch Mosche die Situation unerquicklich. Wie konnte Malka für koscheres Essen sorgen, wenn jeder Bissen, den sie verzehrten, von ihren Gastgebern stammte? Es gab ja nun keine jüdischen Bäckereien oder andere Geschäfte mehr, die koschere Lebensmittel verkauften. Alle waren wohl erleichtert, als endlich, am 13. Juli, auf Befehl des Kaisers, den obdachlosen Juden Baracken auf der Spitalswiese zur Verfügung gestellt wurden. Da es keinerlei Hinweise auf das Gegenteil gibt, müssen wir annehmen, daß Mosche und seine Familie die nächsten drei Jahre dort verbrachten.

Aber selbst nachdem sie endlich ins Getto hatten zurückkehren können, war das Leben nicht leicht. Auch jetzt konnten sie ihre Kinder nicht in Ruhe erziehen; der Wiederaufbau des Gettos verursachte ständig Lärm, Störungen und Ärger. Es gab endlose Debatten mit den Behörden über Größe und Form des neu aufzubauenden Gettos. Die Anordnung, neue Häuser müßten aus Stein statt aus Holz gebaut werden, war nicht unvernünftig, aber die Prager Juden hatten kaum genug Geld für die allerbilligste Wiederherstellung ihrer alten Häuser. Der Neuaufbau des Gettos änderte nichts am Leben seiner Bewohner. Die Zustände waren genauso schrecklich einengend wie zuvor. 7000 durch das Feuer nun meist ganz verarmte Menschen wohnten zusammengepfercht auf einem Quadratkilometer, den sie nur zu bestimmten Zeiten verlassen durften.

Unter solchen Umständen ist es nicht verwunderlich, daß es oft unter den Gemeinderäten zu wütenden Streitereien kam. Da er mit den Backofens verwandt war, fand Mosche sich bald in eine solche Debatte verwickelt. Die Frage war, ob alle böhmischen Juden dem Prager Oberrabbiner zu gehorchen hätten oder ob die Landesjuden einen eigenen Oberrabbiner haben sollten. Der Streit führte schließlich dazu, daß ein Jude den anderen vor dem kaiserlichen Gericht anklagte. Tonangebend in der Affäre war, wie schon vorher erwähnt, Mosches Schwager Eliezer Backofen. Seine Anklage gegen den Landesrabbiner Arons führte zu einem der größten Skandale der Epoche. Dadurch dauerte es elf Jahre, bis der Nachfolger des verstorbenen Oberrabbiners Simon Wedeles gewählt wurde.

Reisch Backofen, der Sohn des im Gefängnis verstorbenen Hirsch, war mit Simon Wedeles Enkeltochter verheiratet. Daher schlugen sich alle Angehörigen, einschließlich der Utitzens, auf die Seite des Vaters der jungen Frau, Wolf Wedeles. Er war einer der wohlhabendsten Männer des Gettos und ein glühender Anhänger von David Oppenheim. Dieser war nicht nur ein hervorragender Gelehrter, sondern auch ein außergewöhnlich reicher, vornehmer Mann. Mosche und sein Cousin Benjamin Utitz unterschrieben neben anderen das Dokument, das Oppenheim zum Vorstand der Prager Talmudschulen machte. Die Sache war so wichtig, daß Chaim, der nun Vorsteher des rabbinischen Gerichtshofes war, nach Prag kam, um die weitere Wahl Oppenheims zum Landesrabbiner zu bestätigen.

Das Wiedersehen der beiden Brüder war sicher ein emotionales Ereignis. Das halbe Leben war dahingegangen, seit sie sich das letzte Mal gesehen hatten. Damals waren sie junge Studenten gewesen, nun zählten sie zu Böhmens einflußreichsten Rabbinern. Wir wissen nicht, wie lange Chaim sich in Prag aufhielt. Eines jedoch steht fest: Als er Abschied nahm, um nach Votice zurückzukehren, wußten die beiden Brüder, daß dies ihr letztes Beisammensein gewesen war. Beide Männer hatten das 50. Lebensjahr überschritten; es war undenkbar, daß einer von ihnen noch einmal eine Reise von 100 km bewältigen konnte.

David Oppenheim verstand es, die erregten Gemüter bald zu beruhigen und den Streit zwischen den führenden Juden Böhmens zu schlichten. Er war ein ungewöhnlicher Mann; aus Hamburg stammend, Cousin des kaiserlichen Hofjuden in Wien, selbst Millionär und nun auch noch einflußreichster Jude Böhmens. Trotzdem erhielt er nicht die Erlaubnis, seine umfangreiche Sammlung hebräischer Manuskripte nach Prag mitzubringen, weil sie so gefährliche Bücher wie den

Talmud enthielt. (Seine Sammlung befindet sich heute in der Bodleian Bibliothek in Oxford.)

Nach kürzester Zeit wurde David Oppenheim zum Oberrabbiner gewählt. Rabbinern wie Mosche, die ihn von Anfang an unterstützt hatten, war er wohlgesinnt; also ist anzunehmen, daß Mosche nun zu den einflußreichsten Männern im Getto gehörte. Wie seine Kollegen wurde er respektiert, ja sogar verehrt. Wo immer er auftauchte, wurde ihm Platz gemacht, viele eilten zu ihm, um seinen Rat zu erbitten. Eine neue Generation von Utitzens wuchs heran; Mosches Sohn Nathan heiratete Bella Tausk, die auch aus einer führenden Gettofamilie stammte, und wurde Rabbiner. Auch Chaims Sohn Nathan war Rabbiner geworden und kam sowohl in Teplitz wie später auch in Bamberg zu Ruhm und Ehren.[11]

Das Gettoleben bestand aber nicht nur aus Streitereien und Gebeten. Viele Juden waren nun auch erstklassige Handwerker und produzierten hochwertige Waren zu niedrigsten Preisen. Das Geschäft blühte; wahrscheinlich war das einer der Gründe, die Mosche zur Berufswahl für seinen jüngsten Sohn Wolf bewog.

In 20 kurzen Jahren hat sich das Getto von den schweren Schicksalsschlägen der siebziger und achtziger Jahre erholt. Die mißglückte Revolution der tschechischen Bauern berührte die Prager Juden nur wenig, ihre Kunden waren meist Prager Bürger. Während der letzten 50 Jahre hatten die Habsburger ihre Kriege im Westen ausgefochten, und solange die Juden ihre hohen Steuern zahlten, ließ man sie mehr oder weniger in Ruhe. Krieg im Westen bedeutete Nachfrage nach Uniformen und dergleichen in Prag. Dies hatte auch im Getto ein gewisses Maß an Wohlstand zur Folge. Den Prager Juden ging es gut, und sie sahen keinen Grund, dies zu verleugnen.

Ihre Rabbiner waren anderer Meinung. 1712 verbaten sie für eine Zeitspanne von fünf Jahren die Erzeugung von Kleidern aus Seide, Taft, Damast oder Samt. Doch der gelockerte

Geist des 18. Jahrhunderts zeigte keinen Respekt vor den Gettomauern, weder vor denen, welche die Jesuiten errichtet hatten, noch vor denen, welche die Rabbiner nun aufrichten wollten. Europa hatte endlich das Mittelalter hinter sich gelassen. Früher war man Damen, dicht vermummt, höchstens auf dem Weg zur Kirche begegnet. Die Damen des Rokoko aber wollten sich amüsieren. Sie tanzten und würfelten in tief ausgeschnittenen Kleidern und Krinolinen, die so weit waren, daß ihre Trägerinnen nur seitwärts durch eine Tür schreiten konnten. Eine Verordnung der Rabbiner genügte nicht, dem Geist der Zeit Einhalt zu gebieten. 1720 fühlten sich die Rabbiner genötigt, Frauen, die Krinolinen trugen, mit dem Bann zu drohen. Karten spielen war nur während des Chanukkafestes erlaubt, Männer und Frauen durften nicht mehr gemeinsam außerhalb der Gettomauern spazierengehen, und die Frauen wurden gebeten, die Gotteshäuser vor den Männern zu verlassen. Es ist anzunehmen, daß Mosche etwas mit diesen Anordnungen zu tun hatte. Ganz abgesehen von all seinen anderen Funktionen, saß er nun auch im Altenrat, einer Körperschaft, die nur aus Männern bestand, die das 70. Lebensjahr erreicht hatten und wichtige Entscheidungen fällen sollten.

Malka starb am Abend des Yom-Kippur-Fastentages 1714, und offenbar heiratete der 72jährige Mosche bald wieder. Auf dem alten Prager Friedhof steht ein Grabstein, auf dem man liest: »Jechet, die Frau unseres Lehrers Mosche, Gott hab ihn selig, welche im Monat Kislev 1743 verstarb.«

1731 war Mosche sicherlich der älteste Einwohner des Gettos, und wie für die meisten alten Menschen muß es für ihn oft schwer gewesen sein, sich in der modernen Welt zurechtzufinden. So viel hatte sich seit seiner Jugend geändert. Kartoffeln, vor dem Dreißigjährigen Krieg in Böhmen ein unbekanntes Nahrungsmittel, waren nun die Hauptspeise des Landes. Die Türken, von der österreichischen Armee verjagt, hatten große Mengen von Kaffee zurückgelassen. Jetzt gab es kaum einen Haushalt, in dem Kaffee, trotz aller Warnungen, es sei ein gefährliches Gift, nicht ein begehrtes Getränk war. Und nun, um alles auf die Spitze zu treiben, begannen die Leute, statt Gold Banknoten als Zahlungsmittel zu benutzen. Krinolinen, Kartoffeln, Kaffee, Banknoten, wo sollte das bloß hinführen? Trotz seiner vielen Enkelkinder und seiner neuen Frau muß sich Mosche zeitweise sehr einsam gefühlt haben. Mit wem konnte er denn noch über die Tage seiner Jugend sprechen? Wer verstand noch seine Ansichten?

Mosche starb wie Malka, die so viele Jahre vor ihm dahingegangen war, am Abend eines Feiertags. Am Sederabend 1731 schloß der 90jährige für immer seine Augen. Sein Grabstein, der heute noch auf dem jüdischen Friedhof in Prag steht, trägt die Inschrift:

»Hier ruht der sehr alte Mosche
der Sohn des Nathan
Aluf Morenu
Er starb am Sederabend 1731«[12]

Das Ende der Welt des Schabrackenmachers Wolf Ben Mosche

Wolfs Geburt fiel in die Zeit der Jahrhundertwende.[13] Ende 1690 war sein Vater, ein Mann fortgeschrittenen Alters, bemüht, sein Leben nach dem großen Feuer neu aufzubauen. Wie sehr sich Mosche auch über einen vierten Sohn gefreut haben mag, der Zeitpunkt der Geburt dieses Kindes war nicht ideal.

Mosche war nun ein wichtiger Mann. Dutzende von Problemen erwarteten ihn, wann immer er das schöne Gebäude betrat, das als jüdisches Rathaus diente. Jedermann erwartete seinen Rat und seine Entscheidung in wichtigen Dingen, jedermann beanspruchte seine Gebete und vor allem seine Zeit. Selten nur hatte er eine Minute frei, um sich für die Fortschritte des Säuglings zu interessieren. Es ist anzunehmen, daß Malka, wie die Frauen der anderen Rabbiner, nach dem großen Brand zum Familienunterhalt beitragen mußte und Wolf der Obhut irgendeiner alten Verwandten überlassen war. Sicherlich brummte die Alte des öfteren, sobald der Rabbi aus der Tür war, daß das Kind unter einem ungünstigen Stern geboren sei.

Wolf lag noch in der Wiege, als sich die ersten Anzeichen eines Gewitters am Horizont zeigten, eines Gewitters, das eines Tages das Getto vernichten und seine Erziehung drastisch beeinflussen würde. Noch bevor er die ersten Worte sprechen konnte, hörte er eine Bande rasender Prager nach Judenblut schreien. Der Anlaß war, daß wieder einmal ein Gettobewohner, Simon Abeles, die Taufe eines Kindes gewaltsam verhindert hatte. Der Fall erinnerte deutlich an die Wineberg-Affäre, welche 1665 zu der langen Einkerkerung des Oberrabbiners Wedeles geführt hatte. Als Abeles von der bevorstehenden

Taufe seines Kindes hörte, tötete er seinen Sohn und nahm sich dann selber das Leben. Sein Selbstmord bewies klar und deutlich, daß er und nur er für den Tod des achtjährigen Kindes verantwortlich war.

Dieser drastische Schritt eines Juden, die Taufe seines Kindes zu verhindern, ließ den aufgespeicherten Haß der Masse ausbrechen. Fromme christliche Krämer sowie armes Volk stürmten ins Getto. Nach Rache brüllend, zerrten sie den an die Beine von vier Pferden gebundenen Leichnam Simon Abeles durch das Getto. Die Juden verbarrikadierten sich in ihren Häusern, um dem rasenden Mob zu entgehen.

Wer konnte Wolfs Eltern Vorwürfe machen, wenn sie das Kind nun nicht mehr aus den Augen ließen? Ihm, wie allen Gettokindern seiner Zeit, war es verboten, außerhalb der Mauern zu spielen. Nie sah er einen Baum in Blüte, nie wilde Blumen auf der Wiese, nie konnte er lachend über offenes Land laufen.

Während Wolf seine ersten Gebete lernte, analysierten Mosche und seine Kollegen die Gründe für die immer wiederkehrenden Ausbrüche der Gewalt. Nicht nur die Parolen der antisemitisch eingestellten Geistlichkeit, sondern auch die fortschreitende Verschlechterung seiner eigenen wirtschaftlichen Lage schürten im Pöbel den Haß. Die neue Aristokratie, der es noch immer an geeigneten Vermittlern fehlte, betraute mehr und mehr Juden mit der Verwaltung ihrer Ländereien. Deren Aufgabe war es, neue Märkte für die Erträge der böhmischen Felder und Wälder zu finden. Bald war das Im- und Exportgeschäft fast ausschließlich in jüdischen Händen, sehr zum Vorteil des böhmischen Adels, dessen Reichtum ständig wuchs. Während Barone und Grafen ihre Landsitze vergrößerten, herrliche doppelseitige Freitreppen anbauten und in pastellfarbener Kleidung aus Seide und kostbarer Spitze herumstolzierten, sank der Lebensstandard ihrer Leibeigenen auf das Niveau armer Bauern des 10. Jahrhunderts herab. Es war naheliegend, daß die Leibeigenen für ihr Unglück die Juden verantwortlich machten. Die Situation zu analysieren war nicht schwer, aber es war unmöglich, sie zu ändern.

Von frühester Kindheit an lebte Wolf in einer Atmosphäre von Haß und Mißtrauen. Der Junge hatte keine glückliche Kindheit. Es scheint, daß sein Vater zu beschäftigt war, die Studien seines jüngsten Sohnes mit der gleichen Sorgfalt zu überwachen, die seinen älteren Söhnen zuteil geworden war. Obwohl das Kind von gelehrten Männern umgeben war, sein Vater ein bekannter Rabbiner, sein Großvater mütterlicherseits ebenfalls Rabbiner und seine Brüder bestrebt, es der älteren Generation nachzumachen, war Wolf ein schlechter Schüler. Mosche drohte ständig damit, ihn in die Lehre zu schicken, falls er sich nicht mehr Mühe gebe. Es ist unmöglich, heute festzustellen, ob dem Jungen das Interesse an geistigen Dingen fehlte oder ob er unfähig oder unwillig war, mit den älteren Familienmitgliedern zu konkurrieren.

Was immer der Grund gewesen sein mag, an seinem zehnten Geburtstag wurde entschieden, daß Wolf ein Handwerk erlernen müsse. Das war natürlich Wasser auf die Mühlen aller Klatschbasen: Sohn eines Rabbiners und ging nicht in die Talmudschule! War so etwas schon dagewesen? Trotz des schlechten Verhältnisses zwischen Vater und Sohn wurde Wolfs Beruf mit großer Sorgfalt ausgewählt. Zu jener Zeit konnte sich das Getto rühmen, 80 Schneider, 45 Schuhmacher sowie eine Unmenge von Hemdenmachern, Knopfmachern und anderen Arbeitern in der Bekleidungsindustrie zu beschäftigen. Aber es gab nur drei Schabrackenmacher, welche die goldbestickten Decken herstellten, die in Artillerieregimentern benutzt wurden, um die kostbaren Pferde zu schützen.

Zu einem von ihnen sandte Mosche seinen Sohn, damit er dort das Handwerk eines Schabrackenmachers erlernen konnte. Der Junge mußte von sechs Uhr morgens bis acht Uhr abends arbeiten; während einer halbstündigen Pause hatte er sich im Lesen und Schreiben zu üben. Der Meister war verpflichtet, Wolf jeden Montag und Donnerstag in die Synagoge zu schicken, wo er dem Lesen aus der Thora beiwohnen sollte. Freitags endete die Arbeit um drei Uhr, und samstags war natürlich Ruhetag. Zu den Pessachfeiertagen im Frühling und zu den Sukkotfeiertagen im Herbst bekam Wolf eine Woche Urlaub. Bis zu seinem zwölften Lebensjahr erhielt er nur Kost und Logis; dann war er Geselle und erhielt sechs Kreuzer pro Tag. (Das war damals in etwa der Preis für ein paar Strümpfe.) So lauteten die Regeln der jüdischen Gilde. Diese hatte ihm im Krankheitsfall 30 Kreuzer pro Woche auszuzahlen, also fünf Sechstel seines Lohns. Das war auch für moderne Verhältnisse großzügig. Weitere sechs Jahre mußte Wolf ohne Unterbrechung bei ein und demselben Meister arbeiten. Dann hatte er sein Meisterstück herzustellen, ein perfektes Muster seiner neuerlernten Kunst. Bevor er den Meistertitel erhielt, der ihn berechtigte, eine eigene Werkstatt zu eröffnen, mußte Wolf eine ständige Aufenthaltsgenehmigung für Prag vorweisen und zeigen, daß er verheiratet war bzw. daß die Hochzeit noch vor seinem 18. Geburtstag stattfinden werde. Wolfs Mutter war nicht mehr am Leben, als die Zeremonie seiner Lossprechung stattfand. Sie war im November 1714 gestorben, zu einer Zeit, als wieder einige Pestfälle in Prag vorgekommen waren.

Die Frauen von Wolfs Brüdern stammten aus etablierten Gettofamilien. Über seine Frau aber wissen wir nichts anderes, als daß sie Rosel hieß. Möglicherweise ist das ein weiterer Hinweis auf einen Zwist zwischen Mosche und seinem jüngsten Sohn. Wolf folgte nicht den im Getto bestehenden Traditionen. Nichts deutet darauf hin, daß Rosels Vater ein Handwerksmeister war, der bereit war, seinen Schwiegersohn in das Geschäft zu nehmen. Genauso ungewöhnlich war es, daß das junge Paar weder bei dem gerade verwitweten Mosche noch bei Rosels Eltern wohnte, sondern Quartier im Hause eines Meier Edlitz bezog. Es lag in einem Teil des Gettos, das »Hampaviertel« genannt wurde. Könnte es sein, daß Rosel und Wolf aus Liebe geheiratet hatten und diese Verbindung nicht den Gefallen der beiden Väter fand?

Die Straße, in die das junge Paar zog, führte hinter dem Friedhof hinunter zum Fluß und war für einen noch nicht etablierten Handwerker kaum ideal gelegen. Die meisten Nachbarn dort waren kleine Leute mit niedrigem oder bestenfalls mittlerem Einkommen. 39 Personen wohnten dort in einem Haus, während die Häuser in der Nähe der Altneusynagoge nur 22 Einwohner beherbergten.

Zu Beginn war es sicher nicht leicht für Wolf, sich ein Geschäft aufzubauen, obwohl die Handwerksmeister des Gettos, ein Fünftel der Einwohner, zu den Begüterten gehörten. Nur eine kleine Gruppe von Kaufleuten war vermögender als sie. Die Waren, die sie produzierten, waren von ausgezeichneter Qualität und die Preise, die sie verlangten, äußerst niedrig. Daher bestellten viele Adelige und Offiziere ihre Uniformen, Stiefel, Reitausrüstungen und natürlich auch Pferdedecken im Getto, und die Inhaber der Werkstätten konnten sich allen Luxus leisten, den das Getto zu bieten hatte. Dieser war nicht schwer zu finden. Rosel und Wolf stolperten förmlich über Straßenhändler, oft bitterarme Schlucker, wann immer sie das Haus verließen. Wenn man durch die dunklen Gäßchen des Gettos wanderte, stieß man sich an Ständen, die mit Kleidern und Gardinenstoffen, Töpfen, Pfannen, Schüsseln, Geschirr und allen möglichen anderen Haushaltsgeräten beladen waren. Zu den Ärmsten der Bevölkerung zählten alte Weiber, die an Hauswänden hockten und das Warenlager ordentlich zu ihren Füßen ausbreiteten. Oft hatte ihr ganzer Kram nicht den Wert eines reichlichen Mittagessens.

Selbstverständlich war im Getto kein Bedarf für Wolfs goldverzierte Pferdedecken. Zu Anfang seiner Laufbahn mußte er oft die schützenden Mauern verlassen, um Kunden zu finden, die an seinen Waren Interesse zeigten. Man kann sich gut vorstellen, wie Rosel die Minuten bis zu seiner Wiederkehr zählte, wußte sie doch, wie häufig Juden unterwegs überfallen, mißhandelt und bestohlen wurden. Harte Arbeit brachte Wolf schließlich den Erfolg. Es scheint, daß die beiden zu den Begüterten im Getto gehörten. Es gelang ihnen, sieben Kinder großzuziehen; daraus läßt sich schließen, daß diese ihre Kindheit, gut genährt, in erträglichen Wohnverhältnissen verbrachten und so den damals häufig tödlich verlaufenden Kinderkrankheiten widerstehen konnten. Vielleicht kommt einer der silbernen Kerzenleuchter oder eines der zierlich bemalten Gläser, die im Prager jüdischen Museum zu sehen sind, aus Wolfs und Rosels Haushalt.

Doch je mehr Erfolg Wolf hatte, desto schwerer wurde das Leben. Männer wie er hatten am meisten unter dem ständig wachsenden Antisemitismus zu leiden. Christliche Handwerker drangen des öfteren in das Getto ein und verprügelten ihre jüdischen Konkurrenten. Ständig wurden Beschwerden über die jüdischen Gilden nach Wien gesandt, und der Kaiser schenkte ihnen willig Gehör. Karl VI., der zu der Zeit auf dem Thron der Habsburger saß, beanspruchte auch die Krone Spaniens. In diesem Land hatte er bis 1711 gelebt, und dort wurden noch immer Juden öffentlich verbrannt, die sich unter Zwang hatten taufen lassen, aber im geheimen ihr Judentum weiter ausgeübt hatten und entdeckt worden waren.

Wolf hatte jeden Grund, sich ernsthaft Sorgen zu machen, und doch konnte er nichts tun, um seine Familie zu schützen oder sie in eine sichere Umgebung zu bringen. Wo hätten sie hinziehen können? Welcher Herrscher hätte ihnen gestattet, sich in seinem Gebiet anzusiedeln? Wie hätte Wolf, nun der Vater einer großen Familie, von neuem beginnen können? Und hätten sie anderswo nicht dieselben Schwierigkeiten gehabt?

Im Jahre 1729 wurde als Vorbote neuer Maßnahmen gegen die Juden eine Volkszählung im Prager Getto durchgeführt. Sie ergab, daß 10507 Einwohner dort lebten, von denen mehr als die Hälfte nützliche Arbeiten verrichtete. Unter diesen befanden sich viele Frauen. Nur 106 Leute mußten von der Gemeinde unterstützt werden. In den Häusern des Gettos wohnten durchschnittlich je 39 Personen, einschließlich vier oder fünf Dienstmägde.[14] In den folgenden Monaten wurde eine Anzahl einschneidender Edikte erlassen. Ein in Vergessenheit geratenes altes Gesetz, das es nur dem ältesten Sohn einer jüdischen Familie gestattete zu heiraten, wurde wieder eingeführt. Geschäfte im Getto durften nur dienstags und freitags öffnen. Da am Freitagnachmittag der Sabbat beginnt, wurde der Handel praktisch auf anderthalb Tage pro Woche eingeschränkt. Während der Lebensstandard drastisch sank, stieg die Zahl der Todesfälle ständig.

Unter den ersten, die die verschlechterte Wirtschaftslage zu spüren bekamen, waren die Rabbiner des Gettos. Es scheint, daß es Wolf möglich war, die Seinen hinreichend zu versorgen. Mosches andere Söhne konnten jedoch ihre Familien offenbar nicht vor dem nun herrschenden Elend schützen. Anfang 1734 starben Chaim, der Sohn von Wolfs Bruder Abraham, und Sorrel, die Tochter des ältesten Bruders Nathan. Drei Jahre später folgte Wolfs Schwägerin Bella ihrer Tochter ins Grab. Es ist schwer zu sagen, ob Wolfs Entschluß, seine Söhne nicht in eine Talmudschule zu schicken, mit den großen finanziellen Sorgen seiner Brüder im Zusammenhang stand oder ob der Ärger über seinen Vater noch nicht verraucht war. Soweit wir wissen, hat auch keine seiner Töchter in eine Rabbinerfamilie hineingeheiratet.

Obwohl die Situation sich im Laufe der Jahre immer weiter verschlechtert hatte, sah doch niemand die Katastrophen voraus, die dem Tode Karls VI. 1740 folgten. Bevor seine Tochter Maria Theresia den Thron der Habsburger überhaupt besteigen konnte, fielen Frankreich, Preußen und Bayern in ihr Land ein, mit der Absicht, ihr Reich aufzuteilen. Bald nach dem Begräbnis Karls VI. besetzte Friedrich II. Schlesien, während bayerische und französische Armeen gegen Prag zogen.

Wie allen anderen Prager Juden wurde auch Wolf befohlen, die Schutzwälle der Festung zu verstärken. Nicht einmal am heiligen Yom-Kippur-Fasttag war es ihnen erlaubt, die Arbeit zu unterbrechen. Schon bald nach Beginn des Krieges lernten auch Wolf und seine Familie den Hunger kennen. Die Lebensmittelpreise stiegen ins Astronomische. Jede Woche mußten 150 Pferde geschlachtet werden, um Prags hungernde Bevölkerung zu ernähren. Auch als die siegreichen fremden Heere in Prag einzogen, wurde die Situation nicht besser. Im Gegenteil, die im Getto einqartierten Truppen forderten, mit Speisen und Wein bewirtet zu werden; darüber hinaus verlangten sie eine Summe von 2000 Dukaten. Wolfs Ersparnisse waren bald aufgebraucht. Da Wolf von den österreichischen Artillerieregimentern abgeschnitten war, müssen seine Geschäfte wohl völlig am Boden gelegen haben. Er konnte auch nicht wagen, offen Bestellungen der fremden Armeen anzunehmen, aus Angst vor späteren österreichischen Repressalien.

Der Krieg schien endlos. Eine Besatzungsarmee folgte der anderen. Die Versorgungslage wurde täglich schlechter, und für die meisten Menschen war es unmöglich, die hohen Preise zu zahlen. Wolf war gezwungen, seinen ganzen Charme, seinen Mutterwitz, all seine Gewandtheit einzusetzen, um die Familie mit dem Allernötigsten zu versorgen. Oft mußte er hier eine Regel umgehen, dort Schmiergelder verteilen, um diesen oder jenen nicht erhältlichen Artikel für einen bayerischen Soldaten aufzutreiben oder französischen Offizieren so manch unangenehmen Dienst erweisen zu können. Das alles tat er, um sich und die Seinen am Leben zu erhalten. Die darbende Bevölkerung des Gettos fiel bald allen möglichen Krankheiten zum Opfer. Wolfs Bruder Abraham und dessen Frau Judith starben beide im November 1740. Einige Wochen später mußte sich Wolf um das Begräbnis von David Utitz kümmern, den Sohn seines Cousins Nathan, der als Rabbiner im fernen Bamberg weilte.

Das einzig Sichere in diesen unsicheren Zeiten war, daß die Juden, wer immer auch auf dem Schlachtfeld den Sieg davontrug, die Verlierer blieben. Als die Preußen Prag bombardierten, landete nicht ein einziger Kanonenschuß im Getto; wer dies für einen Glücksfall hielt, hatte bald Grund, seine Meinung zu revidieren. Für die Österreicher war dieser »Glücksfall« der stichhaltige Beweis dafür, daß die Juden sie verraten und Friedrich II. unterstützt hatten.

Am Donnerstag, dem 26. November 1744, gelang es den Österreichern, endlich Prag zurückzuerobern. Bevor Wolf jedoch Zeit hatte, sein Dankgebet für das Überleben in dieser Zeit zu beenden, brach die Hölle los. Wenige Stunden, nachdem die Preußen Prag verlassen hatten, stürmten Fahnenflüchtige und Pöbel ins Getto. Sie brachen in Häuser ein, raubten Wertgegenstände und schlugen alles Wertlose kurz und klein; sie folterten Juden, damit sie ihnen verrieten, wo das Geld versteckt sei; sie warfen Gabriel, den Sohn von Rabbi Mosche, aus dem Fenster und erschlugen Bezalel, während er sich seine Gebetsriemen anlegte; sie steckten Synagogen in Brand und zerstörten unersetzliche Manuskripte.[15]

Die Erinnerung an das Pogrom verfolgte Wolfs Nachkommen durch Generationen.[16] Wir wissen nicht, wo und wie er sich und die Seinen während des Pogroms versteckte, wir wissen nur, daß das Versteck ausgezeichnet war; er, Rosel und die Kinder überlebten das Morden. Doch keiner von ihnen vergaß je das Trauma jener beiden Tage. Ihre Kinder und Kindeskinder hörten oft die Geschichte dieser schrecklichen 48 Stunden. Das Pogrom ging sogar nach Einbruch der Nacht bei Kerzenlicht weiter. Am Freitag, gegen Abend, wagten sich endlich einige Offiziere eines Husarenregiments ins Getto. Die tapfersten der Juden krochen aus ihren Verstecken und boten enorme Summen Geldes für Schutz vor dem Pöbel. Endlich, am Samstag, dem 28. November, marschierten die Husaren ein, und gegen Versprechung großer Bestechungssummen stellten sie langsam die Ordnung wieder her. 15 Juden waren ermordet und mehr als 300 verletzt worden. An diesem Samstag irrten viele, nur mit dem Hemd bekleidet, durch die kalte Nacht; sogar ihre Überkleider hatte man ihnen geraubt.

Und am nächsten Morgen war es schwer, in dem gebeugten, frierenden Mann, der ängstlich seine zerstörte Behausung betrachtete, den einst wohlhabenden Armeelieferanten Wolf Utitz zu erkennen.

Es war möglich, Schutz gegen den Haß des Pöbels zu kaufen, nicht aber gegen den der Kaiserin. Einigen Juden wurde der Prozeß gemacht, weil sie sich angeblich auf die Seite der Franzosen und Deutschen geschlagen hatten. Am 18. Dezember 1744 unterschrieb Maria Theresia einen Erlaß, demzufolge es Juden verboten wurde, nach dem 31. Januar 1745 in Prag zu verweilen. Viele Ratgeber der Kaiserin waren gegen diesen Schritt, weil sie befürchteten, die Ausweisung könne dem Export schaden. Auch England und Holland erklärten, daß diese Aktion ihre Kaufleute ernstlich schädigen werde, da sie in reger Geschäftsverbindung mit den Prager Juden standen. Sogar der Papst versuchte, die Kaiserin umzustimmen. Aber auch er blieb erfolglos. Maria Theresia war wütend, daß nicht ein europäischer Herrscher ihr bei ihrem Regierungsantritt zur Seite gestanden hatte. Nun zeigte sie sich fest entschlossen, der Welt zu beweisen, daß sie keine schwache, wankelmütige Frau sei und daß sie ihr Wort nicht zurücknehmen werde.

Rosel und Wolf war es nicht vergönnt, sich von den Kriegs- und Hungerjahren und von dem Schock des Pogroms zu erholen. Sie waren gezwungen, ihre Schulden vor dem Austreibungstermin zu begleichen, und es blieb ihnen nichts anderes übrig, als die wenigen Sachen, die sie gerettet hatten, zu verkaufen.[17] Natürlich erhielten sie kaum ein Drittel des wirklichen Wertes. Während Wolf und seine Freunde stundenlang in eisiger Kälte vor dem Steueramt anstanden, erwogen sie die Chancen einer Rücknahme des grausamen Erlasses. Das

Ende des Monats Januar näherte sich, und man konnte sehen, wie die Pessimisten unter den Gettoeinwohnern ihre letzte, ärmliche Habe auf Karren luden, um ihre Heimat mit der Landstraße zu vertauschen. Andere wieder glaubten nicht daran, daß die Kaiserin ihren Entschluß wirklich durchführen werde, und weigerten sich, Vorbereitungen zum Verlassen des Gettos zu treffen. Der Winter 1744/45 war ungewöhnlich kalt, und im letzten Augenblick erlaubte Maria Theresia ihnen zu warten, bis wenigstens der ärgste Frost vorüber war. Am 31. März jedoch mußten die wenigen noch verbliebenen Juden ihre Häuser verschließen. Nach einem Abschiedsbesuch auf dem Friedhof und einem letzten Gebet in der Synagoge übergaben sie die Schlüssel und verließen das Getto. Damit war Prag, von einigen wenigen kranken Juden abgesehen, zum ersten Mal seit 700 Jahren »judenrein«.

Rosel und Wolf gehörten zu denen, die in die Nachbardörfer flüchteten, wo sie versuchten, Obdach in Scheunen oder Stallungen zu finden, und ein kümmerliches Dasein fristeten. Es war ihnen erlaubt, sich tagsüber im Getto aufzuhalten, um dort ihre letzten Geschäfte abzuwickeln, und einige begannen, heimlich auch die Nächte dort zu verbringen. Was Wolf während dieser Besuche sah, muß ihn an den Rand der Verzweiflung gebracht haben. Die Soldaten, deren Pflicht es war, das leere Getto zu bewachen, stahlen Türen, Fensterrahmen und alles, was nicht niet- und nagelfest war, bis schließlich am 28. April 1745 einige Häuser gegenüber der Pinkas Synagoge einstürzten. Während der ersten Frühsommertage machte sich eine leichte Verbesserung in Wolfs Angelegenheiten bemerkbar, und als Schabrackenmacher zählte er zu den Armeelieferanten, die im August 1745 die Erlaubnis zur Rückkehr ins Getto erhielten. Endlich konnte er wieder genug verdienen, um seiner Familie die schwierige Lage zu erleichtern. Einige Monate später wurde das Übernachten im Getto erneut verboten, aber tagsüber durften jene, deren Beschäftigung der Kaiserin nützlich war, ihren Beruf im Getto ausüben.

Wolf und Rosel überstanden nicht nur das erste Jahrzehnt der Regierung Maria Theresias; es gelang ihnen auch, während dieser schweren Zeit all ihre Kinder großzuziehen. Das beweist, daß sie eine enorme körperliche und seelische Widerstandskraft besaßen. Aus dem unbändigen Jungen, der den Klatschbasen des Gettos so viel Gesprächsstoff geliefert hatte, war ein ausgezeichneter Familienvater geworden, der seine Angehörigen stets mit dem Nötigsten versorgen konnte. Das war kein leichtes Unterfangen in diesen schwierigen Jahren.

Drei Jahre, nachdem sie den Ausweisungsbefehl erteilt hatte, ließ sich die Kaiserin endlich erweichen und zu einer Rücknahme des Erlasses bewegen. Der Verlust der hohen Steuern, die die Juden der Stadt Prag gezahlt hatten, sowie der ununterbrochene Druck des Auslands verursachten diesen Sinneswandel. Seit kurzem schwirrten neue, humane und liberale Ideen durch Europa. Die ersten Freimaurerlogen, Voltaire und David Hume kämpften gegen Fanatismus und Vorurteile. Juden, die kürzlich die Erlaubnis bekommen hatten, sich wieder in England anzusiedeln, zeigten sich bald als nützlich für die Ökonomie des Landes. Ihre katholische Majestät, Kaiserin Maria Theresia, aber hielt nicht Schritt mit ihrem Zeitalter, und bislang hatte ihr das keine schlaflosen Nächte bereitet.

Doch gab es sowohl zwingende wirtschaftliche als auch politische Gründe, sich die Angelegenheit zu überlegen. Die Prager Bürger waren nicht bereit, die hohen Steuerlasten der ehemaligen Gettobewohner auf sich zu nehmen. Auch brauchte die Kaiserin die Unterstützung Englands gegen Friedrich II. Sie gab endlich nach, und im Oktober 1748 kehrten 60 Prozent der ehemaligen Gettobevölkerung, also 6061 Juden, in die Ruinen ihrer Häuser zurück. Unter den Rückkehrenden befanden sich sechs Goldsticker und zwei Schabrackenmacher. Nach der Liste, die die österreichischen Behörden anlegten, war der Name des einen Schabrackenmachers Wolf Utitz.

Abraham Ben Wolf und das Ende des Feudalismus

Am 27. September 1748 kehrten Abraham, seine Frau Edel und ihre kleine Tochter Hindel nach Prag zurück. Während der langen Jahre des Exils waren sie von Dorf zu Dorf gewandert, hatten in Scheunen und auf Heuböden geschlafen und Hunger und Erniedrigung ertragen. Edel hatte die Geburt des Kindes trotz aller schrecklichen Umstände überlebt; dies bewies hinreichend, daß sie ein gesundes, kräftiges junges Ding war. Ihr Vater, Itzchak Neugröschel, war früher ein reicher Mann gewesen; er besaß noch immer ein Haus in der »Goldenen Gasse«, einer schmalen Straße mit alten Häusern, und dort fand sich nun für seinen Schwiegersohn Quartier. Zuerst mußte Abraham das Haus instand setzen, denn alles war völlig heruntergekommen. Türen und Dachziegel waren gestohlen worden; die Räume waren feucht und rochen muffig. Das wichtigste war also, das Heim vor den drohenden Herbststürmen zu schützen.

Das Ende des Exils bedeutete nicht das Ende der Leiden. Die folgenden Jahre waren nicht viel leichter als die Vorkriegsjahre. Wie sein Vater Wolf war auch Abraham ein Handwerker, seines Zeichens Goldsticker. Nie hatte er die Möglichkeit gehabt, einen Beruf zu wählen. Niemand war je auf die Idee gekommen, ihn nach seinen Wünschen zu fragen. Wolf hatte Hilfe im Geschäft und einen Nachfolger gebraucht. Die Möglichkeit, daß Abraham vielleicht lieber in eine Talmudschule gegangen wäre, war nie zur Sprache gekommen. Er war zu einem Goldsticker in die Lehre geschickt worden und konnte so nicht nur die Pferdedecken in seines Vaters Werkstatt verzieren, sondern sich auch in der wachsenden Kleiderindustrie Prags betätigen. Nun aber brauchte niemand seine Künste. Nach der Rückkehr aus dem Exil konnte sich kaum jemand goldbestickte Luxusartikel leisten. Nichtjüdische Kunden hatten sich längst verlaufen und ließen anderswo arbeiten. Im Lande herrschte Frieden. Die Armee hatte keinen Bedarf an neuen Decken und auch kein Geld, sie zu bezahlen. Abraham mußte, wie die anderen Handwerker auch, beginnen, sich eine neue Existenz aufzubauen.

Das Leben im Getto ging seinen altgewohnten Gang; nichts hatte sich seit Hunderten von Jahren geändert. Nach wie vor herrschten hohe Steuervorschriften, Erwerbseinschränkungen, Kontrollen in jedem Lebensbereich. Diese Kontrollen waren nun so streng, daß nur 40 Eheschließungen im Jahr gestattet wurden. Gottesdienste durften nur in den Synagogen abgehalten werden, um zu verhindern, daß unerlaubte Hochzeiten stattfanden. Abrahams und Edels Leben bestand aus harter Arbeit für wenig Entgelt. Es war ein ewiger Kampf, mit ihrem Verdienst auszukommen, Kunden zu finden, deren Wünsche zu befriedigen und Außenstände einzutreiben bei jenen, die sich nur ungern von ihrem Geld trennten. Abraham hatte nur wenig Zeit, die heiligen Texte zu studieren und sich mit jüdischer Philosophie zu beschäftigen.

Im Jahre 1749 kehrte Dr. Abraham Kisch nach jahrelanger Abwesenheit in seine alte Gettoheimat zurück. Seine Berichte vom Leben draußen in der weiten Welt unterbrachen die Monotonie des Gettolebens. Dr. Kisch war der erste böhmische Jude, der sich eines Doktortitels in Medizin rühmen konnte. Er hatte die Universität in Halle besucht, da es für Juden verboten war, in den akademischen Instituten Österreichs zu lernen. In Halle hingegen hatte sich Kisch frei unter den aufgeklärtesten seiner Kollegen bewegen können. Diese diskutierten mit ihm die neuen philosophischen Richtungen, die die Existenz Gottes nicht länger als gegeben annahmen, auf die zivilisierte Gesellschaft herabsahen und nur für die Natur schwärmten. In Halle hatte er junge deutsche Dichter gehört, die sich für gleiche Rechte für alle Menschen, ja sogar für Juden, einsetzten. Der junge Arzt erzählte seinen ungläubigen Zuhörern, daß er gemeinsam mit christlichen Studenten moderne Musik der neuesten Komponisten, Bach und Händel, gehört und sich mit ihnen für die neue Mode, das Tanzen von Menuetten, begeistert hatte.

Dr. Kischs Rückkehr war eine Sensation; seine Berichte stürmten wie ein Wirbelwind durch das Getto. Anstatt ihren Geschäften nachzugehen, diskutierten Abraham und seine Freunde stundenlang die neuen Denkrichtungen. Die meisten von ihnen lehnten entsetzt die modernen philosophischen Tendenzen ab und verwarfen skeptisch jede Möglichkeit einer Freundschaft zwischen Juden und Christen. Weder Abraham noch seine Freunde konnten sich vorstellen, am Beginn einer neuen Epoche zu stehen.

Als ob sie diese Skepsis bestätigen wolle, veröffentlichte Kaiserin Maria Theresia just zu diesem Zeitpunkt neue Verordnungen, die nicht nur den Schnitt der Kleider vorschrieben, die Juden tragen durften, sondern auch die Länge ihrer Bärte. Abraham und Edel diskutierten lange, ob Edel die Bittschrift unterzeichnen sollte, die die jüdischen Frauen Prags an die Kaiserin richteten. Die Frauen baten darum, gelbe Bänder an ihren Hauben befestigen zu dürfen, statt weiterhin die häßlichen gelben Stoffflecken an ihre Ärmel nähen zu müssen. Den Prager Juden erschienen die Berichte von Dr. Kisch wahrlich als Märchen.

Aber bald stellten sich viel ernstere Sorgen ein und ließen sie diese Lappalien vergessen. Die Geschichte des Gettos wiederholte sich: Im Jahre 1754 brach wieder einmal ein Feuer aus, und die Flammen umzüngelten das gesamte Getto. Wieder entflohen die Juden ihren brennenden Häusern, wieder beraubte sie der Pöbel des wenigen, das sie retten konnten. Gleich seinem Großvater Mosche war Abraham gezwungen, das Heim, das er vor so kurzer Zeit aufgebaut hatte, zu verlassen und Obdach bei barmherzigen Christen zu suchen.

Es ist nicht schwer, sich die Verzweiflung vorzustellen, die Abraham und Edel beim Anblick ihres so mühsam erworbenen, nun im Flammen aufgehenden Eigentums empfanden. Kaum sechs Jahre nach ihrer Rückkehr mußten sie das Getto wieder als Bettler verlassen. Für Abraham, der erst kürzlich von Europas neuesten philosophischen Ideen gehört hatte, war es viel schwerer als für seinen Großvater, die Frage »Warum?« zu unterdrücken. Dennoch unterdrückte er sie. Aber nun konnte man zum ersten Mal, selbst in Böhmen eine neue Haltung den Juden gegenüber wahrnehmen. Die Behörden stellten Listen zusammen, auf denen der Verlust jedes einzelnen verzeichnet war, und eine Summe von 200 000 Gulden wurde bereitgestellt, um einen Neuaufbau des Gettos zu ermöglichen. Der Verlust, den Edels Vater, Itzchak Neugröschel, erlitten hatte, wurde auf 450 Gulden geschätzt, der von Abraham auf 40. Sein Vetter Nathan Utitz erlitt einen Schaden von 45 Gulden, während der eines anderen Verwandten, Israel Utitz, 150 Gulden betrug.

Abraham mußte nur zwölf Gulden beisteuern, um sein Heim wieder bewohnbar zu machen. Obwohl diese Summe nur den Preis von drei Kisten guten ungarischen Weins darstellte, mußte er sich an seine besser situierten Verwandten in Votice wenden, um den Betrag zu beschaffen.

Diesmal bestanden die Behörden auf Modernisierung. Die wiederhergestellten Häuser durften nur zwei Stockwerke hoch sein, und die Straßen mußten verbreitert werden. Diese Neuerungen bekämpften Abraham und seine Zeitgenossen aufs heftigste, weil sie meinten, daß so eine entsetzliche Wohnungsnot herbeigeführt würde. Edel jedoch lächelte das erste Mal seit Jahren fröhlich, als sie durch die helleren, luftigeren Straßen des neuen Gettos ging. Nie zuvor hatte es dort eine so üppige Wasserversorgung gegeben. Neun tief gegrabene Straßenbrunnen, sieben weitere in Privathäusern und obendrein noch acht öffentliche Pumpen sowie elf in Privathäusern erleichterten die Hausarbeit beträchtlich. Sogar der Frühjahrsputz vor dem Pessachfest schien kein Alptraum mehr.

Wie in den anderen Stadtvierteln von Prag patrouillierten nun zwölf Nachtwächter durch das Getto und verkündeten zu jeder vollen Stunde, daß alles in Ordnung sei. Obwohl Abraham mächtig schimpfte, er werde im Schlaf gestört, mußte er doch zugeben, daß er in einer weit günstigeren Lage war als sein Großvater vor 80 Jahren. Sechs Jahre lang hatte Abraham schwer geschuftet, um eine gutgehende Werkstatt aufzubauen, wenige Minuten des Brandes hatten sie dem Erdboden gleichgemacht. Nun, Mitte der fünfziger Jahre, war Abraham wieder beim Punkt Null angelangt. Allerdings waren die Bedingungen nun ganz anders.

Seit 1756 war Maria Theresia wieder in einen Krieg verwickelt, den man als den eigentlichen ersten Weltkrieg bezeichnen sollte, denn nicht nur die meisten der europäischen Länder, sondern auch die englischen und französischen Kolonien waren darin verwickelt. Ohne Zweifel war der Krieg ein Segen für die Hersteller von Pferdedecken. Andererseits war Edel sicher einem Nervenzusammenbruch nahe, als im Frühjahr 1757 die Preußen wieder vor den Toren Prags standen. Während sechs langer Wochen befürchteten die Utitzens, die Neugröschels und manch andere Familie im Getto eine Wiederholung der Ereignisse des vorigen Jahrzehnts und überlegten gequält, was zu tun sei. Sollten sie die österreichische Armee unterstützen, der Besatzungsarmee ihre Sympathien zeigen oder neutral bleiben? Im Juni gelang es endlich den Österreichern, die Armee Friedrichs II. zurückzuschlagen; doch bei Kriegsende, sechs Jahre später, gingen die Preußen als die dominierende Macht Europas aus den Kämpfen hervor.

Obwohl der Krieg das österreichische Kaiserreich an den Rand des Bankrotts brachte, herrschte im Getto, und besonders in Abrahams Werkstatt, ein bescheidener Wohlstand. Material für Uniformen, Fahnen und Decken mußte importiert und mit Regimentssymbolen verziert werden. Es war unmöglich, all die vielen Bestellungen pünktlich auszuführen. Um allen Aufträgen nachzukommen, sah sich so mancher Meister gezwungen, angefangene Arbeiten von ungeschulten weiblichen Hilfskräften in Heimarbeit fertigstellen zu lassen. Weder Abraham noch seinen Kollegen kam die Idee, daß sie auf diese Weise einem neuen, industriellen Zeitalter die Türen öffneten. Abraham war aber nicht bereit, seinen Betrieb weitergehend zu modernisieren. Er war kein geborener Geschäftsmann, und nach den eben erst überstandenen schweren Zeiten hatte er keine Lust, seine Existenz durch allerlei Experimente aufs Spiel zu setzen. Es gibt keine Anzeichen dafür, daß Abraham zu den jüngeren Männern gehörte, die die Gelegenheit nutzten, insbesondere in der Textilindustrie neue Handelsmethoden zu erforschen. Bei Kriegsende hielten die Juden praktisch das Monopol des böhmischen Wollexports in ihren Händen, und in dem neuen ökonomischen Klima gehörten sie zu den ersten, die bereit waren, neue Industriezweige zu entwickeln. Das Resultat war ein völlig neuer Lebensstil, sowohl innerhalb als auch außerhalb des Gettos.

Abraham kam zu mehr Wohlstand, aber er war nicht gewillt, diesen zur Vergrößerung seiner Werkstatt oder zur Anschaffung neuer Maschinen zu verwenden. Es scheint, daß er auf keinem Gebiet Neuerungen liebte und sich auch nicht von der Revolution, die in diesen Tagen im Bereich der jüdischen Kultur stattfand, beeinflussen ließ. Das wenige, was wir über ihn wissen, zeigt ihn im Zenit seines Lebens als einen bescheidenen Mann, zufrieden mit seinem Leben, aber gegen Reformen jeder Art, egal ob sie geschäftliche oder religiöse Angelegenheiten betrafen. Nach der bitteren Zeit hatte er nur den einen Wunsch, seine weiteren Jahre in Ruhe und Frieden verbringen zu können.

Abrahams Glück war wohl vollkommen, als Edel im Jahre 1764 endlich einem langersehnten Sohn das Leben schenkte. Interessanterweise erhielt das Kind nicht den Namen seines Großvaters väterlicherseits, Wolf, sondern wurde nach Edels

Vater Itzchak genannt. Trotz angestrengter Nachforschungen wurden keine Dokumente gefunden, die zeigen, daß das Ehepaar Utitz neben Hindel und Itzchak noch andere Kinder hatten. Möglicherweise werden eines Tages solche Dokumente gefunden werden, aber wahrscheinlicher ist, daß einige von Abrahams und Edels Kindern bereits bei der Geburt oder bald danach starben. Darauf läßt auch der Altersunterschied zwischen Hindel und Itzchak schließen. Im 18. Jahrhundert war es nicht ungewöhnlich, nur zwei Kinder großzuziehen, während die anderen Kleinen starben, bevor sie ihr zweites Lebensjahr erreichten. Und weder Doktor Kisch noch seinem Freund Doktor Jonas Jeiteles, der eben sein Studium in Leipzig beendet hatte, fehlte es an Arbeit.

Da er nun Vater eines gesunden Jungen war, erhielt Abrahams Leben einen neuen Inhalt. Während er die Zukunft seines Sohnes plante, machten sich in Berlin die ersten Anzeichen der jüdischen Emanzipation bemerkbar. Abraham ahnte nicht, daß dort der Samen künftigen Unfriedens zwischen Itzchak und ihm aufging. Die Eltern des Säuglings und ihre Freunde schüttelten die Köpfe und konnten gar nicht glauben, was man sich in Prag von den Berliner Juden erzählte. Angeblich gaben dort die Frauen reicher Juden so glänzende Empfänge, daß sie sogar von Christen besucht wurden. Dort, so wurde erzählt, konnte man liberale Deutsche wie C. W. Dohm und Ephraim Lessing im Gespräch mit dem jungen jüdischen Philosophen Moses Mendelssohn antreffen. Dohm schrieb an einem Buch, in dem er eine Verbesserung der jüdischen Lebensbedingungen forderte; Lessing arbeitete an einem Theaterstück, das die jüdische Moral vorteilhaft mit der christlichen verglich, während Moses Mendelssohn das Alte Testament aus dem Hebräischen ins Deutsche übersetzte. Angeregt durch den Gedankenaustausch mit deutschen Liberalen, entwickelte Mendelssohn Gedanken religiöser Art, die ihn in Konflikt mit dem konservativen Oberrabbiner von Prag, Ezekiel Landau, brachten. Die neuen europäischen Tendenzen, über die Dr. Kisch und Dr. Jeiteles ständig diskutierten, beeinflußten allmählich das Leben im Prager Getto, und der Generationsunterschied machte sich im Denken der Bevölkerung bemerkbar. Über kurz oder lang mußte sich das auch auf das Verhältnis zwischen Abraham und seinen Kindern auswirken.

Abraham war fest entschlossen, seinem Sohn alles zu bieten, was ihm versagt geblieben war. Das Kind lag noch in der Wiege, als Abraham sich schon danach erkundigte, welche von Prags vielen Schulen am besten geeignet sei, seinen Sohn zu einem brillanten Rabbiner zu erziehen, zu einem neuen Rabbi Utitz. Abraham merkte nichts von dem neuen Wind, der nicht nur durch die Gassen des Gettos, sondern auch durch die Säle des Schönbrunner Palastes wehte.

Der Generationsunterschied war auch im Kaiserhaus spürbar. Nachdem ihr Gatte Franz 1765 verstorben war, machte Maria Theresia ihren Sohn Josef zum Mitregenten, und dieser ging sofort daran, uralte Gewohnheiten durch revolutionäre politische Ideen zu ersetzen. Er begann damit, die Jesuiten ihrer Macht zu berauben, die Lage der Leibeigenen zu erleichtern und die einengenden Regeln der mittelalterlichen Gilden aufzuheben. Er ging sogar noch weiter und zwang nicht nur den Klerus, Steuern zu zahlen, sondern beschlagnahmte auch den enormen Reichtum der Klöster, um dem fast bankrotten Kaiserreich wieder auf die Beine zu helfen. Ein anderes Gesetz, das den antiklerikalen Geist des jungen Kaisers zeigte, verhinderte, daß Kinder unter sechs gegen den Willen der Eltern getauft wurden. Folglich konnte Klein-Itzchak allein über die Straße laufen und mit den Nachbarskindern spielen, ohne ständig von einem Erwachsenen bewacht zu werden. Er fand bald seine eigenen Freunde.

Die Welt rund um Abraham stand nicht still, alles veränderte sich. Freunde, noch vor kurzem so arm wie er, waren plötzlich im Besitz beträchtlicher Vermögen. Sie hatten schnell begriffen, daß der Verlust von Schlesien und seiner Leinenindustrie die Baumwollverarbeitung in Böhmen begünstigte. Sie importierten also rohe Baumwolle aus den englischen Kolonien in Amerika, und bald gab es in ihren Werkstätten Arbeit für die arme Landbevölkerung, die nun, da viele der Feudalgesetze aufgehoben waren, in die Landeshauptstadt strömte. Es entstand eine neue Klasse reicher jüdischer Fabrikanten. Einer von ihnen, ein gewisser Honig, war der erste Prager Jude, der die Erlaubnis erhielt, außerhalb des Gettos zu wohnen. Bald folgten einige andere, die bereit waren, das Zehnfache der normalen Mieten zu zahlen.

Abraham war entschlossen zu bleiben, wo er war. Auch wenn er es sich hätte leisten können, hätte er das Getto nicht verlassen. Unter keinen Umständen wollte er, daß sein Sohn mit Jungen verkehrte, die insgeheim das Theater besuchten und sich mit liberalen Christen in den Kaffeehäusern herumtrieben. Abraham sah seine größte Aufgabe darin, seinen Augapfel vor schlechter Gesellschaft zu bewahren, vor jungen Juden, die Gefallen an weltlicher Musik und Kultur fanden. Obwohl Abraham nicht streng religiös war, wollte er, daß sein Sohn sich spirituellen Werten zuwandte, die weder im Theater noch im Kaffeehaus zu finden waren. Juden hatten nie mit Christen Freundschaft gepflegt; nichts Gutes konnte aus solchen Kaffeehausbekanntschaften werden. Der einzige Weg, den Jungen zu schützen, war, ihn so bald wie möglich in eine Talmudschule zu stecken.

Kaiserin Maria Theresia kämpfte, ganz wie Abraham, einen hoffnungslosen Kampf, dem Geist der Zeit Einhalt zu gebieten. 1775 veröffentlichte sie wieder einen Erlaß, der unter anderem die Kleidung der Juden regeln sollte. Aber nun waren die Prager Juden ein so wichtiger Faktor in der Wirtschaft des Reiches, daß der Oberrabbiner sich gegen kaiserliche Beschlüsse auflehnen konnte. Er berief sich auf Traditionen und erklärte, es sei zum Beispiel unmöglich, Deutsch in den Lehrplan jüdischer Kinder aufnehmen. Ihre Zeit sei mit dem Lernen der Gebete und mit der übrigen religiösen Unterweisung voll ausgefüllt. Auch der Oberrabbiner fürchtete den liberalen Einfluß der Außenwelt.

Im Jahre 1780 starb die alte Kaiserin, und Josef II. befreite nun eiligst sein Reich von den letzten Resten des Feudalismus. Obwohl es nicht seine Absicht war, den Juden einen besonderen Platz einzuräumen, entstanden infolge dieser Reformen Risse in den Mauern des Gettos, die weder seine Nachfolger noch die allerkonservativsten Rabbiner wieder verfugen konnten.

Triumphierend trennte Edel die gelben Flecken von den Kleidern, und Abraham konnte nun mit seinem Bart machen, was er wollte. Sie, die kaum je das Getto verlassen hatten, lachten herzlich bei dem Gedanken, daß es ihnen nun gestattet war, einen Bauernhof zu pachten und zu bewirtschaften. Ihr Sohn konnte jetzt, falls er es wollte, auf die Universität gehen und jeden gewünschten Beruf ausüben. Sogar die Beschränkung jüdischer Hochzeiten wurde gelockert.

Abraham hatte kein Vertrauen in die Dauer der unglaublichen Zugeständnisse. Er fürchtete, dies alles werde Itzchak völlig den Kopf verdrehen. Um den Jungen auf dem Pfad der Tugend zu halten, schien es Abraham richtig, ihm Familienpflichten auf seine jungen Schultern zu laden. Kaum waren die neuen Reformen verkündet, fand Abraham eine passende Frau für seinen 16jährigen Sohn. Dem neuvermählten Paar war es nun offiziell gestattet, als »Hochzeitsreise« einen kurzen Ausflug aufs Land zu unternehmen; ja, sie konnten sogar früh am Sonntag morgen losziehen, denn Juden mußten nicht länger während christlicher Gottesdienste in ihrem Viertel bleiben. Itzchak und seine junge Frau konnten übernachten, wo immer sie wollten. Ja, sogar die spezielle Maut für Juden war aufgehoben; die Pforten des Paradieses schienen sich geöffnet zu haben.

Die Medaille hatte jedoch eine Kehrseite. Weil er bemüht war, Deutsch als Landessprache in seinem großen Reich durchzusetzen, verordnete der Monarch, daß alle Geschäftsbücher fortan in dieser Sprache geführt werden mußten. Obwohl die Maßnahme in keiner Weise allein auf Juden gemünzt war, hatte sie eine andauernde Wirkung auf deren kulturelle Entwicklung. Sie waren gezwungen, entweder ihre Geschäftsbücher von Nichtjuden führen zu lassen oder selber diese Sprache zu erlernen. Es blieb Oberrabbiner Landau nichts anderes übrig, als zuzustimmen, daß jüdische Kinder in Prag die gleiche Erziehung wie alle anderen Kinder im Kaiserreich bekommen sollten. Am 2. Mai 1782 wurde in Prag eine neue jüdische Schule eröffnet, in der neben religiöser Unterweisung auch weltliches Wissen gelehrt werden sollte. Abraham und Edel waren bei der feierlichen Eröffnung anwesend; sie sahen die Feuerwerke und hörten die patriotischen Lieder, ohne zu ahnen, welche Rolle diese Schule im Leben ihres Enkelsohns einmal spielen würde.

Eine weitere, im Jahre 1788 veröffentlichte Reform betraf die Namensgebung unter Juden. Sie hatten von nun an auch einen Familiennamen zu führen. Da seine Vorfahren bereits seit über 100 Jahren den Zunamen Utitz trugen, änderte das Gesetz für Abraham nichts. Aber er mußte, wie alle anderen, nun einen deutschen Vornamen tragen. Es war den Juden jedoch nicht gestattet, einen beliebigen Namen auszusuchen. Sie hatten einen von 110 männlichen oder 35 weiblichen biblischen Namen in ihrer deutschen Form zu wählen. Also nannte sich Edel Judith, Itzchak war von nun an Isak, und seine spätere Frau, Esther Hanna, wurde Anna gerufen.

Juden auf fast dieselbe Stufe wie alle anderen Einwohner des Reiches zu stellen, das brachte aber noch viel schwerwiegendere Folgen. Dem Oberrabbiner war es nicht mehr erlaubt, die Gerichtsbarkeit im Getto zu überwachen. Wenn also künftig ein Jude Abraham Geld schuldete, mußte dieser ihn beim Prager Gerichtshof statt vor dem Rabbinatsgericht anklagen. Am unangenehmsten jedoch war, daß nun Juden gezwungen waren, Militärdienst zu leisten. Im Jahre 1788 entschied der Monarch, daß fortan alle Einwohner seines großen Reiches gleich zu behandeln seien und Juden sich daher nicht länger vor dem Militärdienst drücken könnten. Nur die Söhne von Oberrabbinern und einigen führenden Bürgern waren ausgenommen.

Plötzlich hätte Edel gern die Uhr wieder zurückgestellt. Einen gelben Fleck am Ärmel zu tragen war ein geringer Preis für die Sicherheit ihres Sohnes. Die neuen Bestimmungen kosteten sie, ihren Mann und die meisten Eltern im Getto so manch schlaflose Nacht.

Es war Juden jedoch nicht erlaubt, Waffen zu tragen; sie mußten den ihnen aufgezwungenen Dienst bei der Infanterie als Kutscher oder bei den Transporttruppen leisten. Bald wurden die ersten Prager Juden, 25 sehr junge Leute, einberufen, um den Rest ihres Lebens in der österreichischen Armee zu verbringen. Das einzige, was der Oberrabbiner für sie erreichen konnte, war das Versprechen, daß sie koschere Kost bekommen würden und, wann immer möglich, den Sabbat halten könnten. Am 12. Mai 1789 nahmen Abraham, eine weinende Edel und alle anderen Einwohner des Gettos an der Abschiedsfeier teil, bei der die armen Jungen den Rabbinersegen empfingen. Rabbi Landau hielt eine Ansprache, in der er erklärte, daß der Armeedienst unvermeidlich sei und daher als Gottes Wille angesehen und akzeptiert werden müsse. Er bat die künftigen Soldaten, ihrer Religion treu zu bleiben und weiterhin gute Juden zu sein. Die meisten Zuschauer hatten Tränen in den Augen, und auch Ezekiel Landau ließ seine Tränen fließen, sobald er seine Pflicht erledigt hatte.

Edel, geplagt von der Angst, daß ihr einziger, geliebter Sohn auch zu den Soldaten gehen müsse, verfluchte nun den bloßen Gedanken an Emanzipation. Es gab Leute im Getto, die für völlige Gleichberechtigung der Juden in jedem Bereich kämpften, andere wieder, die jeder neuen Maßnahme fanatischen Widerstand entgegensetzten, und solche, die versuchten, einen Mittelweg zu finden. Zu den letzteren gehörten

Rabbi Landau und wohl auch Abraham Utitz. Jedenfalls haben wir keine Beweise dafür, daß er anders dachte und handelte. Edel andererseits zeigte gewisse Sympathien für die Frau von Israel Landau, die Schwiegertochter des Rabbiners. Diese verlangte von ihrem Gatten die Scheidung und nahm ihre beiden Söhne mit zurück in ihr heimatliches Polen; denn sie befürchtete, die Emanzipation könne ihren Kindern schaden. Es war nicht die einzige Familie, die der Streit für oder gegen die Emanzipation entzweite.

Edels anfängliche Begeisterung hatte sich in helle Empörung verwandelt. Immer wieder betonte sie die negativen Seiten und sprach ständig darüber, daß immer mehr emanzipierte Juden in Berlin sich taufen ließen, eine Handlung, die die meisten Prager Juden noch stets tief schockierte. Abrahams innigster Wunsch war, daß sein Sohn und seine Enkelkinder ein jüdisches Leben führen könnten, ungestört von der christlichen Welt außerhalb des Gettos. Er machte die fremden Ideen verantwortlich für die schlechter werdende Beziehung zwischen seinem Sohn und sich.

Gleich seinem Vater, hatte Abraham die Zukunft seines Sohnes bestimmt, ohne den Jungen nach seinen Wünschen zu fragen. Aber die Zeiten hatten sich geändert; Itzchak wuchs in einem Jahrzehnt auf, in dem alte Werte nicht mehr fraglos akzeptiert wurden. Der junge Mann war nicht bereit, sich einfach den Wünschen seines Vaters zu fügen. Nach vielen langen, hitzigen Debatten verkündete Itzchak eines Tages, daß er die Schule verlassen und sich künftig als Geschäftsmann betätigen werde. Abrahams Traum, sein Sohn werde die rabbinische Dynastie fortsetzen, die Itzchaks Urgroßvater Mosche zu gründen gehofft hatte, war ausgeträumt. Auch war ihm unklar, wie der Junge, der nie eine Lehre absolviert hatte, sich eine Existenz aufbauen könnte. Die Argumente, man lebe in einer neuen Zeit, in der alles anders sei, und »Geschäft« bedeute nicht länger »eine Bude auf dem Flohmarkt«, ließ Abraham nicht gelten. Für den alternden Mann muß es eine traurige Befriedigung gewesen sein, daß nach Kaiser Josefs frühem Tod die meisten Erleichterungen, die er den Juden gewährt hatte, wieder rückgängig gemacht wurden. Statt dessen führte man ein »Judenamt« ein, dessen Aufgabe es war, die Mobilität der Juden einzuschränken und ihr Leben möglichst so zu regulieren, wie es vor Josefs Regierungsantritt gewesen war. Abrahams Familie konnte sein ewiges »Ich hab's ja immer gesagt« bald nicht mehr hören.

1791 jedoch hatte Itzchak Gelegenheit, seinem Vater zu beweisen, daß ein jüdischer Geschäftsmann trotz allem manches erreichen konnte. Triumphierend erzählte er seinem Vater, daß einige von Abrahams ehemaligen Nachbarn auf Prags erster Industrieausstellung eine Anzahl von Preisen erhalten hatten. Unter den Geschäftsleuten, deren Leistungen preisgekrönt wurden, befanden sich drei Gettojuden, der Wollfabrikant Israel Liebstein und die beiden Tabakproduzenten Hönig und Horowitz.

Aber auch dieser Triumph der Prager Juden verscheuchte Abrahams Sorgen um die Zukunft seines Sohnes nicht. Nicht nur Itzchaks Karriere oder, besser gesagt, das Fehlen einer solchen beunruhigte den Vater. Er lehnte den ganzen Lebensstil seines Sohnes aufs entschiedenste ab. Ihm mißfielen Itzchaks Einstellung zur Ehe und vor allem die Tatsache, daß viele seiner engen Freunde den Kampf für die jüdische Emanzipation anführten.

Abraham fürchtete, daß Itzchak nie ein verantwortungsvoller Familienvater sein werde. Seine Kinder werde er wohl kaum so erziehen, daß Edel und er stolz auf diese Enkelkinder sein könnten. Dennoch war Abraham bemüht, die Ideen seines scheinbar mißratenen Sohnes zu verstehen. Bei Abraham und Edel machten sich gegen Ende ihres Lebens die Entbehrungen, die sie in ihrer Jugend erduldet hatten, bemerkbar. Die vielen Nächte, die sie in feuchter Kleidung auf ungeheizten Heuschobern verbracht hatten, waren zweifellos die Ursache ihrer immer wiederkehrenden Gichtanfälle. Hinter dem Ofen sitzend, von Schmerzen geplagt, versuchte der alte Mann zu verstehen, warum sein Sohn glaubte, daß eine goldene Zukunft greifbar nahe sei. Immer wieder fragte er sich, ob der Unabhängigkeitskrieg in Amerika, die Revolution in Frankreich, die Erklärung der Menschenrechte, gefolgt von der Hinrichtung des französischen Königs und seiner österreichischen Gattin, ob all das wirklich gut für die Juden sein könnte oder ob es sie nur in größeres Unglück stürzte.

Neue philosophische Richtungen beeinflußten das jüdische Denken stark. Ein neues Wirtschaftssystem verdrängte die feudale Welt, unter der Abraham sein ganzes Leben lang gelitten hatte. Jungen Menschen war es nicht mehr Lebenszweck, ein guter Jude zu sein; sie verlangten ihren Anteil an den so gepriesenen Menschenrechten. Abraham fühlte sich verloren in der modernen Welt seines Sohnes.

Mit Edels Tod zerriß die letzte Verbindung zur Welt seiner Jugend. Nur zehn Monate später folgte Abraham seiner Frau ins Grab. Ihr Leben umspannte sowohl die Zeit der tiefsten Erniedrigung wie auch die der größten Freiheit, die die Prager Gettojuden je gekannt hatten.

Itzchak Ben Abraham alias Isak Loeb Utitz

Im Gegensatz zu den meisten seiner Vorfahren konnte sich Isak seiner Kindheit erfreuen. Seine Eltern hatten 17 Jahre auf die Geburt eines Sohnes gewartet, und nun plagte sich seine Mutter Tag und Nacht, den Kleinen vor den Folgen der unhygienischen Bedingungen, die im Getto herrschten, zu bewahren. Er war vermutlich ein zarter verwöhnter kleiner Junge.

Die Sprache des Gettos war Jiddisch, aber sobald Isak reden konnte, mußte er lernen, seine Gebete auf Hebräisch zu sagen. Kurz nach seinem vierten Geburtstag wurde er, zusammen mit anderen Kindern seines Alters, in den »Cheder« geschickt, wo er das hebräische Alphabet lernte. Die Schule machte ihm Spaß. Am ersten Tag gab der Lehrer jedem seiner Zöglinge eine Schiefertafel, auf der hebräische Buchstaben geschrieben standen. Die Schrift war mit Honig bedeckt, und die kleinen Studenten durften, um zu sehen, wie süß das Lernen war, den Honig herunterlecken. Isak lernte zunächst das Gebetbuch zu entziffern und dann Abschnitte aus dem Alten Testament im hebräischen Original zu lesen. Sobald er das hebräische Alphabet beherrschte, hatte er auch noch das gotische zu meistern, in welchem seine anderen Schulbücher gedruckt waren.

Oft hatte Isak keine Lust zu lernen und wollte lieber draußen in der Sonne spielen, aber dann erklärte ihm sein Vater immer wieder, daß er ein Glückspilz sei. Denn den meisten Kindern im Land war es nicht vergönnt, die Schule zu besuchen. Nur 20800 von Böhmens 77600 Kindern wurden in die Schule geschickt.

Sobald Isak die Grundausbildung abgeschlossen hatte,

sandte ihn sein Vater in eine ausgezeichnete Talmudschule. Das war kein billiges Vergnügen. (Das Wort »Student« auf Isaks Eheschein kann nur »Jeschiwastudent« bedeuten, da Juden erst zwei Jahre später der Universitätsbesuch erlaubt wurde.) Dieses Institut, dessen Niveau zumindest dem einer Lateinschule entsprach, war einer solchen gleichgestellt. Die Jahresgebühr für das Gymnasium betrug zwölf Gulden; eine beträchtliche Summe, wenn man bedenkt, daß ein kleines Haus zu der Zeit etwa 500 Gulden kostete. In dieser Schule traf Isak nicht nur Kinder aus der Nachbarschaft, sondern auch solche aus Orten, deren Namen er nie zuvor gehört hatte. Obwohl Prags Getto viel von seinem alten Glanz verloren hatte, galten seine Talmudschulen noch immer als die besten in Europa und wurden von Jungen aus allen Teilen des großen Kaiserreichs besucht. Seit der Teilung Polens im Jahre 1772 gehörte Galizien mit seinen 200 000 Juden zu Österreich, und das Prager Getto war voll von jüdischen Studenten aus der neuen Provinz.

Die Talmudschule öffnete Isak die Augen und gab seinem Denken neue Dimensionen, und dies nicht nur hinsichtlich der Thoraweisheit. Zum ersten Mal kam er in Kontakt mit der großen Welt außerhalb des Gettos. Mit offenem Mund hörte er den geflüsterten Erzählungen der fremden Schüler zu, sobald der Rabbiner den Rücken kehrte. Einige von Isaks Mitschülern behaupteten, daß der Messias lebe; seine Seele ruhe nun, nachdem sie in König David, dem Propheten Elias, Jesus, Mohammed und Sabatei Zwie geweilt habe, in einem polnischen Juden namens Jakob Frank.

Nach der Teilung Polens hatte sich dieser neue Messias in Brünn, der Hauptstadt von Mähren, angesiedelt. Einige von Isaks Schulfreunden, Söhne aus den angesehensten Familien, pilgerten heimlich dorthin und kamen begeistert zurück. Der junge Wehle, der junge Bondy und andere berichteten, daß Frank in Brünn buchstäblich hofhalte und wie ein

Fürst lebe, mit Mitteln, die von Juden aus ganz Österreich gespendet würden.

Isak konnte sich nicht für Jakob Frank begeistern. Wie Vater und Großvater war er Pragmatiker; mystische Spekulationen waren nicht seine Sache. Er konnte nicht verstehen, warum Wehle und Bondy so für Lehren schwärmten, die alle möglichen katholischen Begriffe mit den jüdischen Geheimlehren der Kabbala, etwa des Zohar, verbanden. Isak war viel zu vernünftig, es sich mit Oberrabbiner Landau und seinen anderen Leuten zu verderben, die alle wütende Gegner Franks waren. Als bekannt wurde, daß Frank seinen Glaubensgenossen riet, zum Katholizismus überzutreten, brach Isak alle Verbindungen zu seinen neuen Freunden ab. Sein Vater seufzte erleichtert auf, als er hörte, Landau versuche, den Behörden zu beweisen, daß Frank ein unerwünschtes und störendes Element sei und des Landes verwiesen werden müsse.

Es war nicht leicht für Abraham, seinen Sohn vor verderblichen Einflüssen zu schützen. Isak begann sich mit weltlichen Dingen zu befassen. Seine Eltern waren in ständiger Sorge, er könne in schlechte Gesellschaft geraten und sich Jugendlichen anschließen, die nachts aus dem Getto schlichen, heimlich Theater besuchten und in Kaffeehäusern herumlungerten. Die Reformen Josefs II. beeinflußten bereits die Traditionen des Gettolebens, die Abraham und Edel so wert waren. Wie schon berichtet, beschlossen die Eltern, ihren Sohn so jung wie möglich zu verheiraten und ihm Familienpflichten aufzuerlegen, um ihn davor zu bewahren, vom rechten Weg abzukommen. Am 9. Juli 1780 fand die Vermählung des noch nicht 16jährigen Isak mit Frömmel, der Tochter von Hirsch Beck, statt.

Das junge Paar zog in die Lange Gasse, wo Frömmels Vater Teileigentümer eines Hauses war. »Teileigentümer« zu sein hieß oft nicht mehr, als ein einziges Zimmer in einem Haus zu besitzen, in dem manchmal bis zu 141 Personen hausten. Die

Lange Gasse war eine Straße am Rande des christlichen Teils von Prag, und dort kam Isak mit Menschen in Kontakt, die lange nicht so traditionell eingestellt waren wie seine Eltern.[18] Es überraschte Isak, daß viele von ihnen sich freuten, als das Getto seinen eigenen Gerichtshof, seine eigenen Schulen und seine eigene Sprache verlor. Der junge Ehemann, der noch immer in die Talmudschule ging, fand die Situation äußerst verwirrend. Seinen Eltern und Lehrern ging es ebenso.

Am Samstag vor dem Pessachfest 1782 eilte die gesamte Familie Utitz wie auch Hirsch Beck und die übrige Prager Gemeinde in die Synagoge, um zu hören, wie man sich den neuen Umständen gegenüber verhalten solle. Im großen und ganzen, erklärte Rabbi Landau, sei er für das Toleranzpatent des Monarchen. Er hielt das Erlernen der deutschen Sprache für eine wirtschaftliche Notwendigkeit und das Vermitteln weltlichen Wissens der Schule für ein Werkzeug, um irdischen Erfolg zu erringen. Jedoch verbot er das Lesen »unmoralischer« Bücher und tadelte die Theaterbesucher seiner Gemeinde. Obwohl er billigte, daß Mendelssohns Werke gelesen wurden, war er gegen die Philosophie der jüdischen Emanzipation eingestellt. Doch wich er während seiner ganzen langen Predigt nicht einen Zoll vom goldenen Mittelweg ab. Die Mehrheit seiner Hörer, einschließlich der Familien Utitz und Beck, stimmten mit ihm überein.

Trotz all der vielen Diskussionen merkte Isak in seinem Talmudseminar kaum etwas von Neuerungen. Er lernte, soviel er konnte, zweifelte aber oft, ob er sich wirklich für den Beruf eines Rabbiners eigne. Nach wie vor wohnte er bei seinem Schwiegervater. Die Übervölkerung im Getto machte ihm zu schaffen. Das junge Paar fand selten einige Minuten, die es miteinander verbringen konnte, ohne gestört zu werden. Auch die ewigen Fragen von Hirsch Beck nach seinen Fortschritten gingen Isak auf die Nerven. Sowohl seine als auch Frömmels Eltern kümmerten sich um alles, was er tat. Als Isaks erster Sohn zur Welt kam, bestand Abraham darauf, das Kind nach dessen Ururgroßvater Mosche zu benennen.

Die neuen Maßnahmen des Kaisers änderten nichts an der hygienischen Situation im Getto. Trotz der neuen Brunnen, die Isaks Mutter einst so begeistert hatten, fand Frömmel es fast unmöglich, ihre Wohnung, in der so viele Menschen lebten, sauberzuhalten. Fast täglich hörten sie vom Tod dieses oder jenes Bekannten. Während der zweiten Hälfte der achtziger Jahre mehrten sich die Todesfälle in solchem Ausmaß, daß ausländische Zeitungen von einer Epidemie sprachen, was von den österreichischen Behörden aber energisch dementiert wurde. Aber Dementi halfen Isak und Frömmel nicht. Der kleine Mosche starb im Januar 1784. Drei Jahre später war Frömmel wieder schwanger. Sie starb am 16. Juni 1788, im Alter von 23 Jahren, an den Folgen der Geburt ihres zweiten Sohnes; das Kind überlebte sie ganze drei Wochen und verstarb am 12. Juli 1788. Nach achtjähriger Ehe war Isak nun Witwer. Obwohl er Frömmel auf ausdrücklichen Wunsch der Eltern hin geheiratet hatte, konnte Isak den Tod von Frau und Kindern nur schwer verwinden.

Das tragische Schicksal seiner jungen Familie öffnete dem 24jährigen Studenten die Augen über die wahren Verhältnisse, die in Prag während des 18. Jahrhunderts herrschten. Seine Generation war nicht länger gewillt, den Tod als den Willen Gottes zu akzeptieren. Schmutz, Mangel an Trinkwasser und Sonnenschein, vor allem aber die erdrückenden Wohnverhältnisse waren der wirkliche Grund für den frühen Tod seiner Frau und seiner Kinder. Nur durch Reichtum konnte verhindert werden, daß sich noch einmal eine derartige Tragödie ereignete. Man mußte sich die enorme Summe beschaffen, die nötig war, um in einer Wohnung zu wohnen, in der man gesunde Kinder großziehen konnte.

Solche Vermögen konnte man nicht in Talmudseminaren finden. Aber der Unterricht, den Isak dort erhalten hatte, ermöglichte ihm eine genaue Analyse der ökonomischen Situation. Es gab nun eine ganze Menge neuer Fabriken, deren Maschinen an einem Tag mehr herstellten, als in den alten Werkstätten in einer Woche fabriziert worden war. Mehr als 400 000 Menschen arbeiteten in Böhmens modernisierter Industrie. Es war nötig, Märkte für all diese Produkte zu finden. Alteingesessene Handelshäuser wurden erweitert, neue entstanden, und alle brachten ihren Eigentümern ansehnliche Profite. Isak hängte sein Studium an den Nagel und begann sich als Woll- und Wirkwarenhändler zu betätigen.

Wie seine Vorfahren begnügte auch er sich nicht mit Halbheiten. Sobald es der Anstand erlaubte, sah er sich nach einer neuen Frau um, vorzugsweise nach einer mit Vermögen. Sein Blick fiel auf Esther Hanna Bunzel. In den Augen ihrer Zeitgenossen war die 24jährige eine alte Jungfer. Ein braves jüdisches Mädchen hatte vor seinem 18. Lebensjahr unter dem Hochzeitsbaldachin zu stehen. So wollte es die Tradition. Die Tatsache, daß ein 24jähriges Mädchen, noch dazu aus reichem, angesehenem Hause, ledig war, läßt darauf schließen, daß es entweder an einem physischen oder einem psychischen Defekt litt. Zweifellos war Esthers Vater, Abraham Bunzel, ein bekannter, gutsituierter Mann. Bereits in seiner Jugend, im Jahre 1741, hatte er eine führende Rolle bei den Festlichkeiten gespielt, die im Getto anläßlich der Geburt von Maria Theresias erstem Sohn stattfanden. Nach dem großen Feuer war der Verlust seines Hauses auf 5000 Gulden geschätzt worden. Reb Bunzel war mit Sicherheit ein Mann, der mit Geld umzugehen wußte.

Er war froh, endlich einen passenden Schwiegersohn gefunden zu haben, und half Isak, die für die Hochzeit nötigen Papiere zu besorgen. Das war 1789 keine leichte Sache. Isak mußte beweisen, daß sein Großvater nicht mehr lebte und er der älteste Sohn war, daß er eine gültige Aufenthaltsgenehmigung besaß und 300 Gulden hatte, für die er für drei Jahre im voraus Steuern zahlen mußte. Erst dann erhielt er die 15 Bescheinigungen, die für Eheschließungen im Getto erforderlich waren. Der Antrag auf Heiratsbewilligung mußte in deutscher Sprache geschrieben sein: »Der Unterzeichner bittet untertänigst den gnädigsten Herrn Stadtsyndikus…« Die örtliche Administration hatte das Gesuch an das Bezirksamt weiterzuleiten, von wo es an die Verwaltungsbehörde Böhmens ging. Manchmal verzögerten antisemitische Beamte die Erledigung um Monate oder auch um Jahre. Abraham Bunzel jedoch verstand es, den Prozeß durch kleinere und größere Geschenke zu beschleunigen, und so konnte Isak 13 Monate nach Frömmels Tod die Jungfer Esther Hanna Bunzel ehelichen.

Die Vorbereitungen zur Hochzeit dauerten länger als die Ehe selber. Es gibt kein Dokument, das etwas vom Tod der jungvermählten Frau berichtet; dagegen läßt sich mit Bestimmtheit sagen, daß Isak zwei Jahre später zum dritten Mal Hochzeit feierte. Noch mysteriöser wird die Sache dadurch, daß das erste Dokument, das Isaks Sohn Mathias erwähnt, aus dem Jahre 1829 stammt. Bei diesem Dokument handelt es sich um ein Verzeichnis der Ehen, die 1829 geschlossen wurden.[19] Der Name von Mathias' Mutter wird darin nicht aufgeführt. Man kann nur vermuten, daß Esthers und Isaks Ehe durch Scheidung endete, daß die Geburt von Mathias nicht registriert wurde und daß er im Hause seines Großvaters Bunzel aufwuchs. Wenn auch über diesen Fall nichts Näheres bekannt ist, so wissen wir doch von einer Menge ähnlicher Begebenheiten.

Im 18. Jahrhundert waren Scheidungen unter Juden nicht ungewöhnlich, obwohl sie den Behörden nicht immer gemeldet wurden. Eine Anzahl sensationeller Scheidungsfälle zeigt jedoch, daß diese von den österreichischen Behörden anerkannt wurden. Rabbi Landaus Schwiegertochter war nicht die einzige, die einen Scheidebrief erhielt. Rose Wehle prügelte sich mit ihrem Mann Wiel Eger auf offener Straße, weil er sich weigerte, ihre Begeisterung für Jakob Frank zu teilen. Niemand war überrascht, als es daraufhin zur Scheidung kam. In Berlin setzte Dorothea Mendelssohn, die Tochter von Moses Mendelssohn, radikale Mittel ein, um zu erreichen, daß ihr Mann in die Scheidung einwilligte. Dorotheas Liebesleben war das Tagesgespräch aller europäischen Klatschbasen.

Der Grund dafür, daß Mathias' Geburt nicht registriert wurde, mag mit der jüdischen Angst vor dem Militärdienst in Zusammenhang stehen. 1789, als Esther und Isak heirateten, mußten zum ersten Mal Gettobewohner einrücken. Der Abschied von 25 jungen Juden war ein Trauma für die gesamte Bevölkerung. Einige Familien waren überzeugt davon, Vorbeugen sei besser als Heilen, und ließen neugeborene Jungen als Mädchen ins Geburtsregister eintragen. Andere verschwiegen den Behörden die Geburt einfach.

Wahrscheinlich handelten so auch Esther und Isak. Diese Vermutung liegt nahe; vor allem, wenn man bedenkt, daß Frömmels Söhne in der Zeit vor dem neuen Gesetz geboren und pflichtgemäß angemeldet worden waren. Auch die Geburt von Isaks jüngstem Sohn im Jahre 1801 ist verzeichnet. Damals hatte es sich bereits herausgestellt, daß nur Kinder von Vagabunden, völlig Mittellosen und Steuerhinterziehern zum Militär gehen mußten. Es fällt leicht zu vermuten, daß der reiche Abraham Bunzel Isak dazu bewegte, das Kind und die damit verbundenen Probleme ausschließlich Esther zu überlassen. Es scheint, daß Isak kaum Kontakt zu Mathias hatte, der vielleicht überhaupt erst nach Großvater Bunzels Tod den Namen Utitz zu tragen begann.

Was immer auch die Erklärung sein mag, das einzige, das feststeht, ist, daß Isaks Träume von sofortigem Reichtum gescheitert waren. Isak erkannte, daß es für ihn nur einen Weg gab, zu Geld zu kommen: Er mußte schwer arbeiten und sich langsam und mühevoll ein Geschäft aufbauen. Seine Entscheidung, mit Woll- und Wirkwaren zu handeln, war genau richtig. Während in Frankreich die Revolution tobte, versuchte die europäische Gesellschaft, ihre Angst durch eine

Reihe von glänzenden Festen zu verdrängen. Sie hoffte, dem Schicksal des französischen Adels zu entgehen, indem sie es ignorierte. Hätte Isak sich entschlossen, mit Geräten für Haushalt oder Landwirtschaft zu handeln, wäre der Lebenskampf viel schwerer für ihn gewesen. Die Bekleidungsbranche aber florierte und gedieh in allen Sparten. 1790 fand zum Beispiel in Prag, ungeachtet der Dürre und Hungersnot, ein prächtiger Ball statt, an dem 600 kostbar gekleidete und aufgeputzte Menschen teilnahmen. Die Extravaganz war ansteckend und machte sich nicht nur in den Häusern der Reichen, sondern auch in denen der weniger Begüterten bemerkbar.

Unter diesen Umständen fiel es Isak nicht schwer, Kundschaft zu finden. Obwohl es ihm nicht gelang, das führende Geschäftshaus zu gründen, von dem er geträumt hatte, verdiente er bald genug Geld, um eine Familie anständig ernähren zu können. Es dauerte auch nicht lange, bis Isak wieder eine Frau fand, die bereit war, sein Leben zu teilen. Dvora Jeiteles Goldschmied[20], die er am 1. September 1791 heiratete, war ein völlig anderer Typus als ihre beiden Vorgängerinnen. Sie war drei Jahre älter als Isak, und da die Heiratsurkunde sie nicht als »Jungfer« ausweist, ist es möglich, daß sie verwitwet oder geschieden war.

Dvoras Familie gehörte der Emanzipationsbewegung an, die von Dr. Jonas Jeiteles und seinen Söhnen angeführt wurde. Die Anhänger der neuen Ideen strebten nach totaler Emanzipation, mit Ausnahme des Glaubensübertritts; sie wollten nicht länger jiddisch sprechen, waren glühende Patrioten und begeisterte Anhänger des Kaisers und seines Reiches. Viele Fabrikbesitzer und wohlhabende Kaufleute sympathisierten mit diesen Ideen. Isaks Ehe mit Dvora zeigt, in welchen Kreisen er nun seine Freunde fand. Vermutlich hatte Dvora eine relativ gute Bildung erhalten. Viele Ehefrauen und Töchter aus emanzipierten Häusern zeigten Interesse an Poesie und den bildenden Künsten. In Wien und Berlin gaben solche Damen glänzende Feste, zu denen liberale Künstler und Denker strömten. In Berlin etwa versammelten sich in den Gemächern von Henrietta Herz, der Frau eines jüdischen Arztes, ein Kreis, der sich »Die jungen Romantiker« nannte. Zu diesen gehörte der moderne Dichter Adelbert von Chamisso, Freiherr Friedrich von Schlegel, der lutherische Prediger Friedrich von Schleiermacher und auch Mendelssohns Tochter Dorothea.

Isak war froh, daß seine Frau keine solchen Ambitionen hatte. Wie die meisten jüdischen Bürgersfrauen Prags sympathisierte sie nicht mit Dorothea und Henrietta, auch nicht, als der junge Prediger nach dem Tod von Dr. Herz seine Beziehung zu Henrietta abbrach. Die meisten Anhänger der Emanzipation waren empört, als Schleiermacher erklärte, nur diejenigen Juden könnten als deutsche Staatsbürger gelten, die bereit seien, zum Christentum überzutreten.

Isak und Dvora gewöhnten sich bald an ihre neue Existenz und an das Alltagsleben. Geschichten wie die der unglücklichen Henrietta Herz waren oft die einzige Abwechslung für eine Generation, die keine anderen Unterhaltungsmöglichkeiten kannte. Dvora verbrachte oft viele Stunden allein, da Isaks Arbeit ihn gewöhnlich für die meiste Zeit des Tages von zu Hause wegführte. Fabriken befanden sich normalerweise außerhalb Prags. Wie gut, daß Isak ungehindert das Getto verlassen konnte, um die Woll- und Baumwollballen in den Lagerhäusern außerhalb der Stadt zu begutachten. Es gab auch Tage, an denen er das Getto nicht verlassen mußte. Dann besuchte er Inhaber von Kurzwarenläden oder einige der 23 Schneider des Gettos. Sowohl seine Lieferanten als auch seine Kunden klagten ständig, wie schwer es sei, in so stürmischen Zeiten Geschäfte zu führen. Nie war im Getto so viel gestritten worden, nie waren die Meinungen über fast alles und jedes so verschieden gewesen. Isak lernte schnell, daß er keine eigene Meinung äußern durfte, wenn er Geschäfte machen wollte. Er hörte aufmerksam zu, nickte mit dem Kopf und äußerte einige nichtssagende Phrasen.

Seine Kunden, die Schneider, saßen in schlecht beleuchteten Räumen auf langen Tischen, die bedeckt waren mit Scheren, Nadeln, Zwirnrollen und dergleichen. Isaks Besuch gab ihnen Gelegenheit, sich ihren Ärger von der Seele zu reden. Die Schneider waren meist konservativ und versuchten, Isak davon zu überzeugen, daß die Rabbis, wie seit jeher, am besten Bescheid wüßten und man ihnen unbedingt folgen müsse. Isak schwieg geduldig. Er bekam immer wieder zu hören, daß sich die Rabbiner um die Rechte der Armen kümmerten, während Dr. Jeiteles und seine Freunde die Frechheit besessen hätten, dem Kaiser zu schreiben. Es war kaum zu glauben, daß Juden so dumm sein konnten, in einem Brief an den Kaiser die Militärpflicht zu loben, weil sie angeblich Juden mit allen anderen Staatsangehörigen auf ein und dieselbe Stufe stelle.

»Die wissen ganz genau, daß man ihre Söhne nicht zum Militär rufen wird. Die bestechen die Behörden, sie außerhalb des Gettos wohnen zu lassen; sie sprechen deutsch und unterscheiden sich fast gar nicht von den ›Gojim‹. Wenn unsere guten Rabbis uns nicht geholfen hätten, auch an den Kaiser zu schreiben, mit der Bitte, das Gesetz rückgängig zu machen, würden Sie jetzt nicht hier sitzen, junger Mann.« Isak mußte das immer wieder hören, und obwohl er wußte, daß das letzte Wort in dieser Angelegenheit noch nicht gesprochen war, enthielt er sich jeden Kommentars.

Ein völlig anderes Bild bot sich ihm, wenn er das Dorf Lieben besuchte, wo kürzlich 100 Juden die Erlaubnis erhalten hatten, sich in der Nachbarschaft ihrer dort lebenden Glaubensgenossen anzusiedeln. Dort öffnete die Tatsache, daß er mit den Jeiteles verschwägert war, ihm Tor und Tür. Wenn die geschäftlichen Besprechungen in der Fabrik beendet waren, wurde er meist gebeten, das neue Haus des Fabrikanten zu besichtigen. In einem großen, luftigen Wohnzimmer, eingerichtet mit den neuesten, bauchigen Kommoden, bot man ihm Kaffee und frisch gebackenen Hefekuchen an. Sein Gastgeber erzählte ihm, wie aufmerksam man die sich ständig verändernde wirtschaftliche Situation beobachten müsse, wie nötig es sei, die Lage in Prag richtig zu beurteilen, und wie man überlegen müsse, wie weit die Französische Revolution das Leben hier in Lieben beeinflussen werde.

Nach der Erklärung der Menschenrechte hatte man mehr als zwei Jahre dazu gebraucht, die französische Nationalversammlung davon zu überzeugen, daß Juden auch Menschen seien und daß daher die Parole der Revolution »Freiheit, Gleichheit, Brüderlichkeit« sich auch auf sie beziehen müsse. Die Tatsache, daß von 1000 Pariser Juden 100 sich zum Dienst in der revolutionären Armee gemeldet hatten, änderte nichts am Antisemitismus vieler freiheitsliebender Abgeordneter.

Isak war froh, den nie endenden politischen Spekulationen entkommen und nach Hause ins Getto zu seiner Dvora zurückkehren zu können. Es scheint, daß seine dritte Ehe recht glücklich war. Nachdem er seine stürmische Jugend hinter sich gelassen hatte, wurde aus Isak nun langsam ein Bürger, der ohne Sorgen dem Zenit seines Lebens entgegensah. Obwohl er weit fortschrittlichere Ansichten als sein Vater hatte, war auch er im Grunde seines Herzens ein recht konservativer Mensch. Er hegte zwar gewisse Sympathien für die Reformbewegung, aber er hütete sich, sie öffentlich zu unterstützen oder radikal mit alten Gebräuchen zu brechen. Jiddisch war die Sprache, die an seinem Tisch gesprochen wurde, und Jiddisch war die Sprache, die er seine Kinder lehren würde.

Aber es kamen keine Kinder. Ein Jahr, ein zweites und weitere vergingen, und noch immer gab es keine Anzeichen dafür, daß Dvora ihm einen Sohn oder vielleicht eine Tochter schenken werde. Seine Frau war nun Mitte dreißig, und mit jedem Tag verringerte sich die Hoffnung auf Kinder. Isak wurde immer still, wenn Dvoras Verwandte von der goldenen Zukunft sprachen. War Dvora steril? Oder würden sie doch eines Tages einen Sohn haben, der genauso frei wie alle anderen österreichischen Staatsbürger heranwachsen könnte?

Dvoras progressive Verwandte fanden ihre Kinderlosigkeit im Vergleich zu den welterschütternden Ereignissen in Paris unwichtig. Die Französische Revolution stellte die Juden zum ersten Mal vor die Frage, ob sie eine Nation oder eine religiöse Sekte seien. Die Jeiteles antworteten ohne Zögern, daß ihre Nationalität österreichisch und ihre Religion jüdisch sei. Sie schlossen Augen und Ohren vor Klagen über den Antisemitismus führender Revolutionäre, der sich immer wieder in der französischen Presse ausdrückte. Juden aus allen europäischen Ländern unterstützten das Revolutionskomitee mit beträchtlichen Summen, und dennoch war die erste Person, die Robespierre hinrichten ließ, der Jude Jacob Pereira, ein Priester der neuen Religion der Vernunft. Zwei Neffen von Jakob Frank, die mit ihrem ansehnlichen Vermögen in das revolutionäre Paris gezogen waren, mußten am selben Tag wie Danton das Schafott besteigen. Andere folgten.

Dies alles war kein Trost für Isak und Dvora, die sich nach Kindern sehnten, aber es brachte sie zeitweise auf andere Gedanken. Bei Familienzusammenkünften nahmen die Debatten für oder gegen Reformen kein Ende. Auch das traurige Schicksal, das manche ihrer Glaubensgenossen nun in Frankreich erfuhren, konnte den Enthusiasmus der fortschrittlichen böhmischen Juden nicht dämpfen. Aber sogar sie wurden wohl aus der Ruhe gebracht, als sie hörten, daß 2000 Juden mit der französischen Armee gegen das österreichische Heer kämpften, in dem 25 jüdische Rekruten aus Prag dienten. Zum ersten Mal in der Geschichte konnte es nun vorkommen, daß zwei jüdische Brüder auf verschiedenen Seiten kämpften. Diese Möglichkeit rückte die Frage nach der jüdischen Identität, nämlich Nation oder Religion, in ein völlig neues Licht.

Der Krieg zwischen Österreich und Frankreich bereitete Isak viel weniger Kummer als die letzten Ereignisse im Getto. Der Verlust von Vater und Mutter war für ihn viel schmerzlicher als der Verlust, den die österreichische Armee infolge der brillanten Kriegführung eines jungen französischen Generals namens Napoleon Bonaparte erlitten hatte. Die Ereignisse des fernen Krieges waren lange nicht so einschneidend wie die Maßnahmen, die nach dem Tode Josefs II. eingeführt wurden. Das Judenamt war bemüht, die Bewegungsfreiheit der Juden wieder einzuschränken. Dadurch wurden Geschäftsreisen für Isak schwieriger.

Der ehemalige Talmudstudent zeigte auch reges Interesse an den neuen Erlässen, die die Verbreitung jüdischen Wissens erschweren sollten. Von nun an durften nur Rabbiner, die einen Kurs in Philosophie an einer österreichischen Universität absolviert hatten, den Talmud lehren. Dies änderte jedoch recht wenig am religiösen Erziehungssystem des Gettos. Nach wie vor nahmen wohlhabende Eltern arme Studenten in ihre Häuser auf, um ihre Kinder in Religion unterweisen zu lassen. Der einzige Unterschied war, daß man diese Studenten nicht mehr als Hauslehrer, sondern als Hausdiener meldete. Im Moment war das Problem für Isak und Dvora ja leider nur von theoretischem Interesse. Sie konnten sich noch immer nicht an den Gedanken gewöhnen, daß gerade ihre Ehe kinderlos bleiben sollte. Um auf andere Gedanken zu kommen, mußten sie sich ausgiebig mit allen möglichen Skandalen beschäftigen. An denen fehlte es im Getto freilich nicht. Sogar Isak, der sich angeblich über Klatsch erhaben fühlte, war ganz Ohr, wenn über seine ehemaligen Schulfreunde Wehle und Bondy getuschelt wurde.

Jakob Franks Tod hatte keineswegs das Ende der von ihm gegründeten Sekte bedeutet. Jetzt hielt seine Tochter Eva in Offenbach hof und lebte von den großzügigen Spenden ihrer

Anhänger. Isak wollte es nicht glauben, als man ihm erzählte, daß die Familie Beer Wehle ihr den enormen Betrag von 5000 Gulden geschickt hatte. Einige Prager Jünglinge waren kürzlich nach Offenbach gefahren, um zu Füßen der schönen Eva sitzen zu können, aber auch, um dem Militärdienst zu entgehen. Eva jedoch hatte kein Interesse an mittellosen Studenten und behandelte diese erbärmlich. Zwei der unglücklichen Knaben rissen schließlich aus und verrieten ihren staunenden Zuhörern, was in Evas prächtigem Haus wirklich vorging. Ihrem Bericht nach feierte man dort religiöse Feste mit Schwelgereien und Orgien. Empört verhängte das Prager Rabbinat 1799 gegen alle Frankisten den großen Bann, der in den Synagogen öffentlich verlesen wurde. Mit gemischten Gefühlen sah Isak dem Tumult zu, der daraufhin in den Straßen des Gettos ausbrach. Einer großen öffentlichen Demonstration folgten handgreifliche Auseinandersetzungen mit Frankisten, die zu richtigen Straßenkämpfen führten. Isak kam es vor, als seien seine Freunde erst gestern aus Brünn zurückgekehrt, erfüllt von der wunderbaren Lehre des neuen Messias.

Isak und seine Frau hatten fast alle Hoffnung aufgegeben, als endlich das Wunder geschah: Dvora wurde schwanger! Man kann sich gut vorstellen, wie sehr Isak sich um Dvoras Nahrung, ihre körperliche Bewegung, ja sogar um ihre Kleidung kümmerte. Dvora war nicht die einzige, die die neueste aus Frankreich importierte Mode sehr unpassend für werdende Mütter fand. Das Empirekleid, ein einteiliges Kleidungsstück, wurde direkt über den nackten Körper gezogen und floß weich wie ein Nachthemd von der Brust zu Boden, ohne Hals und Arme zu bedecken. Es war wirklich nicht dazu geeignet, die Anzeichen einer Schwangerschaft zu verbergen. Die ganze neue Mode war äußerst unpassend für respektable Prager Jüdinnen und erregte das Mißfallen der Rabbiner. Der Oberrabbiner verurteilte in seiner Predigt jegliche Zurschaustellung von Wohlstand und empfahl ein bescheidenes Auftreten und eine entsprechende Kleidung.

Samstags, nach dem Gottesdienst, unterhielten sich Isaks Kunden zufrieden darüber, wie selten die Wirtschaftslage bisher so gut gewesen war, daß vor Prunk gewarnt werden mußte. Im September 1801 brachte Dvora, zehn Jahre nach ihrer Hochzeit, endlich einen gesunden Sohn zur Welt. Nach alter Sitte erhielt der Knabe den Namen von Isaks verstorbenem Vater, Abraham. Die ersten Monate nach der Geburt ihres Sohnes waren sicher die schönsten in Isaks und Dvoras Leben.

Napoleon und seine fortwährenden Kriege rückten in den Hintergrund. Isak hörte kaum hin, als die Schneider ihm erzählten, Napoleon sei an der palästinensischen Küste gelandet und habe erklärt, er wolle Jerusalem wiederaufbauen. Einige behaupteten, er habe sogar versprochen, dort einen jüdischen Staat zu errichten. All das interessierte Isak jetzt gar nicht; er wollte nur so schnell wie möglich seine Geschäfte abwickeln, um zu seinem kleinen Sohn zu können. Nicht einmal die Nachricht, daß in Napoleons Armee Juden als Offiziere dienten und gemeinen Soldaten Befehle erteilten, erregte den jungen Vater. Es raubte ihm auch nicht den Schlaf, als er weiter erfuhr, daß diese Offiziere so unter Antisemitismus zu leiden hatten, daß sie ihre Namen wechselten und Decknamen trugen. Solange Abraham nicht einrücken mußte, konnte Napoleon machen, was er wollte.

Die schnell wechselnden Verhältnisse in Frankreich berührten das Leben im Prager Getto kaum. Dort herrschten nach wie vor Wohnungsnot, Einmischung der Behörden in jeden Bereich des Privatlebens, Benachteiligung. 1806 schrieb ein gewisser Isak Beer: »Unsere Gleichheit beruht nur auf dem Papier. Erlasse haben die Einstellung der Bevölkerung nicht geändert. Kein christlicher Meister akzeptiert einen jüdischen Lehrjungen. Im Theater machen sie sich über uns lustig; bei Gericht halten sie täglich antisemitische Reden.«[21]

Trotz Abrahams Geburt hatten sich auch diesmal die Tore des Paradieses für Isak nicht geöffnet. Schließlich war es ja doch unmöglich, Napoleon und seine Kriege zu ignorieren. Infolge der drohenden Blockade Englands stiegen die Baumwollpreise drastisch. Isaks Einkommen aber hing vom Wohl und Wehe der Baumwollindustrie ab. Dazu kam noch, daß die österreichischen Behörden alle Juden verdächtigten, mit Frankreich zu sympatisieren. Da der Kampf gegen Napoleon andauerte, fanden die hygienischen Zustände im Getto noch weniger Beachtung als je zuvor. Nichts hatte sich seit Isaks Geburt geändert; derselbe Platzmangel, derselbe Mangel an keimfreiem Trinkwasser, derselbe Mangel an frischer Luft. Jedesmal, wenn Abraham nieste, starben seine Eltern vor Angst.

Der Krieg rückte immer näher, und 1806 hatte Isak so viel Sorgen, daß die Konstitution des gesündesten Mannes angegriffen worden wäre; und Isak hatte nie vor Gesundheit gestrotzt. Von Anfang an waren die Umstände, unter denen er sein Leben verbringen mußte, nicht entsprechend gewesen. Wir wissen nicht, ob die Sorgen einen Herzanfall herbeiführten, ob sich eine harmlose Erkältung in ein tödliches Fieber verwandelte oder ob Isak einem Unfall erlag. Bekannt ist nur, daß Isak Loeb Utitz am 25. Februar 1806 im Alter von 41 Jahren starb.

Abraham Utitz

Bei dem Fest, das der Beschneidung Abrahams folgte, ging es hoch her. Es gab ja auch wirklich Anlaß zu ganz besonderer Freude. Nach zehnjähriger kinderloser Ehe hatte die 40 Jahre alte Mutter einem gesunden Jungen das Leben geschenkt.

Die Optimisten unter den Festgästen prophezeiten dem Säugling eine goldene Zukunft. Die Vorzeichen seien günstig, meinten sie. An diesem Septembertag des Jahres 1801 herrschte endlich wieder Frieden im Land. Der Krieg zwischen Frankreich und den Verbündeten war beendet. Mit Gottes Hilfe, so frohlockten einige der Gäste, würde das neugeborene Kind nie Kanonendonner zu hören bekommen. Das österreichische Imperium stehe am Beginn einer neuen Epoche. Infolge Napoleons durchgreifender Reformen würden nun die österreichischen Behörden um die Loyalität der Unterdrückten, der Bauern, ja sogar um die der Juden werben müssen.

Es ist anzunehmen, daß die Vornehmsten der Judengemeinde zu den Gratulanten zählten, die sich um die Wiege des Neugeborenen scharten. Nicht nur der Vater, sondern auch die Mutter des Kindes war ein Abkömmling alter, respektierter Familien, obwohl der Name von Abrahams Großvater mütterlicherseits von Geheimnissen umwoben ist.

Nach Abrahams Geburtsurkunde war seine Mutter, Dvora, die Tochter Salomon Jeiteles. Andere Dokumente, wie zum Beispiel das Totenbuch der jüdischen Gemeinde Prags, fügen den Namen Goldschmied bei. Salomon Jeiteles war ein bekannter Gelehrter, jedoch von einem Salomon Jeiteles Goldschmied fehlt jede Spur. Könnte vielleicht Goldschmied der Name eines ersten Ehegatten Dvoras sein? Oder hat der doppelte Familienname etwas mit den schon erwähnten Einschränkungen des jüdischen Familienlebens zu tun?

Nur die ältesten Söhne einer jüdischen Familie konnten eine offizielle Erlaubnis zur Vermählung bekommen. Jüngere Söhne mußten ihre Eheschließungen geheimhalten, und die Kinder aus solchen Verbindungen wurden oft als unehelich registriert. Um den Namen des Vaters nicht völlig wegzulassen, kam es gelegentlich zu seltsamen Namenskombinationen, die verwirrend sind. Was immer die Erklärung ist, Dvora war jedenfalls ein Sprößling der wohlbekannten Familie Jeiteles, die später einen wesentlichen Einfluß auf Abrahams Erziehung ausüben sollte.

Seit mehr als 150 Jahren zählten die Jeiteles zu den Vornehmsten des Gettos. Einige von ihnen waren Vorsprecher in der jüdischen Gemeinde gewesen. Salomon Jeiteles war es gelungen, die Behörden davon zu überzeugen, daß im Talmud nie in ungebührlicher Weise von Christen gesprochen werde. Der berühmte Dr. Jonas Jeiteles war der Chefarzt des Prager jüdischen Spitals. Er war sehr an den Forschungsarbeiten des Schotten Dr. Edward Janner interessiert und hatte in diesem Zusammenhang durchgesetzt, daß 1500 Gettobewohner, unter ihnen seine eigene Tochter, gegen Pocken geimpft wurden. Der Erfolg dieser Aktion war so groß gewesen, daß die Behörden Impfungen befürwortet hatten. Dr. Jeiteles, der nun allgemein geehrte Jude, war sogar vom Kaiser huldvoll in Audienz empfangen worden.

Wer konnte, alles dies in Betracht ziehend, bezweifeln, daß dem Kind, dessen Beschneidung hier gefeiert wurde, eine glänzende Zukunft bevorstand?

Nicht alle Anwesenden jedoch sahen die Situation in solch rosigem Licht. Sicherlich schimpften einige alte Onkel über ein kürzlich eingeführtes Gesetz, nach dem jüdische Beschneider von einem staatlich angestellten Arzt auf ihre medizinischen Fähigkeiten hin geprüft werden mußten. »Was versteht denn der Goi davon? Er kümmert sich nicht im geringsten um den furchtbaren Zustand, in dem unsere Häuser sind. Aber in unsere religiösen Zeremonien mischt er sich ein!

Und das unter dem Vorwand, die Stadt sei um unsere Gesundheit besorgt!«

Die Behörden zeigten jedoch wirklich Interesse an den Verhältnissen im Getto. Niemand konnte verstehen, daß trotz des strengen Einwanderungsverbotes und der den Juden auferlegten Eheeinschränkungen die jüdische Bevölkerung Böhmens im Laufe der letzten 50 Jahre von 29000 auf 47000 gestiegen war; oder warum die Sterblichkeitsrate im Prager Judenviertel niedriger war als in den übrigen Stadtteilen.

Abraham gehörte zu den ersten jüdischen Kindern Prags, denen es erlaubt war, außerhalb des Gettos im Sonnenschein zu spielen. Wenn das Kind frische Luft brauchte, war Dvora nicht mehr genötigt, es durch die engen, dunklen Gäßchen, durch die oft Blinde, Lahme und Geistesgestörte streiften, zu tragen. Sie konnte ungehindert mit ihrem Säugling durch die massiven Tore des Gettos hinauswandern, um auf dem offenen Platz vor der Teynkirche die milden Strahlen der Spätherbstsonne zu genießen. Sie durfte da sitzen, so lange sie wollte, und die modernen Kleider der jüdischen Bürgersfrauen bewundern, deren Gatten die Erlaubnis erhalten hatten, außerhalb des Gettos zu leben. Es gab nun 180 solcher Familien. Die meisten besaßen Fabriken; dank der Bedeutung, die ihre neuen Industrien für den Kriegseinsatz hatten, durften sich einige nun »Edler von...« nennen. Ihr Reichtum, ihr hoher Lebensstandard hoben die Moral der jüdischen Massen, die oft in erbärmlicher Armut lebten.

Plötzlich schien es, als wollten die österreichischen Behörden den Juden schmeicheln. Kurz vor Abrahams erstem Geburtstag besuchte die gesamte kaiserliche Familie die Synagoge in Preßburg. Erzherzöge und Erzherzoginnen bewunderten den reichbestickten Vorhang des Thoraschranks; die Gemeinde stand in respektvoller Entfernung und staunte die hohen Herrschaften an.

Es war zu gut, um wahr zu sein, und es währte nicht lange. Noch bevor Abraham aus den Windeln war, brachen erneut

Kämpfe zwischen Frankreich und England aus. Die meisten europäischen Häfen waren dem Import von Gütern aus Britannien und seinen Kolonien verschlossen. Es gab nur ganz selten Schokolade für den kleinen Jungen, den Kuchen seiner Mutter fehlte es an Zucker, und Abraham konnte nicht verstehen, warum er seinen Grießpudding nun ohne Zimt essen mußte.

Wenn Abraham in späteren Jahren an seinen Vater zurückdachte, hatte er immer nur das Bild eines Mannes mit besorgter Miene vor Augen. Österreich konnte sich von dem andauernden Kriegszustand nicht erholen. Die Finanzen des Landes waren in einem erbärmlichen Zustand; immer mehr Banknoten kamen in Umlauf, aber die meisten Kaufleute nahmen sie nur ungern an. Die Blockade machte es Isak schwer, Woll- und Baumwollwaren aufzutreiben. Von Verhandlungen über passende Zahlungsweisen kehrte er oft erst spätabends nach Hause zurück. Meist war er schlechter Laune, nervös und müde.

Ende 1804 erholte sich die Wirtschaft ein wenig. Ganz Europa war wie in einem Fiebertaumel; die Berichte von der prächtigen Krönung Napoleons erregten alle Gemüter, sogar im Prager Getto. Auch dort kopierten junge Frauen die Modelle, welche die Spitzen der Pariser Gesellschaft anläßlich der glänzenden Zeremonie getragen hatten. Das gab dem Handel neuen Aufschwung. Die Rabbiner hingegen waren weniger erfreut, wenn die Damen während des Gottesdienstes kokett ihre modisch bestickten neuen Beutel schwingen ließen.

Der Stern Napoleons näherte sich dem Zenit, der des Dr. Jeiteles sank immer tiefer. Rheumatische Kopfschmerzen, Asthma und ein Hang zur Melancholie zwangen ihn, sich mehr und mehr von seiner Arbeit zurückzuziehen. Die Familie scharte sich um den Kranken. Es ist anzunehmen, daß man Abraham mitnahm, damit er seinen berühmten Verwandten sehen konnte. Weder ein tiefer Glaube an die Lehren seiner Religion noch sein erbärmlicher Gesundheitszustand konnten Jonas davon abhalten, ständig nach Fortschritt zu streben. Er ignorierte seine Schmerzen und befaßte sich auch jetzt noch mit Werken in Hebräisch, Griechisch, Lateinisch, Jiddisch, Deutsch, Französisch und Englisch. Immer wieder erzählte man Abraham, daß er sich ein Vorbild an Jonas, dem idealen Repräsentanten der empanzipierten Juden, nehmen sollte. Durch Dr. Jeiteles' Einfluß wurde das Kind von Anfang an zweisprachig erzogen. Die Eltern machten es sich zur Aufgabe, mit dem kleinen Jungen sowohl jiddisch als auch deutsch zu sprechen. Sicher kam ihnen manchmal der Gedanke, daß Abraham wohl der letzte Utitz sei, der auf die Frage nach seiner Muttersprache »Jiddisch« antworten würde.

Allmählich wurde es Zeit, das Problem von Abrahams Ausbildung ins Auge zu fassen. In der jüdischen Schule Prags, deren Führung in den Händen der Emanzipierten lag, war die Unterrichtssprache Deutsch. Die Grundfächer wurden weder in Hebräisch noch in Jiddisch erteilt. Es war jedoch unerläßlich, daß Abraham das hebräische Alphabet lernte. Obwohl die Führer der Emanzipationsbewegung ihre Werke in deutscher Sprache veröffentlichten, waren diese in hebräischen Buchstaben gedruckt. Ein weiteres Problem war, daß die meisten Schüler dieser Schule aus ungebildeten Kreisen stammten, es waren unmanierliche Bengel, nicht die Art Kinder, die sich Dvora und Isak als Umgang für ihren Sohn wünschten. Nur 410 der 4250 Gettokinder besuchten diese Institution. Alle anderen Schüler erhielten Privatunterricht. Nach reiflicher Überlegung beschlossen Isak und Dvora, Abraham erst einmal in einen »Cheder« zu schicken, damit er dort das hebräische Alphabet lernte.

Weltliche Kultur hatte nicht nur die Grenzen des Gettos überschritten, seine Einwohner begannen nun, zu dieser auch beizutragen. Während Abraham den Honig von den hebräischen Buchstaben leckte, erreichte ein anderer kleiner Junge bereits beträchtlichen Ruhm. Ignaz Moischele, nur wenige

Jahre älter als Abraham, war ein ungewöhnlich begabter Klavierspieler, der oft in den Palästen der Aristokraten seine Kunst zum besten gab und weit und breit als der »jüdische Mozart« bekannt war.

Im Herbst 1805 nahte das Ende von Abrahams glücklicher Kindheit. Französische Truppen überschritten die Donau und marschierten in Wien ein. Am 13. November machte Napoleon Schönbrunn, den Sitz des österreichischen Kaisers, zu seiner Residenz, während seine Armee gegen Böhmen zog. Die Utitzens, die Jeiteles und alle anderen Juden des Gettos saßen zusammen und warteten ängstlich auf die neuesten Nachrichten vom Schlachtfeld. Die ältesten unter ihnen erinnerten sich noch an das Pogrom und die Austreibung von vor 60 Jahren. Ihre Erzählungen erinnerten Isak an seinen Vater, der oft von den Entbehrungen des Exils gesprochen hatte. Noch bevor es Zeit war, die erste Kerze des Chanukkafestes anzuzünden, war es bereits klar, daß Österreich den Krieg wieder verloren hatte. Zerlumpte Soldaten erschienen in Prag und erzählten fürchterliche Geschichten von der verlorenen Schlacht bei Austerlitz, einem Ort auf halbem Weg von Wien nach Prag. Mehr als 2600 Soldaten der Verbündeten waren in dieser Schlacht gefallen. Österreich konnte nicht weiterkämpfen und mußte die Bedingungen Napoleons annehmen.

Isak hörte mit Entsetzen, daß der Kaiser Franz I. am 26. Dezember in Preßburg, der Stadt in der er erst kürzlich die Juden mit seinem Besuch geehrt hatte, einen Friedensvertrag unterschreiben mußte, der Österreich um viele seiner südlichen Gebiete und den Kaiser um drei Millionen seiner Untertanen sowie um ein Sechstel des Steuereinkommens brachte. Für Isak bedeutete das einen entscheidenden Ausfall seiner Verdienstmöglichkeiten. Geschäftssorgen ließen ihn oft nicht schlafen; er wurde wortkarg und unzugänglich. Abraham fürchtete sich nun oft vor seinem Vater.

Das Jahr 1806 begann unheilvoll, und bald hatten Dvora und ihr Sohn das Gefühl, einen Alptraum zu erleben. Am 25. Februar starb Isak. Ein verängstigter kleiner Junge klammerte sie an die Rockschöße seiner ebenso verängstigten Mutter, während man eine Woche lang die Totengebete sprach und die Nachbarn Beileidsbesuche abstatteten.

Es scheint, daß die Witwe nicht völlig mittellos dastand. Jedenfalls wandte sie sich an keine der vielen im Getto existierenden Hilfswerke. Da gab es eine Organisation, die sich um die Familien der kürzlich Verstorbenen kümmerte, eine andere half Witwen und Waisen; ein Verband hatte sich die Pflege der Kranken zur Aufgabe gemacht, während ein anderer dafür sorgte, daß die Armen kostenlos Arznei bekamen. Die christliche Bevölkerung Prags beneidete das Getto um seine sozialen Einrichtungen, und sogar kirchliche Ämter spendeten Lob und machten kärgliche Versuche der Nachahmung.

Abrahams Großeltern väterlicherseits waren lange vor seiner Geburt gestorben, es gab keine nahen Utitzverwandten und nur wenig oder gar keine Beziehung zu seinem Stiefbruder Mathias. Dvora war völlig auf die Hilfe ihrer eigenen Familie angewiesen. Aber auch die Jeiteles hatten große Probleme. Jonas starb zwei Monate nach Isaks Tod. Kurz danach machte die Polizei eine Hausdurchsuchung bei Benedikt Jeiteles. Diesen jungen Studenten verdächtigte man, Kontakt zu dem Rabbiner von Breslau, einem Anhänger Napoleons, zu haben. Mit ihren eigenen Sorgen beschäftigt, hatten Dvoras Verwandte wenig Zeit, sich um den vaterlosen kleinen Jungen zu kümmern. Sie selbst mußte seine dauernden Fragen beantworten, warum denn einige den Kaiser der Franzosen liebten, während andere ihn so haßten.

Es war nicht leicht, einem Siebenjährigen zu erklären, wieso Napoleon, der ursprünglich eine Menge Anhänger im Prager Getto gehabt hatte, immer unbeliebter wurde. Napoleon hatte eine Konferenz, »Das Große Sanhedrin«, einberufen, auf der die Stellung der Juden in der modernen Gesellschaft definiert werden sollte. Er hatte darauf bestanden, daß diese Konferenz an einem Samstag begann, und das hatte ihn viel jüdische Sympathie gekostet. Napoleon befürwortete außerdem Ehen zwischen Juden und Christen, ordnete an, daß das Geld, welches man elsässischen Juden schuldete, erst in zehn Jahren zurückzuzahlen sei, und erneuerte einige Einschränkungen, die die französischen Juden betrafen. Sogar die Begeisterung der fortschrittlichsten Juden Prags ließ nach, als sie von den Verordnungen Napoleons hörten; man nannte sie »das schändliche Dekret«.

Dvora mußte, wie viele andere auch, sehen, wie ihre Geldvorräte von Tag zu Tag kleiner wurden. Seit Beginn der Blockade waren die Preise für Baumwolle, Reis, Gewürze und viele andere Waren um das Zwei- oder Dreifache gestiegen; Kaffee wurde aus Eicheln zubereitet. Fabriken mußten geschlossen werden, der Handel stand fast still. Statt der goldenen Zukunft, die ihm erst vor so kurzer Zeit prophezeit worden war, erlebte Abraham nun eine düstere, einsame Kindheit. Da er ein Einzelkind war, mahnte man ihn wahrscheinlich ständig, seiner verwitweten Mutter eine große Hilfe zu sein. Sicherlich sehnte er sich oft nach einem Haus voller fröhlicher Kinderstimmen.

Infolge der harschen Napoleonischen Verordnungen war das ganze Land von patriotischer Begeisterung erfüllt, und das Prager Getto bildete hier keine Ausnahme. Eine Landwehr wurde gegründet, zu der sich viele »Israeliten«, wie man die Juden nun nannte, meldeten. Nicht einer von ihnen wurde akzeptiert. Die Studenten, die ihre eigene Legion aufstellten, waren großzügiger. Sie erlaubten ihren jüdischen Kollegen, an ihrer Seite zu dienen, und erhoben sogar drei von ihnen in den Offiziersstand. Die Führer der Emanzipationsbewegung, Leute wie Moses Wiener und Jehuda Jeiteles, forderten die jüdische Bevölkerung auf, Patriotismus und Liebe für den österreichischen Kaiser zu bezeugen. Abrahams Spielkameraden begannen damit, von militärischen Karrieren zu träumen, und zum ersten Mal in der Geschichte des Gettos spielten die kleinen Jungen »Soldaten«.

Napoleons brillanter Strategie konnte jedoch nicht mit einer bloßen Welle patriotischer Begeisterung entgegengetreten werden. 1809 erlitten die österreichischen Truppen nochmals eine Niederlage, und der Kaiser war gezwungen, einen Friedensvertrag zu unterschreiben, der das habsburgische Imperium zu einer drittklassigen Macht schrumpfen ließ. Der junge Abraham erkannte, daß Idealismus keine Geschütze besiegen kann, und zog daraus seine Lehre. Im späteren Leben hielt er sich von allen »Ismen«, die gerade in Mode waren, fern.

Die Situation, die schon vor der Niederlage bedrohlich gewesen war, wurde nun hoffnungslos. Das Finanzamt setzte die Steuern herauf. Waren verschwanden aus den Geschäften; solche, die trotz der Blockade nach Prag gelangten, waren unerschwinglich. Die Gold- und Silberdeckung der Banknoten wurde kleiner und kleiner, und die wirtschaftliche Lage unhaltbar. Als Dvora am 20. Februar 1811 aufstand, hörte sie mit Entsetzen, daß ihre Banknoten über Nacht fast wertlos geworden waren. Sie mußte all ihr Papiergeld abgeben und erhielt einen neuen Geldschein für fünf alte.

Alteingesessene Geschäftshäuser machten Bankrott. Reiche Männer wurden über Nacht zu Bettlern, und die meisten kleinen Leute begannen, entsetzliche Not zu leiden. In Südböhmen war die Situation so schlecht, daß einige jüdische Familien beschlossen, nach Palästina auszuwandern. Hunger und Seuchen zwangen die meisten unterwegs zur Rückkehr, und nur fünf erreichten das Heilige Land.[22]

Durch die finanzielle Krise war es Dvora vermutlich nicht mehr möglich, Abraham Privatunterricht erteilen zu lassen. Sie konnte ihn aber auch nicht in Baruch Jeiteles' moderne Talmudschule, die von den Söhnen der aufgeklärten Gettogesellschaft besucht wurde, schicken. Dort lehrte der älteste

Sohn von Dr. Jonas Jeiteles nicht nur traditionelle religiöse Fächer, sondern auch moderne Sprachen und Naturwissenschaften. Seine Schüler durften statt des traditionellen Käppchens sogar Zylinder in der Schule tragen.

Auch wenn sich Dvora nicht den besten Unterricht für ihren Sohn leisten konnte, wollte sie keinesfalls, daß er das Lernen verfrüht aufgab. Die einzige Möglichkeit war, ihn in die öffentliche jüdische Schule zu schicken. Diese war bei den Traditionellen verpönt, weil man dort nur weltliche Fächer lehrte. Bei den Aufgeklärten war sie wegen des recht beschränkten Lehrplans schlecht angesehen. Abrahams spätere Karriere zeigt, daß er diese Schule beendete und alle seine Prüfungen dort bestand.

Der Leiter dieser Schule war Moses Wiener, ein Freund des Philosophen Moses Mendelssohn. Sein Ziel war es, seine Schüler zu patriotischen Österreichern zu erziehen, deren Wissen in jeder Beziehung dem der christlichen Bevölkerung entsprach. Abraham mußte also deutsche Literatur, Geographie, Weltgeschichte, Naturwissenschaften, Zeichnen, ferner Arithmetik und kaufmännisches Rechnen lernen. Prags jüdische Schule war hervorragend geleitet und galt im ganzen Land als Vorbild für Schulen dieser Art. Das Gebäude, in dem der Unterricht abgehalten wurde, hatte früher als Gemeindehaus des Gettos gedient. Es bestand aus einigen großen Räumen, die man im Winter beheizen konnte, und einer Halle, in der die Prüfungen abgehalten wurden. Die Tatsache, daß Abraham mit dem Schulinspektor Judas Jeiteles verwandt war, mag zwar Eindruck auf seine Lehrer gemacht haben, führte aber sicherlich auch dazu, daß er von seinen Mitschülern gehänselt wurde.

In kurzer Zeit war seine Allgemeinbildung größer als die seiner Mutter. Während ihres Schulunterrichts war ihr, wie den meisten ihrer Generation, fast ausschließlich jüdisches Wissen vermittelt worden. Selten hatten Jugendliche mit so viel Recht sagen können: »Mutter, das verstehst du nicht.«

Im Winter 1812 wurde Napoleon gezwungen, den Rückzug aus Moskau anzutreten. Die Erde schien unter Abrahams Füßen zu schwanken. Dem Elfjährigen war der Kaiser der Franzosen als unbezwingbarer Riese erschienen. Wahrscheinlich konnte sich der Junge dem fieberhaften Patriotismus nicht entziehen, der nun Prag ergriff. Baruch Jeiteles verwandelte sein Haus in ein Lazarett, in welchem er verwundete Soldaten, gleich welcher Religion, aufnahm und pflegte. Prags Spitäler waren nach den Schlachten in Nordböhmen voll von Verwundeten, und die Behörden nahmen Baruchs Angebot dankbar an. Mit Hilfe seiner Schüler und Familienmitglieder betreute nun einer von Prags berühmtesten Talmudlehrern christliche Soldaten, die nicht nur an ihren Verwundungen, sondern auch noch an Wundfieber und Infektionen litten. Noch bis vor kurzem war Baruch ein Bewunderer Napoleons gewesen. Nun saß er, ein Mann Mitte Fünfzig, Tag und Nacht an den Betten seiner Patienten, bis er schließlich selbst, am 27. Dezember 1813, an einer Infektion starb.

Im folgenden Frühjahr fiel der letzte Tag des Pessachfestes auf den 12. April. Fast die gesamte Familie Jeiteles befand sich in der großen Meisselsynagoge, in der, trotz des feierlichen Anlasses, nicht viel von Andacht zu merken war. Männer, in Gebetstücher gehüllt, drängten sich zu dem eben eingetretenen Jehuda Jeiteles, dem Gemeindevorstand. Jehuda versuchte, die Aufmerksamkeit des Rabbiners auf sich zu lenken. Als der Gottesdienst sich seinem Ende näherte, sah Abraham, wie Jehuda sich vor den nun geschlossenen Thoraschrank stellte. Mit vor Aufregung zitternder Stimme teilte Jeiteles den Anwesenden mit, daß Paris gefallen sei. Mit Gottes Hilfe war Napoleon geschlagen. Unter den in der Schlacht von Waterloo Gefallenen waren 235 jüdische Soldaten.[23]

Abraham war tief beeindruckt von Jehudas patriotischer Ansprache. Jeiteles bat Gott, den gnädigen Kaiser Franz I. zu segnen, den gütigen Kaiser, der seine jüdischen Untertanen mit solchem Wohlwollen und solcher Gerechtigkeit behandelte.[24] Der Junge konnte nicht verstehen, warum einige ältere Gemeindemitglieder skeptisch den Kopf schüttelten.

Aber wie gewöhnlich behielten die Skeptiker recht. Die Politiker, die beim Wiener Kongreß zusammentrafen, hatten nur ein Ziel, sie wollten die Welt wieder so herstellen, wie sie vor 1790 gewesen war. Den meisten von ihnen erschienen freie Juden als eine provokative Erinnerung an die Französische Revolution. Ein österreichischer Diplomat erklärte wiederholt, daß die Juden Napoleon zur Macht verholfen hätten.[25] Zeitungsartikel und Pamphlete erschienen, die sich gegen die Gleichstellung der Juden richteten. Der Kongreß machte es sich zur Aufgabe, die alte Ordnung der Gesamtbevölkerung und insbesondere die der Juden, wiederherzustellen.

Nichtsdestoweniger akzeptierten Diplomaten, die den Morgen damit verbracht hatten, antisemitische Gesetze zu unterschreiben, Nachmittagseinladungen zu glänzenden Festen im Hause der jüdischen Baronin Fanny von Arnstein. Später am Abend waren sie dankbar, die Theaterlogen mit der Baronin und ihrer Schwester, Baronin von Ecceles, teilen zu dürfen. In der Pause promenierten sie zwischen zwei Akten von ›Fidelio‹ durch die Gänge des Kärntner Theaters, und die Herren versicherten ihren Gastgeberinnen, daß es keinen Antisemitismus gäbe, wenn alle Juden so reizend wären wie die beiden Damen.

Der Komponist der Oper ›Fidelio‹, Beethoven, hatte weniger Vorurteile. Unter seinen Freunden befand sich der Enkel von Baruch Jeiteles, Alois. Wien hervorragendster Musiker fand nicht nur Gefallen an dem jungen Mann, er vertonte auch einige seiner Gedichte. Der Zyklus erhielt den Namen ›An die ferne Geliebte‹, und es störte Beethoven nicht im geringsten, daß die »ferne Geliebte« vermutlich ein kleines Judenmädel war, das hinter Gettomauern lebte.[26]

Diese Mauern erregten zur Zeit, da sich Alois Jeiteles in Wien mit Musik und Poesie abgab, unter den Prager Juden viel Ärger und Streit. Alois' Onkel Jehuda beschäftigte sich nicht mit Musik, sondern mit prosaischen Dingen, zum Beispiel dem Kanalbau. Um einen geplanten Kanal bauen zu können, hatten nämlich die Behörden beschlossen, zwei der Gettomauern zu entfernen. Die Konservativen unter den Juden jedoch waren außer sich, weil die Mauern ihrer Meinung nach das Getto vor unerwünschten Einflüssen der Außenwelt schützten.

Diesmal stand Dvora vermutlich auf der Seite der Konservativen. Auch sie wünschte, ihren Sohn vor dem Umgang mit den leichtlebigen jungen Damen zu bewahren, die sich neuerdings im jüdischen Viertel zeigten. Aber die Prinzipien, um die es ging, waren wichtiger als die Invasion unerwünschter Elemente in das Getto. Jehuda Jeiteles und seine Freunde bekämpften den konservativen Standpunkt aufs heftigste und sehnten sich nach dem Tag, an dem das Getto ein Stadtteil wie jeder andere wäre. Dank ihres Einflusses wurden die restlichen Mauern 1832 abgetragen.

Abraham war der erste seiner Familie, der nicht mit 18 Jahren heiratete. Es gab mehrere Gründe für diesen Bruch mit der Tradition. Er und die anderen seiner Generation hatten nun Gelegenheit, weltliche Fächer zu studieren. Sie waren daher nicht in der Lage, in so jungen Jahren eine Familie zu ernähren. Weder die Utitzens noch die Jeiteles waren ultrareligiös, und daher bestanden sie auch nicht auf einer Heirat in diesem Alter. Das österreichische Gesetz schrieb außerdem nun vor, daß der jüdische Bräutigam mindestens sein 22. Lebensjahr erreicht haben müsse, und die Braut durfte nicht unter 18 Jahren sein. Es war schwierig und sehr teuer, eine Sondergenehmigung zu erhalten. Auch mußte das junge Paar im Besitz von mindestens 500 Gulden sein. Diese Summe entsprach dem Durchschnittseinkommen von zwei oder drei Jahren. Reiche Schwiegerväter waren schwer zu finden.

Für Abraham aber gab es noch einen zusätzlichen Grund für eine späte Heirat. Nur große Opfer seitens seiner Mutter hatten es ihm ermöglicht, seine Schulzeit zu beenden. Er war das einzige Kind; es war daher höchste Zeit, daß er nun begann, ihr das Leben leichter zu machen. Das alles waren schwerwiegende Gründe für ihn, aber auch für andere seiner Generation, mit alten Traditionen zu brechen und sich eine frühe Heirat aus dem Kopf zu schlagen.

Wir kennen nicht den genauen Zeitpunkt, an dem sich Abraham entschloß, Lehrer zu werden. Nichts als Arbeitslosigkeit erwartete die aus dem Krieg zurückkehrenden Soldaten. Auch wenn Abraham gewollt hätte, wäre es schwer gewesen, eine andere passende Arbeit für sich zu finden. Lehrer der jüdischen Schule mußten Latein können und etwas von Philosophie und Rechtskunde verstehen. Nachdem er seine Studien beendet hatte, erhielt ein junger Lehrer Gelegenheit, pädagogische Erfahrungen an der Schule zu sammeln, die ihn anzustellen gedachte. Bevor Abraham seinen Beruf ausüben konnte, mußte er eine Prüfung vor den Lehrern und Inspektoren der jüdischen Volksschule bestehen. Darauf bekam er ein Zeugnis, das seine Fähigkeit, Kinder zu unterrichten, bestätigte. Christliche Lehrer in der Habsburgermonarchie waren hingegen zu jener Zeit nicht gezwungen, Kurse zu besuchen oder Prüfungen abzulegen.

Es ist nicht bekannt, wieweit Jehuda Jeiteles die Karriere seines jungen Cousins förderte, jedenfalls wurde Abraham bereits 1823 als Hilfslehrer der jüdischen Volksschule in Prag angestellt. Sein Gehalt lag um 25 Gulden unter dem des Schuldieners. Abraham und seine Kollegen besserten ihr dürftiges Einkommen auf, indem sie Liebesbriefe für Köchinnen schrieben, die der Schreibkunst unkundig waren.

Daß Abraham an dieser Schule angestellt wurde, verrät sehr viel über seinen Charakter und seine politische Einstellung. Österreich war unter Fürst Metternich ein Polizeistaat, der rücksichtslos jeden revolutionären Gedanken zu unterdrücken suchte. Hätte Abraham gewagt, an einem Treffen revolutionärer Studenten in Tübingen teilzunehmen oder auch nur offen seine Sympathie für englische Arbeiter gezeigt, die demonstrierten, weil ihre Kinder zwölf Stunden pro Tag in dunklen Löchern arbeiten mußten, dann hätten die Behörden seine Anstellung als Lehrer nie genehmigt.

Obwohl seine Position konservative politische Ansichten erforderte, schloß sie andererseits eine konservative religiöse Einstellung von vornherein aus. Die Schule war fest in den Händen der Aufgeklärten, die ihren Schülern gerade jene Ideen eintrichtern wollten, die für das Rabbinat völlig unannehmbar waren.

Der Lehrer, der konservative religiöse Ideen am stärksten bekämpfte, war Herz Homberg, dessen fünf Söhne zum Christentum übergetreten waren. Homberg war so radikal, daß er sogar unter seinen Kollegen unbeliebt war. Viele Lehrer waren nicht so sehr gegen seine Ideen, wohl aber gegen seine Art, den Behörden zu schmeicheln. Er veröffentlichte ein Buch mit dem Titel ›Bnei Zion‹, das Liebe zu Kaiser und Vaterland predigte und junge Juden darauf aufmerksam machte, welche Ehre es für sie sei, in der österreichischen Monarchie leben zu dürfen. Dieses Buch machte solchen Eindruck auf den Erziehungsminister, daß es zur Zwangslektüre für alle erhoben wurde, die um eine Heiratslizenz nachsuchten. Juden durften nicht getraut werden, bevor sie eine Prüfung über den Inhalt des Buches abgelegt hatten. Homberg war so unbeliebt bei seinen Kollegen, daß sie, als die Stellung des Schuldirektors frei wurde, so lange manövrierten, bis nicht Homberg, sondern der Christ Anton Raaz die Stellung bekam.

Dieser Direktor war Tscheche, der sich über die Art, wie die österreichischen Behörden sein Volk behandelten, empörte. Er zeigte daher großes Verständnis für die Situation seiner jüdischen Kollegen und Schüler. Es scheint, daß Direktor Raaz Gefallen an Abraham fand; als einer der älteren Lehrer starb, beförderte er Abraham anstelle eines anderen jungen Lehrers.

Statt Religion unterrichtete man jetzt das Fach »Moral«.

Das heißt, Abraham hatte ›Bnei Zion‹ mit seinen Schülern zu lesen und zu besprechen. Außerdem mußte er sie auch in Arithmetik unterweisen. Er erhielt nun das Doppelte seines ursprünglichen Gehalts. Abraham war 24 Jahre alt, fest angestellt und pensionsberechtigt. Sein Einkommen entsprach dem anderer Gemeindeangestellter, zum Beispiel dem des rituellen Schächters oder des Gemeindeschreibers. Es war Zeit, ans Heiraten zu denken.

Judith Schwarz, das Mädchen, das später seine Frau wurde, scheint weder zu den alteingesessenen Familien noch zu den Neureichen gehört zu haben. Ihr Vater, Mendel Schwarz, konnte die 500 Gulden offenbar nicht auftreiben, die für eine Hochzeitslizenz nötig waren, und das junge Paar mußte mehr als fünf Jahre warten, bis diese Summe zusammengespart war. Es ist nur wenig über Judith und ihre Familie bekannt. Vielleicht war sie eines der jungen Mädchen, die hinter dem Ladentisch standen, um sich die erzwungene Mitgift zu verdienen. Gelegentlich arbeiteten solche jungen Frauen auch als Schreibkräfte in den Kontoren. Durch die weltliche Erziehung konnten nun auch Frauen Deutsch lesen und schreiben, und einige benutzten diese Fähigkeiten, um Geld zu verdienen.

Lesen war die große Mode im Getto, und bald fand sich ein unternehmungslustiger Geschäftsmann, der eine Leihbibliothek eröffnete, die ständig voller Kunden und vor allem Kundinnen war. Freitags mußte man besonders lange warten, um bedient zu werden, da alle Lesestoff für den bevorstehenden Ruhetag wollten, und die Leihgebühr war an diesen Tagen doppelt so hoch. Am beliebtesten waren romantische Liebesgeschichten, aber auch Sir Walter Scott, Schiller, Lessing und Goethe zählten zu den populären Autoren.

In der keuschen, romantischen Biedermeierzeit mußten sich junge Paare sehr anständig benehmen. Im Jahre 1826 war es für Judith und Abraham bereits selbstverständlich, das Getto verlassen zu können, wann immer sie wollten. An warmen Sommerabenden wanderten sie auf einen der umliegenden Hügel, von denen man auf Prag hinuntersehen konnte. Fortschrittliche Paare wie sie wagten es, Hand in Hand zu schlendern, und blickten entzückt auf die bezaubernde Stadt, die ihnen zu Füßen lag. Begeistert sprachen sie über die liebenswerten Aufzeichnungen von Jehuda Jeiteles, die sein gemütliches Heim und eine glückliche Ehe schilderten. Abraham trug einen dunkelgrünen Frack und Judith ein Kleid mit enormen Keulenärmeln. Unter dem Kleid lugten kokett die Rüschen einer langen Unterhose hervor. Judith und Abraham sahen aus und benahmen sich wie jedes andere Paar, das in der kühlen Abendluft flanierte.

Doch diese Idylle trog, vieles war nicht in Ordnung in dieser »besten aller möglichen Welten«. 1828 mußten die fortschrittlichen Denker im Getto zugeben, daß Juden, trotz allem, noch immer keine Gleichheit erreicht hatten, nicht einmal in akademischen Kreisen, und daß die Unterstützung, die sie dem Land während der Napoleonischen Kriege gewährt hatten, längst vergessen war.

Ein großer Skandal erschütterte wieder einmal das Getto. Jehudas Sohn Aron, ein brillanter Arzt, konnte keine Professur an der Wiener Universität bekommen, solange er sich weigerte, sich taufen zu lassen. Wie sein Zeitgenosse, der Dichter Heinrich Heine, sah Aron in der Taufe nichts anderes als den Eintrittspreis für die europäische Kultur. Viele Jahre später, nach einer erfolgreichen Karriere als Arzt, Politiker und Autor, warnte er die jüdische Jugend davor, seinem Beispiel zu folgen und abtrünnig zu werden. Sein Übertritt war ein schwerer Schlag für die Fortschrittlichen. Viele von ihnen waren tief religiöse Menschen, die nichts wollten, als daß Juden die gleichen Rechte und Pflichten haben sollten wie andere Untertanen des großen Kaiserreichs. Arons Taufe war Wasser auf die Mühlen ihrer Gegner. Jehuda war unfähig, den Skandal zu ertragen, und zog nach Wien, wo er mit schwerem Herzen die steile Karriere seines Sohnes verfolgte.

Obwohl Abraham während seiner ganzen Schul- und Arbeitszeit in enger Verbindung mit Jehuda gestanden hatte, beschäftigte er sich nur wenig mit dem Schicksal seines Verwandten. Er war bald 30 Jahre alt; Judith hatte kürzlich ihren 25. Geburtstag gefeiert. Sie hatten endlich genug Geld gespart, um heiraten zu können. Ihr größtes Problem war es, irgendwo eine passende Unterkunft zu finden. Viele Häuser im Getto verfielen bereits. Die Besitzer hofften auf die Erlaubnis, außerhalb des Gettos wohnen zu können, und waren nicht bereit, die notwendigen Reparaturen auszuführen. Bereits 17 Häuser waren als baufällig und unbewohnbar erklärt worden.

Hinzu kam, daß neuerdings Christen, der billigen Mieten wegen, ins Getto zogen. Es war wirklich keine angenehme Umgebung für ein junges Paar, das ein Eheleben beginnen wollte. Obwohl das Getto nicht mehr von Mauern umgeben war, trennte eine eiserne Kette, »Schnur« genannt, das Gebiet ab, in dem es Juden zu wohnen erlaubt war; ein Gebiet, kaum größer als das Getto von 1790, als 7000 Personen dort gewohnt hatten. Jetzt waren über 9000 Personen auf demselben Raum zusammengepfercht. Es war fast unmöglich, die Erlaubnis zu bekommen, außerhalb des Gettos zu wohnen. Hätte Abraham versucht, dort illegal eine Wohnung zu beziehen, so hätte sein Jahresgehalt nicht ausgereicht, auch nur eine Monatsmiete zu bezahlen. Ein weiteres Problem war natürlich Abrahams Mutter. Er war sein Leben lang der Mittelpunkt ihres Daseins gewesen, er konnte sie nicht einfach zur Seite schieben.

Zu alldem kam das Problem, alle Dokumente, die für eine Trauung nötig waren, zu besorgen. Abraham mußte sich acht Monate lang mit dem Prager Magistrat herumschlagen, um die Lizenz zu erhalten. Sein Fall war vermutlich komplizierter, weil sein Stiefbruder Mathias zehn Jahre vorher geheiratet hatte. Nichts hatte sich seit Isaks Zeiten geändert; das junge Paar benötigte nach wie vor 15 Zeugnisse, um zu beweisen, daß die Finanzen und die Aufenthaltsgenehmigung in Ordnung waren, daß Abrahams Großvater nicht mehr am Leben war und dergleichen mehr. Zusätzlich hatten sie nun aber auch noch in Gegenwart eines Rabbiners zu beweisen, daß sie fließend Deutsch lesen und schreiben konnten und das Buch ›Bnei Zion‹ gelesen hatten. Das alles verlangte starke Nerven und möglichst genügend Geld, um durch Bestechungen den Prozeß zu beschleunigen.

Trotz der vielen Schwierigkeiten konnten Judith und Abraham am 25. September 1830 Hochzeit halten, genau sechs Jahre, nachdem er zum festangestellten Lehrer gemacht worden war. Dem jungen Paar war jedoch keine glückliche Zukunft beschieden. Zehn Monate später, am 31. August 1831, mußte der junge Gatte seine Frau auf ihrem letzten Weg begleiten.

Wir wissen nicht, ob Judith an den Folgen einer Schwangerschaft starb oder ob sie eines der ersten Opfer einer Choleraepidemie war, die im Oktober des Jahres 1831 ihren Höhepunkt erreichte. Das Ausmaß der Epidemie war so groß, daß die vorhandenen Krankenhäuser nicht ausreichten und auch die jüdische Schule zum Notspital erklärt werden mußte.

Man stellt sich besser nicht vor, wie Abraham die Monate nach Judiths Tod verbrachte, die Herbstfeiertage, nun wieder allein mit seiner alten Mutter, Besuche bei Freunden und deren glücklichen Familien, lange Winterabende ohne Freude, ohne Gelächter.

Die Gettoumgebung war nicht dazu angetan, ihn von seinem Kummer abzulenken. Die meisten Bewohner des Gettos waren dazu verurteilt, für immer zweit-, nein drittklassige Bewohner des Landes zu bleiben, ohne den Status, ohne die Rechte der Staatsbürger. Einige der Gebildeten gaben jede Hoffnung auf und verließen das Land. Bevor sie jedoch auswandern konnten, mußten sie dem Staat den Verlust der »Judentax« ersetzen, die sie sonst während ihres weiteren Lebens hätten zahlen müssen. Sie waren gezwungen, 15 Prozent ihres Gesamtvermögens abzugeben.

Viele wandten sich nach Westen, in das neugegründete Königreich Belgien, nach Holland oder nach Frankreich. Dort regierte König Louis Philippe, ein viel liberalerer Monarch als die meisten seiner Vorgänger. Er versuchte seinen Untertanen das Leben zu erleichtern und änderte viele einschränkende Gesetze, auch solche, die die Juden betrafen. Frankreichs Tore standen nun weit offen, sowohl für fremdes Kapital als auch für fremde Künstler. Heinrich Heine, Ludwig Börne und Jacob Meyerbeer siedelten sich in Paris an. Letzter blieb seinem Judentum treu und lehnte eine Einladung nach Wien ab, wo er, obwohl er einen französischen Paß hatte, sich beim Judenamt, der Zentralstelle für jüdische Angelegenheiten, hätte melden müssen.

Im Westen herrschte zwar eine liberale Einstellung vor; Johann Wolfgang von Goethe aber unterstützte eine Bewegung, die den Juden Weimars erniedrigende Beschränkungen aufbürden wollte. Die Atmosphäre im deutschsprachigen Gebiet war bedrückend und nicht dazu angetan, Abrahams düstere Stimmung zu heben. Es dauerte mehr als zwei Jahre, bis er sein altes Selbst wiederfand und an eine neue Ehe zu denken begann.

In vielen Gesellschaften hätte ein unbegüterter, verwitweter, 33jähriger Schullehrer nicht als gute Partie gegolten. Was immer aber sich in Prag auch geändert hatte, die Tradition, daß ein gelehrter Schwiegersohn jedem anderen vorzuziehen war, bestand nach wie vor. Am 15. Juni 1834 heiratete Abraham die 18jährige Julia Teller, Tochter einer etablierten Familie.

Der Name Teller hatte seinen Ursprung in der alten Sitte, nach der Barbiere, die auch zur Ader ließen, ihren Beruf durch das Heraushängen eines Tellers anzeigten. Einige dieser Männer, wie Dr. Issacher Beer Teller und Abraham Sacerdote Teller, waren weit und breit berühmt. Die Sacerdote-Familie stammte aus Spanien. Bereits Ende des 17. Jahrhunderts gab es unter ihnen Häuter und Lederhändler. Auch Julias Vater, Mosche Teller, übte diesen Beruf aus. Julias Mutter war Maria Wiener. Die Wieners gehörten zu den Großen der Emanzipationsbewegung. Zur Zeit von Julias Hochzeit kämpfte ihr Großvater, Hermann Wiener, mit Eifer für die Freiheit seiner Glaubensgenossen.

Die Familien Utitz und Teller paßten so gut zueinander, daß der Gedanke einer gekuppelten Ehe nicht von der Hand gewiesen werden kann. Wenn es so war, dann verstand sich die Ehevermittlerin auf ihren Beruf. Die Ehe war, soweit das Außenstehende beurteilen können, ausgezeichnet, und die beiden Eheleute waren einander bis an ihr Lebensende tief verbunden. Abrahams Braut, ein besonders kleines, zierliches Persönchen, war von einer Energie besessen, die sich noch heute bei einigen ihrer Urenkel bemerkbar macht. Julia verstand es von Anfang an, ihren viel stilleren, um 15 Jahre älteren Ehemann um den Finger zu wickeln, doch konnte nie ein Zweifel an ihrer ehrlichen Zuneigung zu ihm bestehen. Julia hatte viel Zeit im Laden ihres Vaters verbracht und sich seine pragmatische Weltanschauung zu eigen gemacht. Nicht revolutionäre Reden, sondern Produktion, Handel, Finanzwesen würden österreichischen Juden die Freiheit bringen. Neue Methoden des Ledergerbens brachten mehr Geld in die Kassen der Firma Teller. Englands 300 neue Dampfer machten es weniger gefährlich und zeitaufwendig, Ozeane zu überqueren. Sie bedeuteten einen Segen für den europäischen Import und Export. Eines der fünf neuen Bankhäuser in Wien gehörte dem Freiherrn von Rothschild. Da Franz I. tot war und sein Nachfolger Ferdinand IV. den Thron bestiegen hatte, würde das neue Regime sicher eine liberalere Politik und liberalere Handelsbedingungen zulassen.

Am 3. Februar 1836 brachte Julia ein gesundes Mädchen zur Welt. Die Eltern waren sehr erleichtert, daß alles so glatt verlaufen war, und nannten ihre Tochter Elisabeth. Diesen Namen durften auch Juden benutzen. Julias Großvater, Hermann Wiener, war über diese Namenswahl ganz und gar nicht glücklich. Er hatte sehr gehofft, seine Enkelin und ihr Mann würden ihn in seinem Kampf mit dem Prager Magistrat unterstützen. Immerhin wollte er erreichen, daß Juden auch deutsche Namen für ihre Kinder wählen konnten und nicht länger gezwungen waren, aus einer Liste einen der Namen auswählen zu müssen, die die Regierung vor 50 Jahren gebilligt hatte. Hermann kämpfte seit Jahren gegen die Willkür des Magistrats, der einer jüdischen Familie erlaubte, ihren Sohn Alois zu nennen, und einer anderen verbot, den Namen Ludwig zu benutzen. Erst einige Monate nach Elisabeths Geburt hatte Hermann Wieners Eingabe endlich Erfolg, und Markus Wiener konnte seinen Sohn nach dem neuen Kaiser Ferdinand nennen.

Zwei Jahre später machten auch Abraham und Julia von diesem neuen Recht Gebrauch und nannten ihr zweites Kind Sophie. Es scheint, daß die Eltern beweisen wollten, daß auch sie modern waren; sie hielten sich nicht an die Tradition, die vorschrieb, den Mädchen den Namen Abrahams kürzlich verstorbener Mutter zu geben. Auch ihr drittes Kind war ein Mädchen und erhielt den Namen Mathilde.

Langsam, unendlich langsam änderte sich die Einstellung den Juden gegenüber. Julia wollte nichts davon hören, daß dies mit der Güte des neuen Kaisers zu tun habe. Sie war sicher, der wirkliche Grund war der Wunsch nach jüdischem Kapital zur Gründung neuer Industrien. Am 15. März 1839 hatten Herr und Frau Utitz das Vergnügen, einem Wohltätigkeitskonzert zugunsten des jüdischen Krankenhauses beizuwohnen. Prominente Prager Aristokraten, darunter Graf Chotek und Graf Lutzzow, befanden sich unter den Gästen, um den jüdischen Pianisten Ignaz Tedesko zu hören und mit ihrem Erscheinen an diesem Abend alle Prager Juden zu ehren.

Genau 100 Jahre später, am 15. März 1939, zogen Hitlers Truppen in Prag ein und raubten den Juden ihre so schwer erkämpften Rechte und vieles, vieles mehr.

Einige Monate nach dem Konzert trug Julia wieder Umstandskleider, und im Januar 1840 konnte Abraham endlich den sehnlich erwünschten Sohn in seinen Armen halten. Dieses großartige Erlebnis drängte alle fortschrittlichen Ideen völlig in den Hintergrund, und nach alter Sitte erhielt sein erster Sohn die Vornamen seines Großvaters väterlicherseits, Isak Loeb.

Seiner eigenen einsamen Kindheit gedenkend, ärgerte sich Abraham über jeden Moment, den er nicht zu Hause verbringen konnte. Aber er hatte eine Familie zu ernähren; daher war es nötig, daß er mehr Zeit mit anderer Leute Kinder verbrachte als mit seinen eigenen. Jetzt, wo er an der Hauptschule unterrichtete, erwarteten seine Vorgesetzten, daß er sowohl über Weltgeschehnisse als auch über das intellektuelle Leben im Getto Bescheid wußte. Auch das nahm Zeit in Anspruch.

Im Lehrerzimmer sprach man ständig über westliche Bemühungen, 13 Juden, die in Damaskus wegen eines angeblichen Ritualmordes inhaftiert waren, frei zu bekommen. Freiherr von Rothschilds Gesuch, Kohlengruben zu kaufen, was Juden verboten war, bildete ebenso Gesprächsstoff wie die Bemühungen der Tschechen, das Selbstbestimmungsrecht zu erlangen.

Obwohl Abrahams Gehalt nun 425 Gulden betrug, war das keineswegs genug, eine wachsende Familie zu ernähren. Sechs Laib Brot oder zwei Kilogramm weißes Mehl kosteten einen Gulden, eine Flasche Sabbatwein kam auf eineinhalb Gulden, der Preis für das Jahresabonnement der Tageszeitung belief sich auf vier Gulden! Schlechte Bezahlung zwang Lehrer, ihre kärglichen Gehälter durch das Erteilen von Nachhilfestunden aufzubessern. Der unternehmungslustige Edward Bunzel, ein Kalligraphielehrer, gab eine Anzeige in der Wiener Zeitung auf, in der er einen kompletten Kurs zur Verschönerung von Handschriften für den günstigen Preis von zehn Gulden anbot. Obwohl Abraham in der Schule selbst nur 20 Stunden pro Woche unterrichtete, kam er oft erst spätabends nach Hause. Er verbrachte jeden Tag viele Stunden damit, schwachen Schülern Nachhilfe in Arithmetik zu geben oder verlobte Paare in die Weisheiten des ›Bnei Zion‹ einzuführen.

Nachdem im November 1841 die Tochter Helene und im Frühjahr 1843 die Zwillinge Anselm und Wilhelm geboren worden waren, wurde die finanzielle Situation unhaltbar. Julia war nicht die Frau, die eine schlechte Lage mit Jammern zu kurieren suchte. Die 28jährige Mutter von sieben Kindern entschied resolut, in die Fußstapfen ihres Vaters zu treten und auch mit Leder zu handeln.

Ein Geschäft außerhalb des Gettos zu eröffnen kam nicht in Frage. Erst 1841 hatte der Prager Magistrat wieder entschieden, daß Juden nur innerhalb des Gettos wohnen und handeln durften. Diesmal war der jüdische Protest geharnischt. Die ergebenen Untertanen seiner gnädigen Majestät erlaubten sich, darauf aufmerksam zu machen, daß die zivilisierten Länder Europas Sklaven in ihren Kolonien die Freiheit gaben. Ferner erwähnten sie das kürzlich erlassene Gesetz, das Tiere vor Grausamkeiten schützen sollte. Verglichen damit, war die Grausamkeit, Menschen, nämlich Juden, zu zwingen, in einem Getto eingesperrt zu leben, eine erbärmliche Schande und als barbarisch zu betrachten.

Dabei blieb es. Es gab jedoch einen Tuchwarenhändler namens Moritz Wehle, der ein Geschäft außerhalb des Gettos, in der Prager Altstadt, hatte. Dies brachte ihm so viel ein, daß 347 christliche Kaufleute sich bedroht fühlten und sich bei den Behörden über den jüdischen Händler mitten unter ihnen beschwerten. Zum großen Erstaunen dieser guten Bürger regte sich diesmal Opposition in ihren eigenen Reihen. Der Rektor der Prager Universität, Dr. Karl Pressel, veröffentlichte zusammen mit 100 anderen Akademikern einen Brief. In diesem Schreiben wies er darauf hin, daß Türken und Neger frei in Böhmen leben dürften und es ein Verbrechen gegen die gesamte Menschheit sei, Juden anders zu behandeln.[27]

Zu Beginn hatte Julia überhaupt kein Geschäftslokal. Alle Geschäftstätigkeit fand im Wohnraum der Familie statt. Unterbrochen wurde sie durch Hermanns Geburt im Jahre 1846. Abraham und Julia sahen schwere Arbeit und lange Arbeitszeiten als eine natürliche Sache an. Soviel bekannt ist, beschwerten sie sich nie über ihr Schicksal, obwohl Klagen in den Jahren von 1840 bis 1850 zum guten Ton gehörte.

Durch eine Reihe schlechter Ernten stiegen die Lebensmittelpreise um ein Vielfaches. Das städtische Proletariat, eine neue Bevölkerungsschicht, litt bittere Not. Die Akademiker in allen Provinzen des großen Kaiserreiches fanden Zensur und Polizeiüberwachung erdrückend; viele von ihnen wurden zu Gegnern der kaiserlichen Regierung und entwickelten stark nationalistische Tendenzen. Studenten und junge Akademiker, welcher Muttersprache auch immer, rebellierten gegen die Behandlung, die ihnen zuteil wurde. »Ich brauche keine Gelehrten, ich brauche patriotische Untertanen«, hatte der Kaiser kürzlich gesagt. Aus Angst vor fremden revolutionären Ideen verbot Österreich seinen Studenten den Besuch ausländischer Universitäten. Folglich machte sich bald Mangel an gut geschulten technischem Personal bemerkbar, und die österreichische Industrie konnte mit der des Westens nicht Schritt halten.

Die ständig steigenden Lebensmittelpreise führten dazu, daß überall Aufruhr herrschte und sogar Maschinen gestürmt wurden. Auch in Prag kam es zu solchen Unruhen, und Julia war nicht die einzige, die ängstlich wurde. Sie befahl den Kindern, immer schön brav in ihrer Nähe zu bleiben. Was konnte sie sonst auch tun?

Die Forderungen der Tschechen nach Gleichberechtigung wurden immer lauter, und im März 1848 fand ein panslawischer Kongreß in Prag statt. Man hatte kaum mit den Debatten begonnen, als Nachrichten von Unruhen im ganzen Reich, vor allem aber in Wien, eintrafen. Dort begann am 13. März die ärmere Bevölkerung, angeführt von revolutionären Studenten, heftig zu demonstrieren. Die aufgebrachten Menschen stürmten Regierungsgebäude und setzten die Residenz des Fürsten Metternich in Brand. Dieser trat daraufhin von seinem Amt zurück. Die Armee schoß auf die Demonstranten; unter den Toten befanden sich auch einige jüdische Studenten.

Als Abraham hörte, daß diese jüdischen Studenten ein Heldenbegräbnis erhalten und sogar im gleichen Grab wie die christlichen Anführer der Revolte bestattet werden sollten, bemerkte er bitter: »Na also: Endlich haben wir Gleichheit erreicht.« Wie alle Lehrer war auch er bei einer Totenfeier anwesend, auf der einige Universitätsprofessoren Lobreden auf die gefallenen jüdischen Studenten hielten.

Jetzt schien Gleichheit wirklich in Reichweite zu sein. Freiherr von Lämmel, ein Jude, wurde in den revolutionären Nationalrat gewählt, und man forderte jüdische Studenten auf, der Nationalgarde beizutreten.

Julia, die schon wieder schwanger war, hatte ständig Angst. Jedesmal wenn eines der Kinder oder Abraham nicht zu Hause waren, zählte sie die Minuten bis zu ihrer Rückkehr. Ihr Geschäft lag brach, und sie hatte genug Zeit zu grübeln. Es stellte sich bald heraus, daß ihre Ängste berechtigt waren. Die neue Verfassung, die Ende April 1848 in Wien veröffentlicht wurde, beruhigte die Gemüter nicht; neue Unruhen brachen aus, der Kaiser mußte seine Hauptstadt verlassen.

In Prag jedoch gab es inmitten der Revolution Leute, die nichts Besseres zu tun hatten, als Juden zu verfolgen. Als Moritz Wehle eines Morgens sein Geschäft öffnen wollte, fand er Totenköpfe auf sein Schild geschmiert. Bald flogen Steine durch die Fenster jüdischer Geschäfte und Wohnungen; spottender Pöbel griff jeden Juden an, der sich außerhalb des Gettos sehen ließ, auch wenn er der Nationalgarde angehörte. Diese Judenhetze dauerte eine Woche und fand erst ein Ende, als die Nationalgarde eingriff und Ordnung schaffte.

Julias Arzt verordnete ihr, frische Milch zu trinken, das schöne Frühlingswetter auszunutzen, viel an die frische Luft zu gehen. Vor allem sollte sie sich beruhigen und sich keine Sorgen machen. Wie sie seine Ratschläge befolgen könnte, verriet er ihr nicht. Am 24. Mai setzten die Wehen ein, und böse Stunden folgten. Von den Zwillingen, die sie zur Welt brachte, überlebte nur einer die Geburt, ein kränklicher, schwacher Säugling, der den Namen Siegfried erhielt.

Abraham hoffte offenbar, die Geburt des Kindes künde den Sieg liberaler Ideen an, und glaubte, daß ein deutscher Name dem Kind nützlicher sein werde als ein hebräischer. Julia zog Namen wie Hermann oder Anselm, die in ihrer hebräischen Form früher von der Familie Wiener benutzt worden waren, vor.

Im Jahre 1848 fiel das Pfingstfest auf den 14. Juni. Am vorhergehenden Freitag war ganz Prag in festlicher Stimmung. Alle waren mit Vorbereitungen für das lange Wochenende beschäftigt. Julia war gerade dabei, das Wochenbett zum ersten Mal nach Siegfrieds Geburt zu verlassen, als plötzlich Schüsse fielen. Demonstrierten die Studenten schon wieder? War das der Beginn eines neuen Pogroms, oder brach die Revolution erneut aus? Abraham brachte seine Frau schnell wieder ins Bett, schloß dann die Fenster, verbarrikadierte die Türen und wartete auf Nachricht. Keiner wußte, was los war. Das Prager Abendblatt sprach später von einer Verschwörung. In Wirklichkeit war wahrscheinlich eine Rauferei zwischen Studenten und Soldaten entstanden, irgend jemand hatte eine Schußwaffe gebraucht, und Passanten hatten sich eingemischt.

Eines der ersten Opfer der Schießerei war die Gattin des Militärkommandanten von Prag, Prinz Windischgrätz. Eine

Kugel traf die Unglückliche, als sie aus der Tür ihres Hotels trat. Ihr Mann schwor blutige Rache. Er befahl der Armee, die auf einer Anhöhe der Stadt stationiert war, die Altstadt zu beschießen. Bald standen alle Häuser und Brücken in Flammen. Die Schießerei hielt drei Tage an, bis sich die Rebellen bedingungslos ergaben. Prinz Windischgrätz verhängte das Standrecht. Wer nach neun Uhr abends auf der Straße war, wurde sofort erschossen.

Während der ganzen Zeit hatte Julia, geschwächt von der schweren Geburt, ihr Bett nicht mehr verlassen. Schon vor Pfingsten war der Zustand ihrer Nerven nicht der beste gewesen; nun war sie einem völligen Zusammenbruch nahe. Sie erlaubte Abraham nicht, die Wohnung zu verlassen. Auch für ihn waren die vergangenen Wochen schwer gewesen, er war nervös und ungeduldig und litt unter den Launen seiner Frau. Er hatte das dringende Bedürfnis, die Lage mit seinen Freunden zu besprechen, aber mit Rücksicht auf Julias Zustand konnte er immer nur minutenweise das Haus verlassen. Eines Abends kehrte er von einem kurzen Ausgang nicht nach Hause zurück. Als er auch um acht Uhr noch nicht heimgekommen war, begann Julia zu schluchzen. Um halb neun wurde sie fiebrig und verstört. Die gefürchtete Sperrstunde schlug, und ihr Mann war noch immer nicht daheim. Einige Minuten später hallte das Echo eines Schusses durch die leeren Straßen. Die Kinder standen hilflos um Julias Bett und mußten zusehen, wie ihre Mutter tobte. Julia wurde völlig hysterisch und schrie unentwegt, sie werde ihren Mann nie wiedersehen. Abraham kam am nächsten Morgen nach Hause. Das Treffen im Hause seines Freundes hatte länger als erwartet gedauert. Um neun Uhr waren sie noch ins Gespräch vertieft gewesen, und er sah sich gezwungen, bei seinem Freund zu übernachten. Bei seiner Rückkehr mußte er feststellen, daß Julia über Nacht erblindet war; der Schock war mehr gewesen, als sie ertragen konnte.[28]

Es war nicht leicht, einen Doktor aufzutreiben: Die Stadt

war noch voll von Verwundeten. Als der Arzt schließlich kam, konnte er lediglich absolute Bettruhe verordnen. Viel später, als sich Abraham und Julia etwas beruhigt hatten, erklärte er ihr, warum das Gespräch mit seinen Kollegen so absolut notwendig gewesen war. Im April, nach dem Angriff auf Wehles Geschäft, hatte der Magistrat angeordnet, daß Juden, die in Prag lebten oder handelten, innerhalb von drei Monaten ins Getto zurückkehren müßten. Wer diese Verordnung nicht befolge, werde ins Gefängnis kommen. Um Zeit zu gewinnen, hatte man beschlossen, erst im letzten Moment Berufung einzulegen. Dieser letzte Moment war nun gekommen, und es war unaufschiebbar, den Appell aufzusetzen. Es war Aufgabe der Lehrer, die so schön schreiben konnten, den Antrag fein säuberlich ins reine zu schreiben.

Nichts deutet darauf hin, daß Julias Zusammenbruch den häuslichen Frieden ernstlich gefährdete. Der Kampf gegen den Zwang, im Getto leben zu müssen, entsprach ihren eigenen Interessen. Seit langem träumte sie von einer großen, geräumigen Wohnung mit moderner Gasbeleuchtung über einem kleinen Geschäft. Sie sollte in einer der stillen Straßen in der Nähe des Gettos gelegen sein. Julia mußte daher zugeben, daß Abrahams Anwesenheit bei dem Treffen an jenem Abend unerläßlich gewesen war.

Das wunderschön geschriebene Dokument half jedoch nicht, die Anordnung des Magistrats rückgängig zu machen. Er erklärte, daß die Juden das Recht hätten, ihre Religion auszuüben; dies hieße aber nicht, daß sie Staatsbürger seien, und sie müßten an dem festgesetzten Datum ins Getto zurück. Im allerletzten Moment sandte man ein neues Ersuchen an den Minister Dobehoff. Dieser entschied, daß der Status quo aufrechterhalten bleiben solle. Niemand mußte ins Getto einziehen, aber niemandem war es erlaubt, es zu verlassen, um sich außerhalb anzusiedeln.

14 Jahre nach ihrer Heirat und nach einer Revolution liberaler Studenten und Akademiker war Julias Traum von einer Wohnung außerhalb des Gettos so unerfüllbar wie am ersten Tag ihrer Ehe. Mitte August verlief das Leben in Prag endlich wieder in seinen gewohnten Bahnen. Man sah nicht mehr an jeder Straßenecke Militär und konnte wieder am Flußufer spazierengehen, um ein wenig frische Luft zu genießen. Auch der Handel begann sich wieder zu beleben. Am 20. August 1848 hatte das Prager Abendblatt nichts Wichtigeres zu berichten, als daß die Premiere des neuen Theaterstücks ›Revolution in Krähwinkel‹ stattgefunden habe. Weiter berichtete ein Reporter über die Postverhältnisse in ländlichen Gegenden. Ein anderer schlug vor, daß in den Kaffeehäusern verführerische Kellnerinnen durch ehrbare Kellner ersetzt werden sollten.

Auch in Wien hatten sich die Gemüter beruhigt. Der Kaiser residierte wieder in der Hauptstadt. Alles lief wie eh und je, in der Stadt herrschte Ruhe.

Julia atmete auf; ihr Gesundheitszustand besserte sich zusehends, nur ihr Augenlicht blieb weiter getrübt. Der Herbst brachte Abraham mehr Arbeit in der Schule, denn das Gebäude wurde nun auch für Abendkurse benutzt. Eine Anzahl von Juden, die tief enttäuscht über die geringen Errungenschaften der Revolution waren, besuchten dort Kurse für englische Sprache und andere Fächer, um ihre Auswanderung nach Amerika vorzubereiten.

Die Illusion, daß die Revolution endgültig vorüber sei, dauerte bis Oktober, bis zu dem Zeitpunkt, zu dem patriotische Ungarn sich gewaltsam von der österreichischen Herrschaft befreien wollten. In Prag flüsterte man, daß ungarische Juden diese Versuche unterstützten und militärische Einheiten bildeten, die an der Seite der Rebellen kämpften. Arbeiter und Studenten in Wien versuchten mit Gewalt, Truppentransporte nach Ungarn zu verhindern. Sie zerstörten Brükken und ermordeten den Kriegsminister.

Also hatte Julia wieder triftige Gründe, ängstlich und verzagt zu sein. Diesmal wollte Prinz Windischgrätz den Wienern eine blutige Lehre erteilen und zwang am 31. Oktober die Rebellen, sich bedingungslos zu ergeben. Viele wurden hingerichtet oder eingesperrt, andere flohen ins Ausland. Unter den letzteren befanden sich viele Juden. Aber nicht nur die Wiener, auch die regierenden Kreise hatten ihre Lektion gelernt. Trotz des scheinbaren Sieges dankte Ferdinand IV. ab, und am 2. Dezember bestieg sein Neffe, der 18jährige Franz Josef, den Thron, um Österreichs neuer Monarch zu werden.

Ungeachtet der politischen Umwälzung fand das Prager Abendblatt Platz, ein Ereignis zu beschreiben, dem Abraham ganz sicher beiwohnte. In der Ausgabe vom 12. Dezember wurde berichtet: »Vorgestern um acht Uhr abends im Prüfungssaal der Israelitischen Normalschule veranstaltete der Unterstützungsverein für unbemittelte Auswanderer eine Abschiedsfeier für einige Mitglieder der Gemeinde, die in Kürze in die Neue Welt aufbrechen wollen. Es wurden Reden gehalten, ein Gedicht von Schurdreher gelesen und Prüfungen in Englisch vom Gemeindevorsteher abgehalten. Alle staunten, wie gut die Damen wie wohl auch die Herren Englisch sprachen. Herr J. Sabotka, der Gründer des Vereins, erhielt ein Album als Abschiedsgeschenk zu seiner bevorstehenden Reise nach New York.« Auf derselben Zeitungsseite wurde die bevorstehende Ankunft des Kapellmeisters Johann Strauß und seiner Tanzkapelle angekündigt, die bei den Festen zur Thronbesteigung des neuen Kaisers aufspielen sollte.

Es ist unwahrscheinlich, daß Julia und Abraham die Zeit und das Geld hatten, sich an solchen Volksbelustigungen zu beteiligen. Nach der überstandenen Revolution war ihre finanzielle Lage wieder einmal äußerst schwierig. Während des letzten Jahres hatte Julias Geschäft Verluste erlitten, und für eine elfköpfige Familie war es fast unmöglich, mit Abrahams Gehalt auszukommen. Hinzu kam, daß der kleine Siegfried ständig krank war. Die älteren Kinder murrten, weil sie der

Mutter so viel helfen mußten. Spätere Ereignisse deuten darauf hin, daß sowohl Isak als auch seine Brüder Anselm und Wilhelm unter der Situation litten. Wie die meisten Väter jener Zeit hielt Abraham des öfteren die Prügelstrafe für angebracht. Lange nach seinem Tod, wenn die Familie beisammensaß, erzählten die älteren Geschwister von diesen Vorkommnissen. Ihren Erzählungen nach war die Tracht Prügel nie wirklich schmerzhaft. Wenn er den Stock zur Seite legte, strich Abraham seinen Söhnen schon wieder über die Haare und erklärte ihnen: »Nur meine Kinder haben das Recht, von mir geprügelt zu werden. Anderer Leute Kinder gehen mich nichts an. Sie können noch so schlimm sein, das ist nicht meine Sache.«

Trotz aller Schwierigkeiten nahm die Utitz-Familie beglückt an den Purimsfestlichkeiten des Jahres 1849 teil. Nie hatte das Prager Getto – das Prager Exgetto – die Befreiung persischer Juden mit solcher Begeisterung gefeiert. Am Tag des Festes hatte die Regierung die neue Verfassung veröffentlicht, in der die Emanzipation der Juden festgeschrieben war. In allen Synagogen fanden Dankgottesdienste statt, in denen um Gottes Segen für den jungen Kaiser, der ihnen ihre so lange ersehnte Freiheit gegeben hatte, gebetet wurde. Glänzende Feste und Galakonzerte wurden nun veranstaltet, und Wohltätigkeitsorganisationen erhielten große Spenden zur Feier des Tages.

Wieder einmal hatten Lehrer ein Dokument in Schönschrift zu schreiben. Diesmal war es ein Dokument, durch das dem Kaiser der Dank der Prager Juden übermittelt werden sollte. Einige Tage lang waren alle Unterschiede im Getto verschwunden. Jung und alt, reich und arm, traditionell und fortschrittlich, alle waren in ihrer Freude vereint. Nach 800 Jahren ununterbrochenen Aufenthalts in Böhmen hatten die Juden die Staatsbürgerschaft und alle Bürgerrechte bekommen.

Im Hause Utitz allerdings hielt die ungetrübte Freude nicht lange an. Der kränkliche kleine Siegfried überlebte den herrlichen Frühling nicht. Um seine Frau abzulenken, begann Abraham ernstlich die Möglichkeit zu erwägen, das jüdische Viertel, das nun Josefstadt genannt wurde, zu verlassen. Aber Hauswirte in der nahen Altstadt verlangten noch immer enorme Mieten von ihren jüdischen Mitbürgern, weit mehr, als die Utitz-Familie bezahlen konnte.

Plötzlich schien es, als wechsele die gesamte jüdische Bevölkerung ihren Wohnsitz. Zum ersten Mal durften sich jüdische Familien im Alpengebiet, in der Steiermark, in Kärnten und Tirol ansiedeln, und bald besaßen einige »Herren Israeliten« Tirolerhäuschen. Familien, die seit Generationen in Prag gelebt hatten, zogen nach Wien, und andere, welche in böhmischen Provinzstädten zu Hause waren, siedelten sich in Prag an. Die österreichische Rechtsanwaltskammer war gezwungen, jüdische Kollegen zu akzeptieren. Schulen mußten jüdische Lehrer anstellen, und Krankenhäuser konnten sich nicht länger weigern, jüdischen Ärzten die wohlverdiente Beförderung zu gewähren.

Ein Resultat der Revolution war, daß die Verwaltung der Unzufriedenheit in ihren eigenen Reihen mehr Aufmerksamkeit schenkte. Anfang 1850 wurde beschlossen, die Gehälter der Beamten und festangestellten Schullehrer zu erhöhen. Im Hause Utitz wurde dieses Geld aber auch dringend gebraucht. Einige Tage vor der Veröffentlichung dieses Erlasses brachte Julia noch einen Sohn zur Welt. Obwohl Mosche Teller erst kürzlich gestorben war, erhielt das Kind nicht seinen Namen, sondern wurde nach Julias Großvater, Chaim Teller, Heinrich (die deutsche Form von Chaim) genannt. Einige Tage vor Heinrichs Geburt war nämlich ein anderes Utitz-Baby geboren worden und hatte den Namen Mosche erhalten. Dieser Mosche war das erste Enkelkind von Mathias Utitz, dem Stiefbruder von Abraham. Unter diesen Umständen wollte Abraham vermutlich seinem Sohn nicht den Namen Mosche geben.

Julia und er hatten nun neun Kinder. Wenige Familien im

Getto verfügten über mehr als zweieinhalb Räume. Normalerweise schliefen die Jungen im großen Zimmer, welches auch als Wohn- und Eßraum diente, während die Mädchen sich mit dem kleineren Zimmer begnügen mußten. Die Eltern teilten oft eine kleine Kammer mit dem jüngsten Kind.

Dank der neuen Gesetzgebung machte sich bald eine Besserung der finanziellen Lage bei Abraham und den Seinen bemerkbar. Abraham war nun Stellvertreter des Schuldirektors, ein geachteter Mann in der Gemeinde, mit einem Gehalt von 700 Gulden. Julia war trotz der vielen Kinder und ihrer verminderten Sehkraft eine erfolgreiche Geschäftsfrau. Sie sah keine Notwendigkeit, ihre Lederfirma mit der ihres Bruders Jacob zu vereinigen. Endlich war das Leben etwas leichter.

Prag war voll von Gerüchten, daß die neue Verfassung bald wieder aufgehoben werde, und die Juden zitterten um ihre neuen Rechte. Daher bestand Julia darauf, daß man jetzt sofort aus der übervölkerten Josefstadt heraus müsse, und endlich, endlich verließ die Familie das Gettohaus Nr. 167 und bezog eine viel größere Wohnung in der Michalskagasse Nr. 28.[29]

Nur der Altstädter Platz trennte die Josefstadt von ihrem neuen Heim. Die Michalskagasse war eine der langen, krummen Gäßchen, die von der Altstadt zu dem viel eleganteren Graben führte. In den schönen alten Barockhäusern wohnten meist kleine Kaufleute und Beamte. Auch Nr. 28 war im Barockstil erbaut, ein typisches Gebäude des 18. Jahrhunderts, hellgelb getüncht; weiße, pausbäckige Engelchen schwebten schützend über den großen Fenstern. Das Haus vermittelte eine Atmosphäre der Beständigkeit und des gutbürgerlichen Wohlbehagens. Ein kleines Geschäft im Erdgeschoß, von dem aus Julia ihren Handel treiben konnte, vervollständigte ihr Glück. Das Haus gegenüber war ein kleiner Palast, in dem Herr von Linka jungen Damen und Herren moderne Tänze, wie Walzer, Polka und Mazurka, beibrachte. Dort lehrte er aber auch seine Schüler, stolze Tschechen zu sein, und die Tanzschule war ein geheimer Treffpunkt tschechischer Nationalisten.[30]

Es ist möglich, daß Abraham und Julia die Wohnung seinem Einfluß zu verdanken hatten. Sicher war die Gefahr, daß jüdische Nachbarn seine Tätigkeit der Polizei verraten würden, kleiner, als wenn sonst irgendwelche Leute dort gewohnt hätten.

Wie befürchtet, zog die Regierung Ende 1851 die neue Verfassung zurück und schaffte viele der darin garantierten Freiheiten wieder ab. Juden kamen dabei relativ gut weg; es wurde ihnen nur die Erlaubnis entzogen, in gewissen Gebieten von Österreich Häuser zu kaufen. Jedoch wurde kein Versuch gemacht, sie ins Getto zurückzudrängen. Es erwies sich als unmöglich, sie aus all den akademischen und administrativen Positionen, die sie nun innehatten, zu entlassen. Nur im juristischen Bereich wurden neue Beschränkungen eingeführt, die jüdischen Rechtsanwälten und Notaren das Leben erschwerten. Auch wurde »Israeliten« wieder verboten, christliches Dienstpersonal einzustellen.

Während des nächsten Jahrzehnts verließen viele Juden die Josefstadt. Wie die Utitzens zogen sie in Wohnungen in Reichweite des ehemaligen Gettos, in der Nähe der Synagogen, der jüdischen Schulen, des jüdischen Rathauses, welches noch immer das Zentrum jüdischer Verwaltungsangelegenheiten war. Der veränderte Status des Gettos hatte viele administrative Probleme zur Folge. Zum Beispiel war es schwer, sich Forderungen zu widersetzen, nach denen angesammelte Spenden zugunsten des jüdischen Armenhauses nun für das allgemeine Prager Armenhaus verwendet werden sollten. Um Beschlagnahmungen dieser Art zu vermeiden, legte man alle vorhandenen öffentlichen Gelder in privaten Wohltätigkeitsfonds an. Auch die Stellung der Rabbiner im Staat und die Instandhaltung jüdischer Gräber mußten klar definiert werden.

Das jüdische Rathaus war und blieb das Zentrum für Probleme dieser Art.

Die allgemeine Überzeugung war: »Es ist uns noch nie so gut gegangen.« Die Hochzeit des jungen Kaisers im Jahre 1854 bot der jüdischen Bevölkerung eine ausgezeichnete Gelegenheit, ihm ihren aufrichtigen Dank in Form eines wirklich sehr generösen Geschenks auszusprechen.

Im selben Jahr heiratete Elisabeth, Abrahams und Julias ältestes Kind, Abraham Samuel Perles, der ein Nachkomme des berühmten Rabbi Loew war. Offensichtlich hatte der junge Mann genügend Vermögen, um auf eine große Mitgift verzichten zu können. Elisabeth ihrerseits muß ein hübsches, charmantes junges Ding gewesen sein, eine begehrenswerte Ehegattin, auch wenn sie kein Geld hatte. Zum ersten Mal konnte ein Familienmitglied ohne jegliche Probleme seitens der Behörden heiraten, und zweifellos wurde auf der Hochzeit »Le Chaim« getrunken und auf das Wohl des jungen Kaisers angestoßen. Die 39jährige Mutter der Braut trug bei der festlichen Gelegenheit ein loses, weites Gewand, das die Anzeichen einer fortgeschrittenen Schwangerschaft möglichst verbergen sollte.

Einige Monate später kam ein Zwillingspaar, Maria und Gotthold, zur Welt. Kaum war das Pärchen aus der Wiege, bekam es ein Schwesterchen, Karoline, und 1859 folgte Julias letztes Kind, Emilie.[31]

Der Familienlegende nach hatte Julia 21 Kinder, von denen 15 das erste Lebensjahr überstanden. Infolge der besseren Lebensbedingungen verdoppelte sich die jüdische Bevölkerung; zwischen den Jahren 1800 und 1900 stieg ihre Zahl von 47800 auf 92000. Es dauerte nicht lange, bis die meisten Gettobewohner in andere Gegenden zogen und sich die Gewohnheiten ihrer neuen Nachbarn, meist Leute aus dem Mittelstand, zu eigen machten. Im Alltag sprachen sie deutsch. Jiddisch verwendeten sie nur bei intimen Familienzusammenkünften. Festtage wie Purim und Sukkot wurden im Haus und nicht wie früher im Freien gefeiert. Ihre Söhne waren nur noch selten gewillt, Thoraschulen zu besuchen. Die wirtschaftliche Lage erlaubte den meisten Familien, wenigstens einen ihrer Söhne auf die Universität zu schicken. Es gab sogar einige junge Juden, die Offiziersschulen besuchten.

Kurz nach Emilies Geburt ging deren ältester Bruder Isak nach Wien, um dort an der Universität zu studieren, ein klarer Beweis für die günstigere wirtschaftliche Lage der Eltern. Sie waren jedoch nicht wohlhabend genug, neben den Studienkosten für ihren Sohn auch noch Geld für die Mitgift ihrer heranwachsenden Töchter aufzubringen. Sophie und Mathilde waren bereits über zwanzig, und noch war kein Ehemann für sie in Sicht.

Das Ende der Leibeigenschaft führte zu einem Aufschwung in Industrie und Landwirtschaft. Straßenbauten und vor allem der Bau eines Eisenbahnnetzes schufen neue Arbeitsplätze. Jüdische Firmen konnten oft Rohstoffe zu besonders günstigen Preisen beschaffen, und dies verbesserte sowohl die wirtschaftliche Position als auch den Status der ehemaligen Gettobewohner beträchtlich. Aber nicht alle Juden waren reich. Viele von Abrahams Schülern kamen mit knurrendem Magen zum Unterricht. Erst 1854, mitten im Krieg zwischen Österreich und Italien, konnten der Schuldirektor und sein Stellvertreter Abraham durchsetzen, daß minderbemittelte Schüler warme Mahlzeiten in der Schule bekamen. An fünf Tagen in der Woche bestanden diese aus Suppe, Rindfleisch und Gemüse und zweimal in der Woche aus Suppe und Mehlspeise.[32]

Franz Josef nahm als Oberbefehlshaber an den Feldzügen teil, die mit dem Verlust österreichischer Gebiete in Norditalien endeten. Diesmal war es nicht nötig, Juden zur Zahlung von Kriegssteuern zu zwingen; sie stellten bereitwillig die Summe von 25 000 Gulden zur Verfügung. Viele von ihnen traten freiwillig in die Armee ein, und in einer der Schlachten verhinderte ein Prager Jude, daß die österreichische Fahne dem Feind in die Hände fiel. Diese Tapferkeit wurde sowohl mit dem Ritterkreuz als auch mit dem Leopoldsorden belohnt, und der junge Mann wurde zum Hauptmann befördert.

Weder Krieg noch Niederlage schienen in das Leben der Utitz-Familie einschneidend einzugreifen. In diese Zeit fiel Abrahams Beförderung zum Direktor der Schule, die er als kleiner Junge selber besucht hatte. Sobald die Zwillinge Anselm und Wilhelm die Schule beendet hatten, begannen sie, ihrer Mutter im Geschäft zu helfen. Zu Beginn des Jahres 1864 heiratete Sophie Manuel Motz und zog mit ihm in das Dorf Troja, nahe bei Prag.

Aber das Glück war nicht auf Sophies Seite, und die nachfolgende Tragödie war ein unerwarteter Schlag für die gesamte Familie. Nur einige Monate nach ihrer Hochzeit starb Sophie, vermutlich an einer Fehlgeburt; sie war wohl eines der vielen Opfer mangelnden medizinischen Wissens auf diesem Gebiet.

Das Leben ging weiter, Abraham, ein typisch emanzipierter Jude, sorgte zwar für die allgemeine, nicht aber für die jüdische Bildung seiner Kinder. Es schien ihm wichtiger zu sein, ihnen eine erfolgreiche Karriere zu ermöglichen, als sie mit traditionell jüdischem Wissen zu belasten. Obwohl Abraham und Julia einen koscheren Haushalt führten und alle jüdischen Feiertage einhielten, verlor das alles für sie an Wichtigkeit, und ihr Leben glich immer mehr dem der normalen Mittelschicht. Abraham und Julia waren nun brave, behäbige Durchschnittsbürger, und es war schwer, sie von ihren Nachbarn zu unterscheiden.

Mathilde heiratete einen Handelsangestellten. Isak blieb nach Beendigung seines Studiums in Wien. Er war der erste Utitz, der sich »Doktor« nennen durfte. Anselm arbeitete zusammen mit Mathildes Mann. Hermann zeigte Interesse an fremden Sprachen und Mathematik und wollte Lehrer werden.[33] Helene heiratete den Sohn des bekannten jüdischen Verlegers Jakob Pascheles. Nicht einer der Enkelsöhne des Talmudschülers Isak Utitz hatte mehr als eine sehr vage Vorstellung von jüdischer Philosophie.

Im Frühsommer 1866 sah es plötzlich so aus, als ob diesem ruhigen, beschaulichen Leben ernste Erschütterungen drohten. Österreich war schon wieder in einen Krieg verwickelt, diesmal gegen die Preußen. Im ersten Blitzkrieg der europäischen Geschichte drang die preußische Armee in noch nie dagewesenem Tempo bis zur bömischen Grenze vor und schlug die Österreicher bei Königgrätz vernichtend.

Diesmal war es Abraham, der, infolge von Kindheitserinnerungen, fast den Kopf verlor. Am Abend nach der Schlacht von Königgrätz überraschten ihn vier seiner jüngeren Kinder beim Eingraben von Gold und Wertsachen im kleinen Hof des Hauses, worauf alle vier eine tüchtige Tracht Prügel bekamen. »Aber wir haben doch nichts angestellt«, schrie empört die siebenjährige Emilie. »Stimmt, jetzt kannst du dir die Tracht Prügel vorstellen, die ihr bekommen werdet, wenn ihr ein Wort von dem verratet, was ihr da gesehen habt«, war Abrahams erregte Antwort.[34]

Zum Glück erwiesen sich Abrahams Ängste als unbegründet. Sechs Wochen nach Kriegsausbruch wurde ein Friedensvertrag unterschrieben, demzufolge Österreich viel von seinem Einfluß auf deutsche Länder verlor. Franz Josef sah ein, daß er nun die volle Loyalität aller seiner Untertanen brauchte, und seine Regierung änderte die Verfassung grundlegend. Dies führte zu einer Liberalisierung der österreichischen Politik. Eine der vielen neuen Maßnahmen hob die letzten Einschränkungen für Juden auf, und 1867 erhielten sie die vollkommene Gleichheit.

Die neuen Verordnungen halfen Hermann, der nun ein qualifizierter Lehrer war, jedoch nicht, passende Arbeit zu finden. In der Schule zu beginnen, deren Direktor sein Vater war, hätte zu Unannehmlichkeiten für beide geführt. Nichtjüdische Schulen waren trotz aller Gesetze nicht gewillt, ihre Kinder der Obhut eines jüdischen Lehrers anzuvertrauen. In Prag gab es nur eine jüdische Schule, also mußte Hermann Prag verlassen. Nach erfolglosen Versuchen, Arbeit in Wien oder in der Provinz zu finden, war der ungeduldige junge Mann enttäuscht von den Errungenschaften der Emanzipation und entschloß sich, Europa den Rücken zu kehren und nach Amerika auszuwandern.

Julia war außer sich. Hermanns Wundergeschichten über die Neue Welt interessierten sie nicht. Was ging es sie an, daß die Brüder Seligmann, die aus Frankfurt stammten und mittellos nach Amerika gegangen waren, jetzt Millionen besaßen? Ihr war es gleichgültig, daß seit Ende des Bürgerkriegs dort die Industrie enorm angewachsen war. Sie wurde wütend über Hermanns abwegige Geschichte, daß jemand anno 1819 den Vorschlag gemacht hatte, in Mississippi einen jüdischen Staat zu errichten.[35] Warum wollte er nicht noch ein oder zwei Jahre geduldig zu Hause warten, um die Früchte der Emanzipation, für die ihre Generation ein Leben lang gekämpft hatte, endlich voll genießen zu können?

Nicht nur Hermann war unwillig, auf bessere Zeiten zu warten. In dem Jahrzehnt, das dem Amerikanischen Bürgerkrieg folgte, wanderten 150000 deutsche Juden in die Neue Welt aus. Als Julia sah, daß Hermann nicht dazu zu bewegen war, länger zu warten, gab sie schweren Herzens nach, und die ganze Familie half, die 100 Dollar aufzutreiben, die er für die Überfahrt und die ersten Wochen in New York brauchte.

Die letzten Tage vor seiner Abreise waren voller Nostalgie. Wie alle Leute, die Prag verließen, mietete er sich vermutlich eine Droschke, ließ sich von dem Fiaker zu dem herrlichen Schloß fahren und blickte ein letztes Mal auf die schöne alte Stadt hinunter. Sicherlich schnürte sich auch ihm ein wenig die Kehle zusammen, als er an den vornehmen Barockpalästen entlangwanderte, die Brücke mit den Statuen von Königen und Heiligen überquerte, an der Niklaskirche vorüberging, nicht ahnend, daß dort seine Vorfahren den Predigten von Jesuitenpriestern hatten zuhören müssen. Es kann nicht leicht für Hermann gewesen sein, Abschied von den schläfrigen, kleinen Gäßchen zu nehmen, die nun aufhörten, seine Heimat zu sein. Noch schwerer fiel es ihm, die Gesichter seiner Eltern zu sehen, denn er wußte, daß er sie wohl kaum je wiedersehen werde.

Hermann war bereits in Amerika, als Abraham seinen 70. Geburtstag feierte. Auch an diesem Tag war er in der Schule, wo er seit 48 Jahren jeden Arbeitstag verbracht hatte. Er war fest entschlossen, volle fünf Jahrzehnte im Dienst der Prager jüdischen Schule zu stehen, und obwohl er in den letzten Monaten seiner Dienstzeit schon ein sehr kranker Mann war, arbeitete er bis zum Tag seines 50. Jubiläums. Einige Tage später widerfuhr ihm die größte Ehre, die einem Mann in seiner Position widerfahren konnte. Er erhielt eine goldene Medaille, auf der eingraviert war: »Seine Apostolische Majestät, Kaiser Franz Josef, verleiht Abraham Utitz die goldene Verdienstmedaille in Anerkennung 50 Jahre treuen Dienstes.«[36]

Abraham Utitz, der erste seiner Familie, der sich freier Bürger nennen konnte, schloß am 30. Juni 1873 für immer die Augen. Seine Frau Julia war damals 57 Jahre alt und völlig blind. Sie folgte ihm erst viele Jahre später. Abraham und Julia waren die letzten Mitglieder der Familie, die das Gettoleben gekannt hatten; so dachten zumindest ihre Kinder.

Die goldene Generation

Simon der Hausierer starb Anfang des 17. Jahrhunderts. Nur eine der zehn folgenden Generationen litt zu keiner Zeit ihres Lebens unter offiziellem Antisemitismus. Lediglich die Juden, die zwischen 1867 und 1933 lebten, waren ohne Unterbrechung allen anderen Bürgern gleichgestellt und erfuhren diese Gleichheit auch vor dem Gesetz.

Abrahams und Julias Kinder waren typische Vertreter der jüdischen Gesellschaft während dieser Periode; der gebildete Wiener Rechtsanwalt, der nach Amerika ausgewanderte Lehrer, der fromme Provinzler, der agnostische Industrielle. Aber wie verschieden ihr Lebensstil auch war, sie waren alle überzeugt davon, daß die Eingliederung der Juden in die Gesamtbevölkerung bereits vollzogen sei. In ihren Augen war Antisemitismus ein Überbleibsel mittelalterlichen Gedankenguts, das allmählich in Vergessenheit geraten werde; im bevorstehenden 20. Jahrhundert würden Judenverfolgungen ebenso undenkbar sein wie Hexenverbrennungen.

1873, zur Zeit des Todes seines Vaters, versuchte Hermann, der frustrierte Lehrer, sich in Amerika zu etablieren. Sein älterer Bruder Isak hatte Schwierigkeiten, in den Beamtenstand erhoben zu werden, trotz aller neuen Gesetze, die Juden das Recht dazu gaben. Isak hatte wenig Lust, den Rest seines Lebens gegen antisemitische Kollegen und Vorgesetzte ankämpfen zu müssen. Daher begnügte er sich damit, als Rechtsanwalt zu arbeiten und seinen jüdischen Klienten beim Lösen ihrer Rechtsprobleme zu helfen.

Die beruflichen Enttäuschungen der älteren Brüder bewogen die jüngeren Familienmitglieder, nicht zu studieren. Statt in die Fußstapfen ihres Vaters zu treten, wählten sie, wie ihre beiden Großväter, kaufmännische Karrieren. Als Mosche Teller am Ende des 18. Jahrhunderts seine Lederfirma gründete, ahnte er nicht, daß er im Begriff war, eine kommerzielle Dynastie zu gründen, die das Haus Habsburg überleben sollte.

Mathilde, Julias drittes Kind, heiratete einen gewissen Reb Großmann, der sein Geld mit dem Verkauf von Handschuhen und Lederwaren verdiente. Er betraute Anselm, Mathildes jüngeren Bruder, damit, zweimal wöchentlich in die umliegenden Dörfer zu fahren. Dort nähten Frauen in der »Bequemlichkeit« ihres eigenen Heims die in Prag zugeschnittenen Waren zusammen. Es wurde Amschels Aufgabe, dies zu überwachen. Die Welt durch ein Eisenbahnfenster zu sehen, das behagte dem jungen Mann, und er entschloß sich, eine Laufbahn daraus zu machen. Er wählte den relativ neuen Beruf des Handelsreisenden. In der Vergangenheit hatten die Handwerksmeister ihre mit Liebe ausgeführten Prachtstücke direkt an die Kunden verkauft. Jetzt waren Fabrikbesitzer stets auf der Suche nach neuen Märkten für ihre Massenprodukte. Die neugebaute Eisenbahn half ihnen, ihre Waren in die entferntesten Gebiete der Monarchie zu verkaufen. Es war nötig, daß Vertreter potentielle Kunden regelmäßig besuchten, um in Böhmen erzeugte Waren auch noch in den Randgebieten des Reiches abzusetzen.

Für junge Leute wie Anselm war das eine erstklassige Gelegenheit, endlich von zu Hause wegzukommen, Geschäftsmann zu werden, ohne Geld investieren zu müssen, und noch dazu etwas von der Welt zu sehen. Jüdische Fabrikbesitzer stellten oft Glaubensgenossen für Arbeiten dieser Art ein, allerdings nicht immer aus rein philanthropischen Gründen. Es war leichter für den jüdischen Geschäftsreisenden als für seine christlichen Kollegen, Geschäftsverbindungen anzuknüpfen, besonders in entlegenen Gegenden, wo jüdische Gemeinden oft in Isolation von Gleichgesinnten lebten. Jeder durchreisende Jude wurde dort mit offenen Armen begrüßt.

Wenn Anselm in ein fremdes Städtchen kam, ging er zuerst in die Synagoge, und als Fremden wurde ihm meist die Ehre zuteil, aus der Thora vorlesen zu dürfen. Nach dem Gottesdienst lud ihn der Gemeindevorsteher oder eine andere wichtige Persönlichkeit zum Essen ein, und während der Mahlzeit erzählte Anselm die letzten Neuigkeiten aus der jüdischen Welt. Gewöhnlich gesellten sich nach dem Essen einige Freunde des Gastgebers dazu, um sich mit dem weitgereisten Fremden zu unterhalten. Viele der Männer waren Besitzer von Dorfläden, Schankwirte, Vieh- oder Getreidehändler, und nicht selten war Anselms Buch voll mit Bestellungen, wenn er den Ort verließ.

Bei seinen Besuchen zu Hause wurde ihm der Unterschied zwischen den einfachen Dorfjuden aus den Grenzgebieten und den gebildeten Juden der großen Stadt Prag immer deutlicher. Seine Familie und seine Freunde besuchten die Synagoge nur zu den hohen Feiertagen. Sogar am Yom Kippur erschienen sie im Gehrock und Zylinder zum Gebet; Männer von Welt, die nur für kurze Zeit an Gott und die Traditionen statt an die letzten Ereignisse in London und Paris dachten. Anselm fand es schwer, in dieser Umgebung andächtig zu beten. Immer wieder verglich er die Pracht um sich herum mit den einfachen Sabbatgottesdiensten, denen er auf dem Land beiwohnte.

Dörfer in den Hohen Karpaten oder in der ungarischen Tiefebene hatten oft nicht einmal eine richtige Synagoge. Der Rabbi stellte einen großen Raum in seinem Haus zur Verfügung, und am Sabbat erschienen dort alle Juden aus der Umgebung in altmodischen schwarzen Anzügen, den Kopf mit einem kleinen Samtkäppchen bedeckt, um gemeinsam zu Gott zu beten.[37] Nach dem Gottesdienst wurden bei einem Gläschen süßen Rotwein lokale Ereignisse besprochen, genau wie zur Zeit der Urgroßväter. Hier war die Zeit stehengeblieben. Innerhalb von Generationen hatte sich eine Kluft zwischen den Großstadt- und Dorfjuden gebildet.

Im ersten Jahr nach dem Tod seines Vaters kehrte Anselm oft nach Prag zurück, um die Mutter zu trösten. Nicht immer waren diese Besuche erfreulich. Bei diesen Gelegenheiten lud Julia ihre Töchter und deren Ehemänner zu einem Familienfest ein. In Gegenwart seiner gelehrten Schwäger fühlte Anselm sich recht unbehaglich; besonders Helenes Mann, Jakob Pascheles, schüchterte ihn ein. Als Chef eines alteingesessenen jüdischen Verlags, der sich seit Generationen in den Händen der Familie befand, war Jakob ein Experte in jüdischem Wissen. Anselm, der selten Zeit hatte, ein Buch zu lesen, kam sich mißachtet vor und war oft grundlos beleidigt.

Auch Julias Einstellung irritierte ihn. Ihr sehnlichster Wunsch war, ihn glücklich verheiratet zu sehen. Wenn auf ihre taktvollen Fragen nicht die gewünschten Antworten folgten, begann sie, Hermann und sein glückliches Eheleben zu loben. Sie las dann seine Briefe der versammelten Familie vor. Die ersten Briefe aus New York waren voller Optimismus. Hermann fand schnell neue Freunde unter den böhmischen und deutschen Juden, die in der Umgebung der Grand Street auf der Lower East Side wohnten. Durch ihre Hilfe fand er eine Anstellung als Sprachlehrer in einem College.[38] Er heiratete eine aus Wien stammende Glaubensgenossin und wurde stolzer Vater von drei Kindern. Das jüngste war ein Junge.

Seine Geschwister begrüßten die Nachricht, daß ihr amerikanischer Neffe den Namen Abraham Lincoln trug, mit lautem Gelächter, bis Anselm darauf hinwies, daß Mathildes Sohn nach dem Thronfolger Rudolf benannt war. Er fand Abraham Lincoln Utitz nicht lächerlicher als die vielen Siegfried Kohns und Stefanie Lewis, die in Prag herumliefen. Um seine Mutter von dem heiklen Thema »glückliches Familienleben« abzulenken, begann er darüber zu spekulieren, wie es möglich sei, daß Hermann ohne Doktortitel an einer Hochschule unterrichten könne.

Daraufhin befürchtete Julia sofort, eines ihrer anderen Kinder könnte Hermanns Beispiel folgen, und las schnell negativere Abschnitte aus Hermanns Briefen vor. Er klagte sehr über die schrecklichen Sommer in New York, in denen viele Menschen an Hitzschlag starben. Im Zusammenhang mit der Hitze erwähnte Hermann zum ersten Mal, daß es auch in dem gelobten Land Antisemitismus gab. Er schrieb, wie schwer es sei, der Sommerhitze New Yorks zu entkommen, weil nur sehr wenige Hotels in den Catskill Mountains, in Atlantic City oder an der Küste Neuenglands Juden Unterkunft gewährten. An vielen Hotels und Restaurants waren Schilder mit der Aufschrift »Hebrews not acceptable« angebracht. Sogar Joseph Seligmann, ein persönlicher Freund Präsident Grants, war vom Hilton Hotel in Saratoga abgewiesen worden.

Hermanns Briefe ermutigten keinen der Utitz-Geschwister, ihr Glück in Amerika zu suchen; manchmal schien es Anselm, daß der Wunsch, Hermann nicht zu folgen, das einzige war, das er mit seinen Geschwistern gemeinsam hatte. Bei jedem Besuch in Prag fühlte er die Kluft zwischen sich und seiner Familie wachsen. Nichts zeigte den Unterschied in ihren Auffassungen klarer als ihre Einstellung zu der berüchtigten Affäre in dem Dorf Eszlar an der Theiß. Wie in allen jüdischen Familien in der österreich-ungarischen Monarchie, fanden auch im Hause Utitz heftige Debatten über den Prozeß und seine Folgen statt.

Im Jahre 1882 wurde die gesamte jüdische Bevölkerung des kleinen ungarischen Dörfchens beschuldigt, ein junges Mädchen ermordet zu haben, um mit seinem Blut Matzen für das bevorstehende Pessachfest backen zu können. Der Anklage folgten Pogrome und Plünderungen vieler jüdischer Geschäfte in ganz Ungarn. Die Affäre erregte alle Gemüter in der Monarchie, und sogar Kronprinz Rudolf fühlte sich bemüßigt, unter dem Decknamen »Szep« einen Artikel zu schreiben, in dem er seinen Abscheu vor dem Pöbel zum Ausdruck brachte. Dank der Intervention des liberalen ungarischen Premierministers Graf Tisza stellte sich heraus, daß das Mädchen nicht ermordet worden, sondern ertrunken war. Die ganze Affäre war eine Verschwörung antisemitischer Politiker, um ihren liberalen Gegnern zu schaden.[39]

Die Utitzens in Wien, in Prag und in der Provinz jubelten. Hier war der schlagende Beweis, daß die aufgeklärte öffentliche Meinung über die letzten Reste mittelalterlichen Aberglaubens in den abgelegenen Dörfern siegte. Anselms neue Freunde hingegen fühlten, daß sie persönlich der Todesgefahr entkommen waren. Der Graben zwischen ihm und seiner Familie wurde immer tiefer, und schließlich verlor Anselm jeden Kontakt zu ihr. Aus den Prager Archiven geht nur hervor, daß er Handelsreisender war, sie geben aber keine weiteren Informationen über sein Leben oder seinen Tod. Die jüdische Beerdigungsgesellschaft weiß nicht, wo er begraben ist. Anselms jüngerer Bruder Heinrich hatte, lange bevor es zum Bruch zwischen den Brüdern kam, die Leitung von Julias Geschäft übernommen.

Seit frühester Kindheit arbeitete Heinrich mit Freuden im Geschäft seiner Mutter. Er berührte gern die glatten Felle; der scharfe Geruch des Leders war Parfüm in seiner Nase, das Feilschen der Kunden amüsierte ihn. Mit Interesse sah er stundenlang zu, wie man schmutzige Felle in elegantes Leder verwandelte, und er begriff schnell, daß nicht der Grossist, sondern der Fabrikant die großen Profite einsteckte. Heinrich beschloß, er werde eines Tages die größte Lederfabrik Böhmens besitzen.

Als sein Vater starb, lag dieser Tag noch in weiter Ferne. Inmitten einer ernsten Wirtschaftskrise wäre es Irrsinn gewesen, ein neues Unternehmen zu gründen. Am Freitag, dem 9. Mai 1873, kurz vor Abrahams Tod, hatte die Börse in Berlin einen totalen Zusammenbruch erlitten. Nach Bismarcks Sieg über Napoleon III. hatte das neue Deutsche Reich enorme Summen als Kriegsentschädigung erhalten. An den Umgang mit so großen Summen nicht gewöhnt, hatten sich die sonst so sparsamen deutschen Bürger auf wilde Spekulationen eingelassen, und plötzlich war der Ballon geplatzt. Neugegründete Firmen machten Bankrott und mußten ihre Arbeiter entlassen. Demonstrationen und Streiks folgten. Deutsche Firmen konnten ihre ausländischen Schulden nicht bezahlen. Die Krise griff auf Österreich über. Auch dort mußten viele Firmen schließen. Aktien verloren ihren Wert. Zu der Zeit war Heinrichs Fabrik nichts als ein Wunschtraum.

Auch zu Hause war das Leben nicht leicht. Seine drei älteren Brüder hatten Prag verlassen, und eigentlich wäre Wilhelm das Familienoberhaupt gewesen. Anselms Zwillingsbruder aber war introvertiert und unfähig, seiner Mutter und den vier jüngeren Geschwistern zur Seite zu stehen.

Ihre Pension von 500 Gulden reichte nicht, um sie alle zu ernähren, und die blinde Frau war nicht fähig, ihr Geschäft ohne Hilfe zu führen. Heinrich sah es als seine Pflicht an, dafür zu sorgen, daß der Laden in der Michalskagasse genug Profit abwarf und ihnen allen eine normale Existenz ermöglichte. Er wollte das Geld, das sein Vater hinterlassen hatte, nicht anrühren. Es war ihm klar, daß eine Menge Geld nötig wäre, wenn Karoline, Marie und Emilie passende Ehemänner finden sollten. Bevor seine Schwestern unter der Haube waren, konnte er nicht an seine eigene Zukunft denken.

Obwohl die aufgeklärte jüdische Gesellschaft nichts von den traditionellen Ehevermittlern, Schadchen genannt, wissen wollte, versuchte man doch, passende Ehen anzubahnen. Brüder, Freunde, Tanten schleppten heiratsfähige junge Männer heran, damit sie entsprechende junge Mädchen kennenlernten. Die Tatsache, daß es der jüdischen Gesellschaft jetzt möglich war, Bälle, Kränzchen und Abendgesellschaften zu veranstalten, erleichterte den Ehemarkt. Solche Feste hatten eine besondere Anziehungskraft für die jüdische Bevölkerung, weil sie, inoffiziell natürlich, von denen der Prager Bourgeoisie ausgeschlossen war. Jeder, der die Ankündigung

»deutsch-liberaler Tanz« las, wußte, daß es sich um eine fast ausschließlich jüdische Veranstaltung handelte, zu der einige Freikarten an »nette« Nichtjuden verschenkt wurden, um den Schein zu wahren. Alle gaben vor, daß diese »deutsch-liberalen« Bälle ein Teil des normalen Gesellschaftslebens waren.

Julia hoffte, für ihre drei jüngeren Töchter Ehegatten aus dem Milieu zu finden, aus dem sie selbst kamen. Heinrich versuchte vergeblich, seiner Mutter zu erklären, daß, da das Getto nicht mehr existiere, es auch keine Getto-Elite mehr gebe. Viele alte Familien waren weggezogen, andere waren reich geworden und verkehrten nur in ihren eigenen Kreisen. Junge Männer waren nicht mehr gezwungen, hohe Geldsummen zu zahlen, wenn sie ein Mädchen heiraten wollten, das nicht in Prag geboren war; sie konnten Frauen in ganz Böhmen, ja in der ganzen Welt finden. Es gab einfach keine große Auswahl für die jüngeren Utitz-Mädchen. Trotzdem kümmerte sich Heinrich darum, daß keine seiner Schwestern unverheiratet blieb. Die erste, die Hochzeit feierte, war Karoline. Ihr Mann und auch Maries Zukünftiger gehörten einer neuen Klasse von Juden an, sie waren Kontorangestellte. Die Väter dieser beiden jungen Herren – darf man es überhaupt erwähnen – hatten einen Stand auf dem Markt gehabt. Dank der Schulreformen Josef II. waren die Söhne jetzt selbstverständlich fähig, Deutsch zu lesen, zu schreiben und fehlerfrei zu sprechen. Intelligente junge Juden waren nun gesuchte Arbeitskräfte und besonders als Buchhalter und Lagerhalter beliebt.

Der Mode folgend, beschlossen Karoline und ihr Gatte, nach Wien zu ziehen. Dort änderte der junge Mann seinen Namen; aus Isak Kahane wurde Ignaz Köhler, woraufhin die Nachbarn ihn prompt den »Juden Ignaz Köhler« nannten. Während der letzten 30 Jahre war die Zahl der Wiener Juden enorm angewachsen. Zu Beginn des 19. Jahrhunderts hatten 5000 Juden in der Kaiserstadt gelebt. Jetzt wohnten über

100000 dort. 1850 waren sie verschämt aus den Gettos gekrochen. Jetzt bildeten sie einen integralen Bestandteil der Bevölkerung. Obwohl es schwer war, in eine führende akademische Position zu gelangen, hatte mehr als ein Sechstel der männlichen Juden die Universität absolviert. Die meisten faßten im Journalismus Fuß. Die Liberale Partei hatte die jüdische Emanzipation sehr unterstützt, jetzt unterstützten die Juden die Liberale Partei. Es gab keine fortschrittliche Zeitung ohne jüdische Reporter. Die liberale Zeitung ›Die Neue Freie Presse‹ war fast ausschließlich von jüdischem Geld und Talent abhängig – die Zeitung, an der Theodor Herzl arbeitete. Die Generation von Karolines Großvater hatte die Theater nur heimlich besuchen können; nun entschieden jüdische Kritiker über Erfolg oder Mißerfolg neuer Inszenierungen.

Die ökonomische Lage Julias verbesserte sich allmählich. Die Wirtschaft begann sich zu erholen. In Wien hörte man tagein, tagaus den Lärm der Bauarbeiter, die neue Gebäude errichteten. Karoline und Marie waren glücklich unter der Haube. Die ältere Schwester begann sich an das Großstadtleben in Wien zu gewöhnen, während die jüngere in Prag bereits ihr erstes Kind erwartete. Für Heinrich wurde es langsam Zeit, sich selbständig zu machen. Bevor er sich ernstlich umsehen konnte, legte ihm das Schicksal Schranken in den Weg. Die Finanzkatastrophe in Berlin hatte mehr als die Hälfte aller österreichischen Börsenmakler gezwungen, ihre Türen zu schließen. Aber die vergnügungssüchtigen Österreicher spekulierten fröhlich weiter, bis es erneut zu einem Börsenkrach kam, der just zur Zeit der Geburt von Maries Baby, Adele, stattfand. Zu den Hunderten, die davon betroffen waren, zählte Maries Gatte, Leopold Pan.

Eines Abends, kurz nach Adeles zweitem Geburtstag, kehrte der junge Vater nicht von der Arbeit nach Hause zurück. Marie und Leopold waren allen als glückliches, sehr verliebtes junges Paar bekannt, und keiner, am wenigsten Marie, hatte geahnt, daß der Schein trog. Sie hatte nicht gewußt, daß die große Leidenschaft in Leopolds Leben nicht Marie, sondern Spekulation hieß. Nach dem Börsenkrach hatte Leopold so getan, als ob alles in Ordnung wäre; er hatte gelacht, Witze gemacht, seiner Frau Geschenke mitgebracht und die kleine Adele verwöhnt. Weder Marie noch irgend jemand hatte gewußt, daß er tief in Schwierigkeiten steckte. Während der letzten zwei Jahre hatte er heimlich mit dem Geld seines Chefs spekuliert und immer riskantere Aktien gekauft. Er hoffte, daß eine geglückte Spekulation es ihm bald ermöglichen werde, alles zurückzuzahlen. Schließlich, als polizeiliche Nachfragen nicht länger zu vermeiden waren, geriet er in Panik und erschoß sich. Ohne seinen Namen zu nennen, brachten am nächsten Morgen einige Zeitungen die Geschichte von »einem jungen jüdischen Geschäftsmann, der das Kapital seines Arbeitgebers veruntreut und Tausende von Unschuldigen um ihr Geld gebracht hatte. Der Feigling hatte sich durch Selbstmord der gerechten Strafe entzogen«.[40]

Julia war auf einmal nicht mehr sicher, ob Emanzipation wirklich eine so gute Sache sei. War es nicht doch besser gewesen, als die Juden hinter Mauern gelebt hatten und nicht jede Verrücktheit der Welt mitmachen konnten? Nie in ihrem Leben hatte sie gehört, daß ein ganz gewöhnlicher Jude der Mittelschicht an der Börse spekuliert hätte. In ihrer Jugend hätte man ihm nicht erlaubt, das Börsengebäude zu betreten. Das war das erste Mal, daß ein Familienmitglied der Familie Schande machte, das erste Mal, daß eine Katastrophe weder dem Willen Gottes noch den ihnen aufgezwungenen Lebensbedingungen zugeschrieben werden konnte. Plötzlich fühlte sich Julia alt und unfähig, sich der modernen Welt anzupassen. Sie beschloß, nun wirklich alles Heinrich zu überlassen.

Das jedoch paßte nicht in die Pläne des jungen Mannes. Die ersten fünf Jahre nach seines Vaters Tod hatte er ausschließlich dem Wohl seiner Familie gewidmet. Er war begierig, nun endlich seine eigene Firma zu gründen, um unabhängig von seiner Mutter arbeiten zu können. Obwohl sie erklärt hatte, nun alles ihm zu überlassen, fragte sie unentwegt nach jeder seiner Entscheidungen, voller Angst, er könne gleich Leopold spekulieren. Heinrich, der nun 29 Jahre alt war und vor Energie und neuen Ideen strotzte, fand die Situation unhaltbar. Sobald Emilie, seine jüngste Schwester, ihre Verlobung bekanntgegeben hatte und die Leopold-Pan-Affäre ein wenig in Vergessenheit geraten war, machte er sich daran, seine Träume zu verwirklichen. Zuerst versicherte er sich der Unterstützung seiner Geschäftsverbindungen in Hamburg. Dann überredete er seinen viel jüngeren sanften Bruder Gotthold dazu mitzumachen, und schließlich, am 2. Januar 1882, konnte die neugegründete Firma »Gebrüder Utitz« in das Handelsregister der Stadt Prag eingetragen werden. Das bedeutete unendlich viel Arbeit. Es war nicht nur das neue Unternehmen aufzubauen, sie mußten ja auch das Geschäft ihrer Mutter weiterführen und sich um Marie, die wieder ins elterliche Haus zurückgekehrt war, kümmern.

Eine der ersten Aktionen der neuen Firma war, einen amerikanischen Vertreter, Hermann Utitz, anzustellen. Obwohl er versucht hatte, nicht zu klagen, ging aus seinen Briefen klar hervor, daß auch in Amerika die Straßen nicht mit Gold gepflastert waren. Er hatte nun fünf Kinder, und sein Lehrergehalt reichte nicht aus, eine große Familie zu ernähren. Obwohl er gern seinen Beruf gewechselt hätte, konnte er keine passende Arbeit finden.[41] Infolge russischer Pogrome kamen jetzt immer mehr jüdische Flüchtlinge in die Neue Welt. New York war voll von osteuropäischen Juden, die bereit waren, jede Arbeit für geringen Lohn anzunehmen, und so alle Gehälter drückten.

Hermann war überrascht, als Heinrich ihn um genaue Auskünfte über die Lederbranche in den Vereinigten Staaten bat. Diese zu erhalten war nicht so leicht, wie Heinrich glaubte. Das Verhältnis zwischen den osteuropäischen und den deutschen und böhmischen Juden war nicht das beste, schon weil eine gemeinsame Sprache fehlte. Der Enkelsohn Isak Utitz' sprach nicht ein Wort Jiddisch. Trotzdem tat er sein möglichstes, Heinrichs Fragen genau zu beantworten. Heinrich war fasziniert zu hören, wie die neuen russischen Einwanderer die Kleider-, Pelz- und Lederindustrie in Amerika ankurbelten. Hermann schrieb seitenlang über Arbeitsteilung und neue Maschinen, die die Produktion erhöhten.

Hermann erkannte, daß die Idee, ihn als Vertreter für die Firma »Gebrüder Utitz« arbeiten zu lassen, für beide Seiten von Vorteil war, also akzeptierte er den Vorschlag mit Begeisterung, und ein weiterer von Julias Söhnen trat in die Fußstapfen Großpapa Tellers. Heinrichs nächster Schritt war, große Anleihen aufzunehmen und eine moderne Fabrik in einer der Arbeitervorstädte von Prag aufzubauen. Er hatte keine Zeit, darüber nachzudenken, daß dies vor nur 20 Jahren für einen Juden fast unmöglich gewesen wäre. Die neue Generation wollte alle Erinnerungen an die Zeit vor der Emanzipation auslöschen. Es schien fast, als ob sie die Verfolgung der Juden als beschämend ansahen, als ob es teils ihre eigene Schuld gewesen wäre. Sie hofften, sich die Zukunft zu sichern, indem sie die Vergangenheit vergaßen.

16 Monate nach der Gründung seiner lang ersehnten Firma heiratete Heinrich Fräulein Anna Mata Levy aus Wandsbek in Deutschland, die er bei einem seiner Besuche in Hamburg kennengelernt hatte. Die Mitgift der jungen Dame wurde als ihr Eigentum ins Handelsregister eingetragen, um Gesetze zu umgehen, die den Geldbesitz von verheirateten Frauen nicht begünstigten.

Anna war ein großes, fesches Mädchen. Auch sie stammte aus einer kinderreichen Familie und hatte 15 Geschwister. Der gleiche Familienhintergrund mag wohl einer der Anziehungspunkte zwischen den beiden gewesen sein. Anna war ein offener, extrovertierter Mensch; sie wußte genau, was sie wollte, liebte keinen Widerspruch und konnte Dummheiten nicht gut ertragen. Das neue Familienmitglied glich in keiner

Weise dem unterwürfigen Frauentyp seiner Zeit. Es kann nicht leicht für Anna gewesen sein, sich an das Leben in Prag zu gewöhnen. In der österreichischen Monarchie lebten dreimal so viele Juden wie in Bismarcks Deutschland. Nie zuvor hatte Anna einen Ort gekannt, wo mehr als 300 Juden lebten. Allein die enorme Anzahl der in Prag lebenden Juden erschwerte ihr den Prozeß der Assimilation. Die meisten Juden waren sehr patriotisch, ihr Deutschtum kam vor ihrem Judentum, und sie machten die Eingliederungsunwilligkeit vieler Juden für den Antisemitismus verantwortlich.

In Prag war die Situation besonders kompliziert. Der aufkeimende Nationalismus, der Österreich nun plagte, berührte auch die jüdische Bevölkerung. 77 Prozent aller Prager Juden unterstützten die deutschen Elemente in der Stadt, während ihre Verwandten auf dem Lande mehr mit den Tschechen sympathisierten. Heinrichs Freunde gehörten dem Mittelstand an und versuchten, den wachsenden Antisemitismus in ihrer Umgebung zu ignorieren. Sie waren weder Deutsche noch Tschechen, aber darum bemüht, sich möglichst nicht von ihren Nachbarn zu unterscheiden.

Heinrich und Anna zogen in eine geräumige Wohnung, fast um die Ecke von Julias Laden. Verglichen mit der Behausung, in der Heinrich seine früheste Jugend verbracht hatte, schien ihr Heim wie ein Palast. Diese Wohnung blieb sein Leben lang Heinrichs Stolz und Freude. Bis ins hohe Alter liebte er es, immer wieder die schweren, historistischen Möbel umzustellen, um sein Heim in einem noch günstigeren Licht erscheinen zu lassen.

Anna hatte nun eine Köchin und ein Stubenmädchen. Weil es damals so üblich war, fand sie es in Ordnung, daß die Köchin in einem Kämmerchen neben der Küche schlief und das Stubenmädchen die Nächte auf einem Klappbett in der Küche verbrachte. Trotzdem scheint es den Mädchen bei Anna besser gegangen zu sein als anderswo. Die Köchin mit Namen Marie blieb über 50 Jahre bei der Familie.[42]

Anna war die erste Frau Utitz, die keine koschere Küche führte, obwohl ihr Besuch fast ausschließlich aus jüdischen Freunden bestand. Bei den Abendgesellschaften, die sie gab oder zu denen sie eingeladen wurde, war kaum je ein Nichtjude zugegen. Dort sprachen sich die Söhne von Reb Aron und Reb Jakob als Herr Dr. Levy und Herr Kommerzialrat Kohn an. Sie begrüßten die Damen mit Handkuß, sprachen über Premieren im deutschen Theater und waren stolz, wenn bei nationalen Unruhen Tschechen die Juden als Deutsche betrachteten und nicht nur die Fenster der Hubers und der Schmidts, sondern auch die der Kohns und der Utitzens einschlugen. Sie taten ihr Bestes, den Antisemitismus zu ignorieren, der es ihnen gelegentlich unmöglich machte, deutschen Organisationen beizutreten. Während die Nichtjuden der Oberklasse das mehr aristokratische Karlsbad vorzogen, verbrachten Heinrich und seine Freunde die Sommer im nahe gelegenen Marienbad. Sie alle versuchten angestrengt, Angehörige des typischen österreichischen Mittelstandes zu sein, die nur zufällig am Vorabend des Pessachfestes die ganze Familie zum Abendessen einluden.

Nicht alle Juden waren so assimiliert wie Heinrich und Anna. Gotthold, der jüngste Bruder, der eine junge Verwandte von Anna geheiratet hatte, zeigte großes Interesse an jüdischen Angelegenheiten und gab großzügige Spenden an jüdische Wohltätigkeitsorganisationen.

Während des 19. Jahrhunderts stieg die Bevölkerung Österreichs um etwa 25 Prozent, und die Utitz-Familie trug ihr Scherflein dazu bei. Helene und Jakob Pascheles hatten sieben Kinder, Anna und Heinrich Utitz vier, Emilie und Rudolf Lion fünf, Karoline und Ignaz Köhler drei und Philipine und Gotthold Utitz zwei.[43]

Nicht nur die Kinder gediehen, auch die Fabrik entwickelte sich positiv. »Gebrüder Utitz« beschäftigte eine große Zahl Arbeiter, von denen die meisten tschechisch sprachen. Diese erhielten die erbärmlich niedrigen Löhne, die in Kaiser Franz

Josefs Österreich üblich waren. Während der Jahre um 1880 konnte man für das wöchentliche Einkommen eines geschulten Arbeiters etwa 40 Laib Brot kaufen.

Julia starb im Jahre 1884. Obwohl es keine der in diesem Jahrhundert üblichen Totenbettszenen gab, eilten die meisten Familienmitglieder nach Prag, um an dem Begräbnis teilzunehmen und zu beraten, was mit der armen Marie geschehen sollte. Die mittellose junge Witwe hatte keinen Beruf erlernt, der sie und ihr Kind Adele ernähren konnte. Im Getto war es nicht ungewöhnlich gewesen, daß eine Witwe ihr eigenes Geschäft hatte und sich und ihre Kinder selber ernährte. Die jüdische Bourgeoisie in Franz Josefs Prag jedoch hätte es als völlig unziemlich betrachtet, wenn Marie das Geschäft ihrer Mutter allein weitergeführt hätte und ohne Anstandsdame in der Wohnung ihrer verstorbenen Mutter geblieben wäre.

Die 29 Jahre alte Frau hatte die Wahl, entweder wieder ein Ausstellungsobjekt auf dem Ehemarkt zu werden oder im Haushalt eines ihrer verheirateten Geschwister zu leben. Marie entschied sich für das letztere. Emilie erwartete ihr erstes Kind im fernen Reichenberg, etwa 200 Kilometer von Prag und der Familie entfernt, und fühlte sich dort einsam und von allen Lieben abgeschnitten. Sie war daher froh, daß Marie und die kleine Adele ihr Gesellschaft leisten wollten.

Obwohl sich Emilie ihren Mann nicht selbst ausgesucht hatte, war diese Ehe ganz ungewöhnlich glücklich. Die Lions waren einfache Leute, weit unter dem Niveau der noblen Familie Utitz, und Emilie neckte ihren Mann des öfteren mit der »Mesalliance«. Er hatte als Schreiber in der kleinen Privatbank begonnen, die er jetzt leitete. Seine Freizeit verbrachte er damit, sehr schlechte Liebesgedichte an seine Frau zu verfassen. Marie wurde die Aufgabe zuteil, diese in Petit-Point-Stikkerei auf schwarzem Grund, umwoben von Rosen und Veilchen, zu verewigen. Diese »Kunstwerke« dekorierten die Wände des Lion-Haushalts bis zu Emilies Tod.

Reichenberg war eine Provinzstadt im Sudetenland, in der

hauptsächlich Deutsche wohnten, die als besonders fanatische Antisemiten bekannt waren. In den achtziger Jahren des 19. Jahrhunderts gab es dort 980 Juden, die zum größten Teil neu eingewandert waren.

Vor der Emanzipation war die Stadt fast ohne Juden gewesen. Jetzt gab es da einige Synagogen, und Rudolf besuchte regelmäßig eine der weniger orthodoxen. In dieser Atmosphäre führte Emilie natürlich einen koscheren Haushalt, zum Mißvergnügen der kleinen Adele, die in der Schule oft ein mit Huhn belegtes Butterbrot gegen eine Schinkensemmel eintauschte.[44]

Die jüdische Bourgeoisie schickte ihre Kinder in die besten Schulen. Höhere Schulbildung förderte den gesellschaftlichen Status. Die Utitzens, die Pascheles und die Lions wollten, daß ihre Kinder die soziale Position erreichten, zu der der kommerzielle Erfolg ihrer Väter sie berechtigte. Sie sahen im Gymnasium nicht nur den Weg zur Universitätsbildung, sondern auch das Mittel, in die kultivierte Gesellschaft aufgenommen zu werden. Sie hofften, daß die Fähigkeit, Tacitus in Lateinisch, die Ilias in Griechisch und das Nibelungenlied in Althochdeutsch lesen zu können, ihren Söhnen die soziale Eingliederung ermöglichen werde, die ihnen selbst versagt war. Abrahams Enkel wußten mehr über Goethe, Schiller und Wagner als über Thora und Talmud. Nicht einer von ihnen konnte ein hebräisches Gebetbuch lesen.

46 Prozent der Studenten des deutschen Gymnasiums in Prag waren Juden. Zur großen Enttäuschung ihrer Eltern waren viele dieser jungen Männer nicht gewillt, die Firmen, die die Väter so mühevoll aufgebaut hatten, weiterzuführen, sondern wählten akademische Berufe. In der Klasse von Gottholds Sohn Emil, der später Philosophieprofessor wurde, waren nicht weniger als drei Schüler, die als deutsche Schriftsteller Weltruhm erlangten: Franz Kafka, Max Brod, Egon Erwin Kisch; alle drei waren Söhne jüdischer Geschäftsleute.[45]

Die meisten in der Familie hielten Anna für exzentrisch, weil sie darauf bestand, ihre einzige Tochter Julia in das deutsche

Mädchengymnasium zu schicken, dessen Pensum kaum leichter war als das des Knabengymnasiums. Zuerst hatten nur die fortschrittlichsten Juden ihre Töchter in die höhere Schule geschickt, aber 1895 waren mehr als 57 Prozent aller Lyzeumsschülerinnen jüdisch. In den folgenden Jahrzehnten war die Zahl der gebildeten jüdischen Frauen in Prag weit höher als bei ihren tschechischen und deutschen Schwestern.

Der bedeutendste von Abrahams Enkelsöhnen war Wolf Pascheles. Er verband Großvater Utitzens pädagogisches Talent mit dem Geschick der Pascheles, exakt analysieren und sich klar ausdrücken zu können. Nach einigen Generationen zeigte sich in ihm wieder das Interesse der Jeiteles an Medizin und Naturwissenschaften, das später sein Sohn Wolfgang Pauli, Physik-Nobelpreisträger, in höchstem Maß besitzen sollte.

Sobald Wolf sein Medizinstudium beendet hatte, veröffentlichte er ein Buch über chemische Heilungsprozesse. Seine brillanten Schriften halfen ihm jedoch nicht, den Professorentitel zu bekommen. Gesuche, auf denen stand: »Name: Wolf Pascheles. Religion: jüdisch«, wurden einfach nicht weitergeleitet. Gleichheit vor dem Gesetz hieß nicht, daß Juden gleiche Chancen in der Berufswelt hatten.

Schon 1870 hatte sein Vater, Jakob Pascheles, erkannt, daß der gute Wille von oben nicht ausreichte, den Antisemitismus der Massen zu bekämpfen. Er schrieb: »...so sind wir heute noch weit entfernt von andauernder Harmonie und Verstehen. Folglich müssen wir in die Zukunft mit Gottvertrauen, aber nicht ohne Besorgnis blicken.«[46] Männer wie er setzten sich nicht leicht über die immer wiederkehrenden Ritualmordprozesse hinweg – es gab davon zwölf in der österreichischen Monarchie zwischen den Jahren 1867 und 1914 – und sahen in ihnen nicht einfach ein Überbleibsel aus dem Mittelalter. Er sah weder im Ausgang des Dreyfus-Prozesses einen Triumph der Gerechtigkeit, noch hielt er die russischen

Pogrome für ein Ereignis in einem fernen, barbarischen Land. Er war erschüttert, daß faire Gesetze und die sogenannte Gleichheit so wenig dazu beigetragen hatten, das Gefühl des Volkes den Juden gegenüber zu ändern.

Wolfs Zukunftssorgen wuchsen ständig, besonders wenn er in der Zeitung von den ersten Versuchen las, Antisemitismus als politische Waffe zu benutzen. Um die liberale und die noch in den Kinderschuhen steckende sozialistische Bewegung zu schlagen, unterstützten konservative Elemente den katholischen Theologen Professor Rohling, der die Behauptung, der Talmud enthalte gegen Christen gerichtete Passagen, wieder aufwärmte. Unterdessen setzte Dr. Lueger Antisemitismus schamlos als Mittel ein, um an die Macht zu kommen. Obwohl der Kaiser es mehrmals zu verhindern suchte, wurde Lueger Bürgermeister von Wien. Franz Josef sprach sich gelegentlich öffentlich gegen Antisemitismus aus. Er verließ eine Theatervorstellung, in der ein Komiker antisemitische Witze zum besten gab. Einige bekannte Persönlichkeiten, wie Baron von Suttner und seine Frau, die im Jahre 1905 den Friedensnobelpreis erhielt, folgten des Kaisers Beispiel und gründeten einen Verein zur Bekämpfung des Antisemitismus. Die Kaiserin und Kronprinz Rudolf hatten viele jüdische Freunde.

Die meisten Juden fühlten sich ziemlich sicher und waren stolz auf die Unterstützung ihrer Sache durch höchste und allerhöchste Herrschaften. Was viele Amerikaner heute im Ku-Klux-Klan sehen, sahen die Juden damals in Lueger: nichts als ein störendes Element, das den Prozeß der Gleichberechtigung und Emanzipation nicht aufzuhalten vermag.

Noch immer war es Wolf Pascheles nicht gelungen, eine Professur zu erhalten. Es kam für Helene und Jakob nicht völlig überraschend, als ihr Sohn eines Tages einsah, daß der Weg zu einer Professur durch das Taufbecken führte. Er war nicht der einzige, der zu dieser Einsicht kam. Etwa 100 Prager Juden traten jährlich zur Staatsreligion über. 30 Prozent von ihnen waren Akademiker. Das lag sowohl an dem schwindenden Einfluß jüdischen Wissens als auch am schwindenden Eifer der Kirche. In früheren Zeiten hatte die Angst vor der Inquisition getaufte Juden gezwungen, ihre neuen Religionsgesetze in jeder Einzelheit zu befolgen. Für Gustav Mahler, Arnold Schönberg und Wolf Pauli bedeutete die Taufe nicht mehr als eine reine Formalität.

Für Wolf und die zehn Prozent Juden, welche im letzten Jahrzehnt des 19. Jahrhunderts ihre Religion wechselten, stand die Konvertierung in keinem Zusammenhang mit irgendwelchen theologischen Erwägungen. Es handelte sich dabei lediglich um einen Schritt, der zur Förderung der Karriere notwendig war. Sie waren keine »guten Juden« gewesen und hatten auch nicht die Absicht, »gute Christen« zu werden. Wolfs einziger Wunsch war, ein guter Professor der Medizin zu sein.

Sobald aus Wolf Pascheles, dem Juden, Wolfgang Pauli, der Katholik, geworden war, erhielt er die ersehnte Professur. Es dauerte nicht lange, und er wurde führendes Mitglied des Professorenstabs der Wiener Universität, ein anerkannter Fachmann in der medizinischen Forschung, dem wir viele Heilmittel verdanken. Das bekannteste davon, Cabo Animalis, wird bis zum heutigen Tag in Österreich oft verwendet.

Helene und Jakob zerrissen ihre Kleider nicht, streuten keine Asche auf ihr Haupt und erklärten nicht, daß ihr Sohn für sie gestorben sei. Obwohl sein Schritt in keiner Weise ihren tiefsten Gefühlen und Instinkten entsprach, versuchten sie, ihn zu verstehen, verziehen ihm und waren stolz auf seine Erfolge. Keiner der Utitzens wies Wolf die Tür, jedoch lokkerte sich die Beziehung allmählich. Im Fall ernster Krankheiten aber konsultierte man ihn, und er stand willig und generös zur Verfügung.

Wolfs Eltern sorgten dafür, daß keines ihrer anderen Kinder seinem Beispiel folgte. Sie erlaubten nicht, daß ihre jüngeren Söhne die Universität besuchten, sondern sandten zwei von ihnen nach Berlin, damit sie dort das Bankwesen erlernten, während der Jüngste sich, mit Heinrichs Hilfe, als Fell- und Lederhändler in Hamburg niederließ. Langsam geriet Wolf Pascheles Übertritt zum Christentum in Vergessenheit.

Neue Sensationen beschäftigten die Prager Juden. 1893 begann der Abbruch der meist baufälligen Häuser des ehemaligen Gettos. Nur einige Synagogen, der alte Friedhof und das jüdische Rathaus blieben erhalten, und bald waren sie umgeben von Häusern im pompösen Baustil des 19. Jahrhunderts. Sie sind noch immer von Juden bewohnt.

Die Bewohner dieser bequemen neuen Wohnungen bildeten keine einheitliche Gruppe mehr. Viele von ihnen waren des deutschen Antisemitismus überdrüssig und begannen Tschechisch zu lernen. Als die nächste Volkszählung vorgenommen wurde, erklärte, zur Überraschung aller, die Hälfte der Prager Juden, daß in ihrem Hause Tschechisch die Umgangssprache sei.

Der Neuaufbau des Gettos war eine Folge der verbesserten wirtschaftlichen Situation. Während der neunziger Jahre lebten zwar die galizischen Juden noch in erbärmlicher Armut, alle anderen österreichischen Juden jedoch lebten im großen und ganzen in recht annehmbaren Verhältnissen. Die Wirtschaftskrise war endlich überwunden, in Europa herrschte eine gute Konjunktur, und das half vielen auf die Beine. Am 30. Dezember 1899 schrieb in London ›The Times‹: »... Nie zuvor hat der Handel so geblüht, nie gab es so hohe Löhne, nie so wenig Arbeitslosigkeit.« Juden waren mit dem Leben in den Städten vertraut, es war nicht schwer für sie, sich an das moderne Großstadtleben zu gewöhnen; ihre kulturellen Werte und die gewohnte gegenseitige Unterstützung halfen ihnen, sich den Wirtschaftsaufschwung zunutze zu machen.

Ein typisches Beispiel für diese Zeit ist der finanzielle Aufstieg Rudolf Lions, Emilies Ehemann. Es wird in der Familie Utitz erzählt, daß Rudolf von einem jüdischen Kunden der Bank, deren Leiter er war, einen heißen Tip hinsichtlich einer bevorstehenden Börsentransaktion erhielt. Seit der Leopold-Pan-Affäre war das Wort »Börse« in der Familie tabu; also legte Rudolf, ohne ein Sterbenswörtchen zu verraten, fast sein ganzes Vermögen in den betreffenden Aktien an und wurde über Nacht ein sehr reicher Mann. Er fürchtete sich allerdings davor, dies seiner Frau einzugestehen. Zuerst stellte er Maries Tochter Adele eine ansehnliche Mitgift zur Verfügung, die es dem 18jährige Mädchen ermöglichte, einen unternehmungslustigen, aber armen Geschäftsmann zu heiraten. Adeles Mitgift wurde dazu verwandt, eine bescheidene Textilfabrik in der nahe gelegenen Stadt Hohenelbe zu gründen, die mit den Jahren, dann des Fleißes und des Geschäftssinns ihres Eigentümers, zu einem der größten Unternehmen Nordböhmens wurde. Die arme Marie, die nichts von einer zweiten Ehe hören wollte, zog erneut in das Heim anderer Menschen, diesmal in das ihrer verheirateten Tochter.

Rudolf konnte nun seiner Frau den größten Wunsch erfüllen: Die Familie zog nach Wien. Dort legte er einen Teil seines Kapitals in Mietskasernen an; mit dem Rest machte er das erste Geschäft in Wien auf, in dem das amerikanische Ratenkaufsystem praktiziert wurde. Geboren und aufgewachsen in Gettoatmosphäre, fand Rudolf es schwer, die Rolle des vornehmen Geschäftsmanns zu spielen. Er hätte gern eine Wohnung in der bescheidenen Leopoldstadt gemietet, Wiens ehemaligem Getto, wo noch immer die meisten Juden wohnten. Seine halbwüchsigen Söhne wollten nichts davon hören und schwärmten für den Kauf einer herrlichen Villa in dem vornehmen Neubaugebiet der Vorstadt Döbling. Schließlich mietete Rudolf eine große Wohnung in einem alten Patrizierhaus, das in einer der weniger eleganten Straßen Döblings stand.

Emilie stellte Köchin und Stubenmädchen ein. Man sandte die älteste Tochter Traut in ein Schweizer Pensionat. Die Söhne besuchten das Gymnasium. Ein Musiklehrer wurde engagiert, um die Kinder im Geigen- und Klavierspiel zu unterweisen. Folglich debattierten die jungen Lions über die Bedeutung gewisser Teile der Wagner-Partituren statt über die Auslegung gewisser Abschnitte im Talmud. Rudolfs Proteste wurden geflissentlich überhört.

Jetzt, da Emilie in derselben Stadt wie Karoline lebte, sahen sich die Schwestern fast täglich, hatten aber wenig Kontakt zu ihrem viel älteren Bruder Isak. Sein Tod im Jahre 1909 traf sie daher nicht allzuschwer. Da er keine Kinder hinterlassen hatte, beschränkte sich die Verbindung mit seiner Witwe auf gelegentliche Besuche.

Von Hermann hörten sie nur indirekt über Heinrich. Dessen ältester Sohn war bereits Besitzer einer Kette von Textilgeschäften im Süden der Vereinigten Staaten. Für den größten Teil der Familie hieß Amerika New York. Sie konnten sich das Leben der Verwandten dort, die sie nicht kannten, nicht vorstellen und zeigten auch wenig Interesse dafür.

Das Leben in Wien gestaltete sich recht angenehm. Rudolf besuchte regelmäßig die Döblinger Synagoge; dort wurde er mit einer größeren Funktion betraut. Er und Emilie gingen nach wie vor jeden Samstag zum Gottesdienst, während die Kinder, wie so viele junge Juden, es vorzogen, an Wochenenden Ski zu laufen oder zu wandern. Für die junge Generation hatte das traditionelle Leben nur wenig Anziehungskraft.

Zu Beginn des 20. Jahrhunderts strebten viele westliche Juden bewußt danach, sich völlig an die Kultur ihrer Umwelt anzupassen. Die jungen Mitglieder der Familie Utitz in Amerika paßten sich den dortigen modernen Handelssitten an, ihre österreichischen Cousins beteiligten sich aktiv am akademischen Leben ihrer Umgebung. Aber ob als »business–tycoon« in Amerika oder als Universitätsprofessor in Wien, Abrahams Enkelkinder mußten schwerer und besser arbeiten als ihre nichtjüdischen Kollegen, um nach oben zu kommen und sich dort zu halten.

Die Pogrome, unter denen die Juden in Osteuropa litten,

ängstigten die Utitzens auf beiden Seiten des Ozeans. Sie spendeten großzügig, um ihre unglücklichen Brüder zu unterstützen, fühlten sich aber immer wieder bemüßigt, den kulturellen Unterschied zwischen westlichen und östlichen Juden zu betonen. Sie versicherten einander ununterbrochen, sie könnten dem Schicksal ihrer unglücklichen Glaubensgenossen entgehen, wenn sie sich von deren archaischen Gebräuchen möglichst fern hielten. Mehr noch, sie versteckten ihre Angst hinter einer herablassenden Arroganz gegenüber Millionen aus Osteuropa fliehender Juden.

Über diese und ähnliche Dinge sprach Emilie bei ihren häufigen Besuchen in Prag. Sie und Heinrich hatten die empfindlichen Augen ihrer Mutter geerbt und in sehr frühen Jahren grauen Star bekommen. Emilie vertraute nur dem Prager Augenspezialisten Dr. Elschnig und ignorierte die Tatsache völlig, daß die ganze Stadt über seine antisemitische Einstellung sprach.

Rudolf Lion war entsetzt zu hören, daß Heinrich und Anna ihre Tochter Julia allein und ohne Anstandsdame nach Paris sandten, damit sie dort das Malen lerne. Ein noch größerer Schock war für ihn, daß die talentierte junge Landschaftsmalerin trotz all seiner düsteren Voraussagen nicht zu Schaden kam, sondern einige Jahre später einen sehr respektablen jüdischen Geschäftsmann aus Deutschland heiratete.

Es war nicht Heinrichs Tochter, sondern seine eigene, Traut, die ihren Eltern Kummer und Herzeleid bereitete. Nach ihrer Rückkehr aus der Schweiz erklärte das 15jährige Mädchen, daß es dort den Mann getroffen habe, den es eines Tages heiraten werde, und daß es die Absicht habe, mit ihm zu korrespondieren und ihn gelegentlich zu treffen, mit oder ohne Erlaubnis der Eltern. Nachfragen ergaben, daß Max Zeisler zwar ein netter jüdischer Junge aus gutem Hause war, aber an unheilbarer Tuberkulose litt, vor der Entdeckung des Penizillins eine tödlich verlaufende Krankheit. Professor Pauli, den man konsultierte, war der Meinung, daß Max vor seinem 35. Lebensjahr sterben werde und daß, wenn Traut ihn wirklich heiratete, große Gefahr einer Ansteckung bestünde.

Alle Versuche, das eigensinnige Mädchen zu beeinflussen, blieben erfolglos. Gegen den elterlichen Wunsch korrespondierte sie mit ihm. Darauf sandte man sie nach Hohenelbe; sie sollte sich dort um Adeles heranwachsende Kinder kümmern. Die Hoffnung, daß die neue Umgebung Traut ablenken werde, erwies sich als falsch. Statt dessen besuchte Max sie dort, wann immer es ihm möglich war. Traut widersetzte sich ihren Eltern ruhig und gelassen, ohne sich hinter Lügen zu verschanzen, bis Rudolf und Emilie nichts anderes übrig blieb, als ihren Segen zu geben. Das junge Paar heiratete an Trauts 21. Geburtstag. Max wurde Partner in einer Rechtsanwaltsfirma, und Traut begann als seine Assistentin dort zu arbeiten. Sie tippte seine Briefe, überwachte seine Gesundheit, sah zu, daß er seine Milch trank. Sie versuchte, jede Minute des Tages mit ihm zu verbringen.

Plötzlich waren Abrahams Enkel erwachsen. Emilie hatte so viele Neffen und Nichten, daß sie kaum alle ihre Namen im Gedächtnis behalten konnte. Das Haus war immer voll mit Jugend, ihre eigenen Kinder, die drei ihrer Schwester Karoline und oft die Cousins aus Prag oder Berlin. Es wurde getanzt und musiziert. Die fröhlichen Zusammenkünfte dauerten oft bis spät in die Nacht. Obwohl sich das Leben dieser jungen Leute kaum von dem ihrer nichtjüdischen Altersgenossen unterschied, trafen sie solche nur selten. Sie lebten in Straßen, in denen die meisten ihrer Nachbarn gleichfalls Juden waren, arbeiteten in jüdischen Firmen, kauften fast ausschließlich in jüdischen Geschäften, sprachen nur selten mit Nichtjuden und waren überzeugt, Antisemitismus sei im Begriff auszusterben.

Einer der wenigen Plätze, an denen Robert, Emilies ältester Sohn, mit allen Teilen der Bevölkerung zu tun hatte, war seines Vaters Geschäft. Als ihn dort jemand während eines

Streits »Saujud« beschimpfte, fiel er aus allen Wolken. Er bestand nun darauf, daß in Rudolfs Geschäft nur noch Klaviere und teure Violinen gekauft wurden, denn – so erklärte Robert – es war unwahrscheinlich, daß auch gebildete Leute so vulgäre Vorstellungen hatten.

Eine oft berichtete Erfahrung eines Cousins belehrte ihn bald eines Besseren. Hans Köhler studierte an der Technischen Hochschule in Wien. Eines Tages, beim Verlassen des Gebäudes, prallte er unabsichtlich mit einem Studenten zusammen, der im Knopfloch die Bänder einer nationalistischen Verbindung trug. Ohne jeden Grund ohrfeigte der junge Mann Hans und rief so laut, daß es alle Umstehenden hören konnten: »Schau, wo du hintrittst, dreckiger Jud.« Obwohl er Gegner von Duellen war, stand Hans vor der Wahl, den nationalistischen Studenten zum Zweikampf aufzufordern oder alle jüdischen Studenten als Feiglinge hinzustellen. Unwillig forderte er seinen Angreifer auf, sich mit ihm zu duellieren, und erhielt als Antwort, daß deutsche Studenten Juden keine Satisfaktion schuldig seien.

Zum Entsetzen der ganzen Familie veröffentlichte Hans einen Artikel in der Zeitung, in dem er seinen Angreifer einen Feigling nannte, der Angst hätte, sich zu duellieren. Hans wurde daraufhin wegen Verleumdung angeklagt und gewann den Prozeß mit einigen Schwierigkeiten. Anschließend berichteten alle Wiener Zeitungen lang und breit über den Ausgang des Prozesses.[47]

Weder die Utitzens noch die Lions oder die Köhlers kümmerten sich um die anhaltenden Balkankrisen. Wie sehr sie auch die Ermordung des Thronfolgers bedauerten, so sahen sie darin doch kein welterschütterndes Ereignis, sondern ein weiteres Kapitel einer alten Geschichte. Im Gegensatz zu ihnen hielt Wolf Pauli (Pascheles) den Ausbruch eines Krieges für wahrscheinlich.

Am Tag des Begräbnisses von Franz Ferdinand fuhren Emilie und ihre Tochter Ilka, wie geplant, nach Prag, um die zukünftige Frau von Heinrichs ältestem Sohn Alfred kennenzulernen. Sie verbrachten wie immer einige angenehme Tage dort und fuhren dann wieder zu Marie nach Hohenelbe, während Heinrich und Anna, wie jedes Jahr, sich nach Marienbad begaben. Auch Gotthold, Philipine und ihre Tochter Flora verbrachten die schönen Sommertage in Adeles großer Villa. Am Dienstag, dem 28. Juli, machte Gotthold mit seinen beiden Schwestern Marie und Emilie und den Kindern eine Landpartie nach Spindlermühle. Dort angekommen, nahmen sie im Garten des besten Restaurants an einem langen Tisch unter einem Kastanienbaum Platz und begannen mit Sorgfalt, die Speisen zu wählen. Bevor die Mahlzeit serviert werden konnte, war ihr behagliches Leben auf immer verschwunden. Zwei barfüßige Jungen kamen aufgeregt durch den Garten gelaufen und schwenkten Zeitungsseiten, auf denen die Druckerschwärze noch nicht getrocknet war: »Extrablatt! Extrablatt! Österreich hat Serbien den Krieg erklärt.«

Alle drei Lion-Söhne hatten die Reifeprüfung abgelegt und waren folglich Offizierskadetten. So ging es den meisten jungen Männern in der Familie, so auch einem jungen Journalisten, Stefan Pollatschek, der stets in Ilkas Nähe zu finden war. Ohne nach Hohenelbe zurückzukehren, um dort ihre Sachen zu packen, ja sogar ohne Hut und ohne Handschuhe, wie Ilka später erzählte, fuhren ihre Mutter und sie zur nahe gelegenen Bahnstation, um den nächsten Schnellzug nach Wien zu nehmen.

Dort fanden sie die Jungen, ihre Uniform probierend, in bester Laune. »Eine Sache von Wochen. Zu Weihnachten ist alles vorüber.« Stefan, mit dem Ilka nur telefonisch sprechen konnte, bevor er zu seinem Regiment mußte, war anderer Meinung. Auch Emilie sah keinen Grund zur Freude. Plötzlich war sie wieder das kleine Mädchen aus dem Getto. Die Armee war doch kein Platz für junge Juden aus gutem Hause. Die Soldaten würden doch nicht auf Befehle von jüdischen Offizieren hören. Diese würden doch schrecklich unter Antisemitismus zu leiden haben. Sie würden doch... Ihre Söhne versuchten, sie zu beruhigen. Acht Prozent aller österreichischen Offiziere waren Juden, fünf waren Generäle. Der Krieg würde die letzten Reste von Antisemitismus fortfegen. Jetzt waren alle nationalistischen Probleme vergessen. Alles scharte sich um den alten Kaiser; jetzt war man einfach eine große Familie.

Angesteckt von dem Enthusiasmus seiner Söhne, verkaufte Rudolf die meisten seiner Mietshäuser und legte das Geld in Kriegsanleihen an. Der Kaiser war immer gut zu den Juden gewesen; nun, wo er sie brauchte, mußte jeder von ihnen beweisen, daß er ein guter Patriot war. Das letzte Mietshaus verkaufte Rudolf, nachdem er und Emilie endlich die Einwilligung zu Ilkas Heirat mit Stefan Pollatschek gegeben hatten. Der Erlös wurde gleichfalls in Kriegsanleihen angelegt und Ilka als Mitgift überreicht. Der Krieg beeinträchtigte den Verkauf von Musikinstrumenten, das fehlende Mieteinkommen reduzierte das Familienbudget beträchtlich. Man beschloß, die große, teure Wohnung aufzugeben. Traut und Max, Emilie und Rudolf zogen zusammen in eine Vierzimmerwohnung in Grinzing.

1916 wurde Manfred, der jüngste Sohn von Emilie und Rudolf Lion, an der russischen Front schwer verletzt. Die Lions waren unfähig, die Würde und den Mut zu zeigen, der von der Familie eines österreichischen Offiziers in solch einer Situation erwartet wurde. Aber Illy, wie Ilka seit ihrer Hochzeit genannt wurde, zeigte Mut einer anderen Art. Sie machte sich auf den Weg durch das polnische Kriegsgebiet, um ihrem Bruder zur Seite zu stehen. Einer Beschreibung ihres Mannes nach war sie zu jener Zeit ein »entzückendes, wundervolles Geschöpf; klein, zierlich, ungeheuer temperamentvoll, voll glühender Jugend«.[48] Wahrscheinlich half ihr das, militärische Disziplin, Kriegsbürokratie und unhygienische Zustände zu bekämpfen, die sonst sicherlich ihren Bruder das Leben gekostet hätten. In einem Zug, der mit Flüchtlingen überfüllt war, brachte sie ihn, fast bewußtlos, aber lebend, nach Wien zurück.

Helene Pascheles, die zu Besuch bei ihrem Sohn Wolf war, beneidete ihre Schwester Emilie, deren Sohn sich langsam erholte. Ihr eigener Sohn Julius war tot, einer von den Hunderten jüdischer Offiziere, welche im Ersten Weltkrieg fielen. Helene versuchte, Trost in der Gesellschaft von Wolfs Kindern zu finden, die bei dieser Gelegenheit zum ersten Mal hörten, daß ihr Name Pauli in Wirklichkeit Pascheles und ihr Vater Jude war.[49]

Helene war froh, ihren jüngsten Sohn Oskar in Sicherheit in Zürich zu wissen, wohin ihn die deutsche Regierung geschickt hatte, um wichtiges Rohmaterial zu besorgen. Helene, Karoline und Emilie saßen viele Stunden beisammen und bangten um die Sicherheit ihrer Söhne; immer wieder brachte die eine oder andere von ihnen das Gespräch auf ihren Bruder Hermann. Vielleicht standen nun die europäischen Utitzens ihren amerikanischen Cousins auf dem Schlachtfeld gegenüber. Ihre patriotische Begeisterung war fast gänzlich verschwunden. Wien war voll von Juden, die aus Polen geflohen waren, aus Angst vor dem Antisemitismus der einfallenden Russen. Gleich den Utitzens hatten viele Wiener Juden nahe Verwandte in Amerika, Frankreich oder Belgien. Von Tag zu Tag erschien es ihnen unsinniger, daß Juden Juden töten sollten zum Ruhm des jeweiligen Landes, in dem sie wohnten. Zudem war die Position eines jüdischen Offiziers in der österreichischen Armee gar nicht so leicht. Oft stand die Religionszugehörigkeit einer Beförderung im Weg.

Einer dieser Offiziere war Leutnant Paul Utitz, ein Nachkomme von Abrahams Stiefbruder Mathias. Paul war ein brillanter Offizier; er hätte es weit bringen können, wenn… Als man ihm erklärte, seine Beförderung sei abhängig von einem Religionswechsel, lehnte er dankend ab. Er war kein religiöser Jude, und doch war er sicher, daß das Taufwasser sein

Judentum nicht abwaschen werde. Für seine Vorgesetzten und seine Soldaten würde er immer »der jüdische Offizier« bleiben, der er im Grunde seiner Seele war.[50]

In Prag dachten die Utitzens, sie würden darben, weil sie keine Semmeln bekamen und Schwarzbrot essen mußten; in Wien hungerte die Familie wirklich. Während des letzten Kriegsjahres verwendete Traut ihre ganze Zeit darauf, Milch für ihren kranken Mann aufzutreiben.

Im November 1918 hatte Stefan Pollatschek einige Tage Urlaub, die er mit Illy und der Familie in Wien verbrachte. Auch Robert war gleichzeitig für einige Tage von der Front beurlaubt und verbrachte die kurze Zeit mit seiner Frau und seinem kleinen Sohn in Graz. Stefan beschreibt die letzten Kriegstage folgendermaßen in seinem Tagebuch: »Am Morgen kam ein Telegramm mit der Nachricht, daß Robert in einem Militärhospital lag. Ich fuhr sofort nach Graz und eilte dorthin. Im Spital angekommen, fragte ich, wo ich Robert finden könne. Der diensthabende Soldat antwortete mir: ›Zu Befehl, Herr Leutnant, Leutnant Lion ist gestorben.‹ Das Begräbnis war am Donnerstag. Samstag kamen die ersten Nachrichten vom österreichischen Zusammenbruch. Robert hätte also gar nicht mehr an die Front zurückkehren müssen.« Er war einer der ersten Opfer der Grippeepidemie.

Zwischen den Jahren 1914 und 1918 gaben 30000 jüdische Soldaten, darunter 600 Offiziere, ihr Leben für Österreichs Ruhm in dem Krieg, von dem man sagte, daß es der letzte in der Geschichte sein werde.

Zurück ins Getto

Nach vier Jahren bitterer Kämpfe herrschte 1919 endlich wieder Frieden in Europa. Das Unvorstellbare war plötzlich Realität geworden. Die älteste Monarchie Europas existierte nicht mehr; das österreichische Kaiserreich gehörte zur Vergangenheit. An seiner Statt standen einige kleine Staaten, die mühsam um ihre Existenz zu ringen hatten.

Die riesige Umwälzung erschwerte das Familienleben beträchtlich. Es war nicht mehr möglich, einfach den nächsten Zug zu nehmen, um einige nette Stunden mit seinen Lieben zu verbringen. Familienzusammenkünfte wurden erschwert durch Paß-, Visa- und Devisenvorschriften und das endlose Warten an Grenzübergängen.

Der Zerfall der Monarchie übte entscheidenden Einfluß auf Abrahams und Julias Nachkommen aus; ihr Geschick und die weitere Entwicklung hingen von der wirtschaftlichen Lage und der sozialen Atmosphäre ihrer verschiedenen neuen Heimatländer ab. Die Utitzens, Heinrich, Gotthold und ihre Kinder, blieben in Prag, der Haupststadt der neuen Tschechoslowakei. Die meisten der ehemaligen »Utitz-Mädel« hatten schon längst ihre Geburtsstadt verlassen. Marie lebte mit Tochter und Enkelkindern im Norden der Tschechoslowakei; einige von Helenes Kindern und Kindeskindern wohnten in Wien, andere in Zürich. Auch die Familien von Karoline Köhler und Emilie Lion blieben in Wien, der großen Hauptstadt des kleinen Landes Österreich.

Die erste Gelegenheit, bei der es den Utitzens bewußt wurde, daß sie nicht mehr Bürger desselben Staates waren, war das Begräbnis von Emilies Ehemann Rudolf Lion. Marie, die in Hohenelbe lebte, konnte nicht zu der Beerdigung ihres Schwagers reisen, weil sie noch keinen neuen Paß besaß. Rudolf hatte nie einen Unterschied zwischen Maries Tochter

Adele und seinen eigenen Kindern gemacht, er war der einzige Vater, den Adele je gekannt hatte, und nun konnte sie nicht zu ihrer Schwester, gerade jetzt, wo Emilie sie so dringend brauchte.

Es war schwer, sich in dieser neuen Welt zurechtzufinden. Prag hieß nun Praha, Hohenelbe Vrchlaby und Reichenberg Liberec. Doch die Namensänderung half nicht, das Nationalitätenproblem zu lösen, das die tschechoslowakische Republik von Österreich geerbt hatte. In dem Staat, dem Böhmen nun angehörte, lebten Tschechen, Slowaken, Ungarn, Deutsche und Ruthenen. 1920 bestand Dr. Masaryk, erster Präsident des Landes, darauf, daß die Juden zu den Minoritäten gezählt würden und wie die anderen Minderheiten der Republik volle Minoritätsrechte erhielten. Praktisch hieß dies, daß Abrahams Nachkommen erklären konnten, ob sie zu den Tschechen, Deutschen oder Juden gehören wollten. Für viele war die Idee, einer jüdischen Nationalität anzugehören, ein neuer, unfaßbarer Gedanke. Bei der Volkszählung von 1921 nutzten nur 53 Prozent Juden der neuen Republik diese noch nie dagewesene Möglichkeit aus und gaben als Nationalität »jüdisch« an.

Keiner von ihnen dachte auch nur im Traum daran, daß 40 Jahre später diese Entscheidung Auswirkungen auf das Leben ihrer Enkelkinder haben werde; sie spielte bei der Wiedergutmachung der Schäden des Zweiten Weltkrieges eine wichtige Rolle.

Oft kam es vor, daß Mitglieder einer Familie in der Frage, ob man sich so offen und ungeniert zum Judentum bekennen solle, unterschiedlicher Meinung waren, und das führte zu heftigen Debatten. Eine dieser Familien waren die Utitzens. Heinrichs ältester Sohn Alfred hatte die deutsche Universität besucht, seine Frau kam aus einer deutschsprachigen Familie, seine Söhne trugen die deutschen Namen Erik und Gerhart. Alfred dachte, genau wie seine Mutter, die Antwort auf Antisemitismus sei Assimilation, und erklärte daher ohne Zögern, daß er der deutschen Minorität angehöre.

Die Situation seines Bruders Viktor war ganz anders. Der kluge Junge hatte früh begriffen, daß, wenn er eine Fabrik leiten wolle, in der 90 Prozent der Arbeiter nur tschechisch sprachen, er ihre Sprache tadellos beherrschen müsse. Um seine Tschechischkenntnisse zu vervollkommnen, verkehrte er ausschließlich in tschechischen Kreisen. Er heiratete schließlich die Tochter tschechischsprechender Juden, zum großen Mißvergnügen seiner Mutter, die sich nie die Mühe gemacht hatte, diese Sprache zu erlernen. Aus Loyalität zu seiner jungen Frau ließ Viktor sich als Tscheche registrieren; in der folgenden Volksabstimmung gab Viktor seine Nationalität als jüdisch an. Daraufhin erklärte der dritte Bruder, Jakob, um weitere Familienstreitigkeiten zu vermeiden, daß er zur jüdischen Minderheit gehöre. Dies war bei weitem nicht die einzige Familie, in der drei Geschwister, Kinder derselben Eltern, in demselben Haushalt aufgewachsen und in derselben Familienfirma tätig, sich zu verschiedenen Nationalitäten bekannten.

Trotz aller Auseinandersetzungen gedieh die Firma »Gebrüder Utitz«. Die tschechoslowakische Republik paßte sich gut der Weltwirtschaft an. Vor dem Krieg hatten 43 Prozent der gesamten österreichischen Arbeiterschaft in dem Gebiet gearbeitet, das sich nun Tschechoslowakei nannte. Das neue Land war nicht länger gezwungen, seine Rohstoffe und Industrieprodukte nach Wien zu liefern. Produktion und Export weiteten sich aus, neue Fabriken wurden gegründet. Juden hatten Vertrauen zu Dr. Masaryk. 30 Prozent des Kapitals, das in dem jungen Staat investiert wurde, kam aus jüdischen Händen, das heißt von drei Prozent der Gesamtbevölkerung.

Auch Kunst und Wissenschaften blühten in der neuen Republik. Emil Utitz, der Sohn von Maries Zwillingsbruder Gotthold, begann sich einen Namen in Universitätskreisen zu machen. Er war nicht gezwungen, wie einst sein Cousin Wolf

Pascheles, seine Religion zu wechseln, um zu einer Professur zu gelangen. Ohne Glaubensübertritt, ohne Namensänderung zählten Emil Utitz und viele seiner Schulfreunde, darunter Franz Kafka, zur geistigen Elite des Landes.

Ob deutsch, tschechisch oder jüdisch, ob Industrieller oder Universitätsprofessor, keines der Kinder von Abrahams direkten Nachkommen wollte daran erinnert werden, daß die Großeltern den größten Teil ihres Lebens im Getto verbracht hatten. Für die Nachkriegsgeneration lag das Getto ebensoweit zurück wie Salomons Tempel oder die Steinzeit. Unkenntnis der jüngsten Vergangenheit war eines der wenigen Dinge, die der böhmische Zweig der Familie mit seinen verarmten österreichischen Vettern gemein hatte. Der pathetische Rumpf des einst mächtigen Kaiserreichs war abgeschnitten von seinen einstigen Rohstoffquellen und seinen ehemaligen Märkten. Wien war voll von Arbeitslosen, einer notleidenden Bourgeoisie und landlosen Aristokraten.

Die Kinder von Abrahams Töchtern lebten zum größten Teil in Wien. Die Pascheles, die sich alle nun Pauli nannten, die Köhlers und die Lions zählten zweifellos zu der verarmten Mittelklasse. Die Tatsache, daß Wolf erster Professor in Pharmakologie an der Wiener Universität war, änderte nichts daran, daß sein Gehalt rapide an Kaufkraft abnahm. Im Jahr 1919 konnte eine Familie ganz gut mit 3000 Kronen Monatsgehalt auskommen; zwei Jahre später mußte man bereits 300 000 Kronen für das Allernotwendigste haben.

Beim besten Willen war es Wolf nicht möglich, zum Lebensunterhalt seiner verwitweten Mutter, seiner Schwester Olga und seines Bruders Isidor beizutragen. Sie alle waren dankbar, daß der jüngste Bruder, Oskar, sich in Zürich niedergelassen hatte und sein möglichstes tat, ihnen allen zu helfen.[51] Die meisten Mitglieder der Familie waren stolz, als Wolfs Sohn Wolfgang 1923, bereits im Alter von 23 Jahren, zum Dozenten an der Hamburger Universität ernannt wurde. Jedoch keiner, nicht einmal sein Vater, erkannte, daß Wolfgangs eben erst veröffentlichtes Buch über die Quantentheorie die Welt dem Atomzeitalter einen Schritt näher brachte. Einige der Tanten aber meinten, der junge Mann täte besser daran, in die Züricher Firma seines Onkels einzutreten. Wie hätten sie auch ahnen können, daß ihr Neffe eines Tages den Nobelpreis erhielt?

Auch seine Tante Emilie Lion war nun eine fast mittellose Witwe. Jeder, der das Glück hatte, ein Klavier zu besitzen, bemühte sich, es schleunigst in Bargeld zu verwandeln. Für nichts gab es weniger Bedarf in Wien als für ein Geschäft, das teure Musikinstrumente auf Raten verkaufte. Zum Glück hatte Arthur Lion seines Vaters Unternehmungslust geerbt. Es gelang ihm, eine wertvolle italienische Geige an einen amerikanischen Touristen zu verkaufen; mit den dafür erhaltenen Dollars gründete er ein kleines Geschäft in der angesehenen Ringstraße, das sich auf den Verkauf von Zieh- und Mundharmonikas spezialisierte. Dank Arthurs Geschäftssinn war dieser Laden bei ausländischen Touristen sehr beliebt.

Es war schmerzlich, daß das einzige Kind, das Emilie in der schweren Zeit helfen konnte, ihr jüngster Sohn Manfred war. Er hatte eine katholische Wienerin geheiratet, und um dem Ärger mit beiden Familien zu entgehen, hatte Manfred eine Stelle als Wirtschaftsberater in Karlsbad angenommen. Dort war sein Gehalt nicht von der steigenden Inflation betroffen.

Emilies jüngste Tochter Illy und deren Mann Stefan versicherten ihr immer wieder, die Situation sei so schlecht, daß sie unmöglich schlechter werden könne und daher, logischerweise, bald rosig sein werde. Es gelang ihnen, irgendwie mit dem Ertrag von Stefans Schreiberei auszukommen; sie lebten von der Hand in den Mund und waren immer guter Dinge. Ganz und gar instinktlos wählte Illy ausgerechnet das Jahr 1925, um sich die Kriegsanleihe, aus der ihre Mitgift bestand, auszahlen zu lassen; just in dem Moment, in dem Österreich eine Währungsreform vornahm. Zehn Jahre zuvor hatte ihr Vater ein Haus verkauft und ihr eine wunderschöne Mappe mit Kriegsanleihen überreicht. Für diese prachtvoll aussehenden Papiere erhielt sie nun zwei funkelnagelneue Schillingmünzen, die nicht ausreichten, um davon zwei Stücke Schokoladentorte zu kaufen.

Diese zwei Stücke Schokoladentorte zählen zu meinen allerersten Erinnerungen. Ich, Illys Tochter, sehe mich noch auf einem zierlichen, vergoldeten Stuhl in Wiens elegantester Konditorei sitzen, große Bissen von Torte in den Mund stopfend, Schokoladencreme über mein rosa Kleidchen schmierend, während meine Mutter mir lachend erzählte, daß diese Tortenstücke ein Geschenk meines verstorbenen Großvaters seien.

Die optimistischen Voraussagen meiner Eltern erwiesen sich als völlig unrichtig. Das Leben wurde täglich schwerer. Die Bemühungen der Sozialisten, der Arbeitslosigkeit Einhalt zu gebieten, waren im besten Fall nutzlos, manchmal auch schädlich. Im Jahre 1919 bereits war eine Verordnung herausgekommen, welche Unternehmen zwang, ihre Belegschaft um 20 Prozent zu erhöhen. Dies führte zum Nachlassen der Arbeitsproduktivität und zu einer beträchtlichen Kapitalflucht, die eine noch größere Arbeitslosigkeit zur Folge hatte.

Ich war vier Jahre alt, als ich das erste Mal die Parole »Juda verrecke« hörte. Es war ebenfalls im Jahre 1925, einige Monate nach dem Tode von Tante Trauts Mann, Max Zeisler. Alle Frauen der Familie flohen vor der drückenden Augusthitze in Wien nach Kärnten und mieteten einige Zimmer in einer netten kleinen Pension an einem kühlen See. Auch die beste Freundin meiner Mutter und ihre kleine Tochter waren dabei, zwei der 50000 polnischen Juden, die zu Kriegsende nach Wien geflüchtet waren.

Das Wetter war herrlich, der See verlockend, und wir Kinder spielten den ganzen Tag im lauen Wasser, nahe dem Strand. Unsere Zimmer führten auf einen langen Holzbalkon.

Eines Nachts wurde ich durch das Trampeln schwerer Schuhe geweckt, die im Laufschritt über die Balustrade liefen. Irgendwelche Leute stießen mit schweren Stöcken an unsere Türen und riefen immer wieder: »Juda verrecke, Juda verrecke!« Man nahm mich schnell aus dem Bett, zog mich an, und eine Stunde später saßen wir alle im Nachtexpreß nach Wien.

Die Männer der Familie waren nicht gerade erbaut über unsere verfrühte Rückkehr. Sie sahen keinen Grund, vor dem Antisemitismus einiger betrunkener Raufbolde Angst zu haben. Nie hatten die Juden so viel Einfluß in Österreich gehabt wie in den zwanziger Jahren unseres Jahrhunderts. Einige führende Persönlichkeiten der mächtigen Sozialdemokratischen Partei waren jüdischer Abstammung. Sigmund Freud und Alfred Adler brachten ausländische Ärzte und auch Patienten in die medizinischen Institute Wiens; die Welt der Musik war undenkbar ohne Mahler und Schönberg; Max Reinharts Salzburger Festspiele bereicherten die Welt des Theaters; Österreichs berühmteste Schriftsteller waren Arthur Schnitzler und Karl Kraus. Warum sich aufregen, wenn einige Arbeitslose all dies übelnahmen? Die armen Teufel waren hungrig und brauchten ein Ventil für ihre Verzweiflung. Sobald die Wirtschaft in Wien wieder blühte, würde der Antisemitismus ein für allemal verschwinden.

Die Wirtschaft erholte sich aber nicht. Die ökonomische Weltkrise des Jahres 1929 wirkte sich katastrophal aus in Österreich, das sich ja noch nicht von den Folgen des Krieges erholt hatte. Zwischen 1928 und 1930 stieg die Zahl der Arbeitslosen um 50 Prozent. Weitere Unternehmen wurden geschlossen. Die Arbeitslosigkeit war nicht länger nur ein Problem von Fabrikarbeitern. Geschäfte entließen ihre Verkäufer, Grossisten ihre Vertreter. Wirtschaftsprüfer, Buchhalter, Geschäftsreisende waren ohne Beschäftigung. Häufig waren Juden unter den ersten, die entlassen wurden, und einige der Köhler-Cousins gehörten dazu. Die Paulis waren weniger betroffen. Es bestand keine Gefahr, daß Wolf seinen Lehrstuhl an der Universität verlieren würde. Sein Bruder Isidor behielt seine Position an einer der größten Banken Wiens, und der junge Wolfgang Pauli war im Alter von 28 Jahren bereits Professor für theoretische Physik am Institut für Technologie in Zürich.

Emilie Lions Kinder jedoch mußten den Gürtel enger schnallen. Meine Eltern gaben die eigene Wohnung auf, und wir zogen nach Grinzing, wo wir die Wohnung mit meiner Großmutter und Tante Traut teilten. Die Wirtschaftskrise bewirkte für die Gleichheit der Frauen mehr, in unserer Familie wenigstens, als alle feurigen Ansprachen Mrs. Pankhursts. Die beiden Köhler-Mädchen, Karolines Enkelinnen, eröffneten einen Kindergarten und leiteten ihn nach Freudschen Prinzipien; ihr Vater hatte seine Arbeit verloren, und die Familie lebte ausschließlich von dem, was der Kindergarten einbrachte. Nach dem Tod ihres Mannes arbeitete Traut als Büroleiterin in seiner ehemaligen Firma. Arthur Lion entließ seine Verkäuferinnen, und nun verkaufte seine bildschöne Frau mit großer Begeisterung Ziehharmonikas an ausländische Kunden. Meine Mutter gründete Wiens ersten Bridgeclub und war in ihrem Element. Ihr Talent im Umgang mit Menschen konnte sie nun anwenden.

Großmutter Emilie starb 1930. Sie fehlte mir schrecklich. Plötzlich hatte kein Mensch Zeit für mich. Tante Traut oder mein Vater nahmen mich zwar sonntags ins Museum oder zu Nachmittagsvorstellungen ins Theater mit, aber die meiste Zeit war ich wie viele andere Kinder meiner Generation der Obhut des Dienstmädchens überlassen. Ich verbrachte meine Zeit damit, Milli beim Kochen und Bügeln zuzusehen, kümmerte mich nicht um meine Schulaufgaben und fühlte mich vernachlässigt. Ich mißbilligte von ganzem Herzen die Berufstätigkeit meiner Mutter.

Die finanzielle Notlage der meisten österreichischen Juden reduzierte den Antisemitismus der Bevölkerung keineswegs.

Eines Morgens entdeckten wir, daß jemand auf eine Wand gegenüber unserem Haus die Worte »Juda verrecke« geschrieben hatte. Die Farbe ging nicht ab; es bemühte sich aber auch keiner, sie abzuwaschen; das Graffito verschwand erst 15 Jahre später, als eine Bombe die ganze Wand vernichtete.

Es war kein Geld mehr da für teure Aufenthalte in Kärnten. In den Ferien sandte man mich nach Hohenelbe, damit ich mit den Enkelkindern von Adele spielen konnte. Trotz meiner Jugend fiel mir der Unterschied in den Lebensbedingungen von böhmischen und österreichischen Juden auf.

In Böhmen war kaum etwas von der Wirtschaftskrise zu spüren; 1930 gab es etwas weniger Arbeitslose in der Tschechoslowakei als 1928. Von 1000 Juden waren 480 im Handel oder Bankwesen tätig. Den meisten ging es gut, und Maries Schwiegersohn ging es sogar sehr gut.

Ein von einem Chauffeur gelenktes Auto holte den Besuch von der Bahn ab. Die Villa war so groß, daß sich die vier Generationen, die darin wohnten, nicht im Wege waren. Marie, Adele und ihrem Mann, deren Tochter Hertha und Mann, ja sogar den Kindern des jungen Paares, Gina und Inge, standen eigene Wohn- und Schlafräume zur Verfügung. Die Zimmer der Kinder waren vollgestopft mit den teuersten und modernsten Spielsachen. Im Wintergarten hingen exotische Pflanzen. Eine französische Gouvernante wachte über uns Kinder mit scharfem Blick, keine noch so kleine Unart entging ihr. Im Sommer waren stets Verwandte aus Prag oder Berlin zu Besuch da; die Tage waren ausgefüllt mit Ausflügen in die Berge, nach Johannisbad oder gar über die Grenze nach Deutschland.

Vom Personal abgesehen, traf man nur Juden in Adeles eleganter Villa. Ohne daß es ihnen bewußt war, lebten unsere böhmischen Verwandten in einem eleganten Getto. Aber eigentlich war die Situation in Wien nicht viel anders. Auch im Hause meiner Eltern waren nichtjüdische Besucher die seltene Ausnahme. Die wenigsten der sozialistischen Genossen meines Vaters gingen so weit, uns zu Hause zu besuchen.

Als Hitler 1933 in Deutschland an die Macht kam, ignorierte die Mehrheit von uns, daß der Boden unter unseren Füßen schwankte. Die wirtschaftliche Situation in Deutschland war, wenn möglich, noch schlechter als die in Österreich. Aber weder deutsche, tschechische noch österreichische Juden wollten glauben, daß das Volk der Dichter und Denker sich lange von einem österreichischen Tapezierer regieren lassen werde. Sie lasen die Morgenzeitung, schüttelten die Köpfe, leerten die Tasse Kaffee und versicherten einander, daß dies nicht lange anhalten werde.

Die bittere Ironie des Schicksals wollte es, daß die einzige Tochter der deutschpatriotischen Anna als erste in der Familie unter Hitlers Antisemitismus zu leiden hatte. Julia Utitz-Berger, die Cousine meiner Mutter, hatte ihre Karriere als Landschaftsmalerin an den Nagel gehängt und war ihrem Mann nach Berlin gefolgt, wo er Staatsbeamter war. Einige Monate nach Hitlers Machtergreifung wurde beschlossen, daß Juden nicht würdig waren, der deutschen Nation zu dienen, und Arthur Berger wurde aus dem Staatsdienst entlassen. Die älteste Tochter des Paares, Traute, hatte Schwierigkeiten, das erste Jahr ihres Medizinstudiums in Freiburg zu beenden.

Bergers entschlossen sich, Berlin zu verlassen und nach Prag zu ziehen. Dort ließen sie sich in einer bequemen Wohnung nieder. Traute schrieb sich in der deutschen Universität in Prag ein, und Julias jüngere Tochter, Ellen, besuchte dasselbe Mädchenlyzeum, in das ihre Mutter gegangen war. Es kam ihnen nicht in den Sinn, Europa zu verlassen. Die Eltern der beiden Mädchen waren nicht entzückt, als Ellen der zionistischen Jugendbewegung beitrat und Traute ein Mitglied der zionistischen Studentenbewegung wurde.

Julia sah Prag nicht nur als einen sicheren Zufluchtsort an.

Es war ihre Heimat. Dinge, die in Deutschland geschahen, konnten hier nie passieren. Ihr Vater Heinrich Utitz war erst kürzlich zum Ehrenbürger von Marienbad gemacht worden, dem Badeort, wo er seit 50 Jahren im Sommer Urlaub machte. Der exzentrische, dicke alte Mann mit seinem Walroßschnurrbart war eine bekannte Figur im Ort. In der Tschechoslowakei konnte er so exzentrisch sein, wie er wollte. Kein Mensch kümmerte sich darum, daß er seine Briefe einem Sekretär und nicht einer Sekretärin diktierte, um keinen Preis der Welt ein Radio in seiner Wohnung duldete, im Winter im Freien schwimmen ging und noch immer mit Vorliebe die Möbel in seiner Wohnung umstellte.

Masaryks Tschechoslowakei war ein freies Land, und Julia war sicher, daß Juden es nirgendwo auf der Welt so gut hatten wie in ihrer Heimat.

Hitlers Machtantritt wirkte sich auch ungünstig auf meines Vaters Arbeit aus. Seine Bücher wurden in Deutschland nicht mehr gedruckt. Seine Karriere als deutschsprachiger Schriftsteller war ernstlich behindert. Unsere finanzielle Lage wurde immer schwieriger; aber nichts lag meinen Eltern ferner als auszuwandern. »Es kann nicht mehr lange dauern«, war ihr Motto in den frühen dreißiger Jahren.

Das Leben in Österreich war wirklich nicht rosig. Seit den mißglückten Ferien in Kärnten war das politische Klima völlig anders geworden. 1932 hatten die Sozialdemokraten ihren Einfluß verloren, und die Christlich-Soziale Partei, die der antisemitische Dr. Lueger geführt hatte, war nun, unter der Führung von Engelbert Dollfuß, tonangebend im Land. Obwohl keineswegs ein offener Judenfeind, war Österreichs neuer Bundeskanzler ein tief religiöser Katholik, der bei jeder Gelegenheit Österreichs christlichen Charakter betonte.

Es wurde neu eingeführt, daß der Schulunterricht mit dem Beten des Vaterunsers beginnen mußte. Für die vier anderen jüdischen Mädchen meiner Klasse und für mich war es nicht gerade angenehm, wie Holzblöcke dazustehen, während die anderen Kinder beteten und uns scheele Blicke zuwarfen. Auch unsere Eltern waren nicht begeistert von dem neuen Regime und dessen betont religiöser und oft nur leicht kaschierter rassistischer Haltung. Weder das Schulgebet noch der immer stärker werdende kirchliche Einfluß half, das Arbeitslosenproblem zu lösen.

Im Jahre 1934 führten Dollfuß' Maßnahmen, die den Einfluß sozialistischer Politiker noch mehr einzudämmen versuchten, zu einem kurzen Bürgerkrieg. Diese Unruhen, die nicht einmal eine Woche dauerten, hatten einen entscheidenden Einfluß auf meine persönliche Entwicklung und mein ausgeprägtes Interesse an Politik.

Der 12. Februar 1934 war ein düsterer, kalter Wintertag. Der Bus- und Straßenbahnverkehr war wegen des eben ausgebrochenen Generalstreiks eingestellt; ich konnte nicht in die Schule gehen. Meine Eltern und Tante Traut waren ebenfalls ans Haus gebunden. Plötzlich hatten wir alle Zeit, und es war recht gemütlich, um den großen grünen Kachelofen herum zu sitzen und zu tratschen. Zum ersten Mal in meinem Leben behandelte mich mein Vater wie eine Erwachsene. Statt mich abzulenken, erklärte er mir, daß der merkwürdige Lärm, den wir von draußen hörten, das Knattern von Maschinengewehren war. Regierungstreue Soldaten schossen auf die Arbeiterwohnhäuser, in denen die sozialistischen Führer ihre Opposition zu Dollfuß' Regime zeigten.

Die Erwachsenen sprachen vom Anfang der sozialistischen Bewegung. Allmählich begann es zu dämmern. Milli brachte eine Petroleumlampe und setzte sich auf Wunsch meines Vaters zu uns. Mutter und Tante Traut erzählten ihr, wie im Jahre 1848, während einer Nacht ähnlich wie dieser, ihre Großmutter Julia ums Augenlicht gekommen war. Mein Vater setzte sich näher zur Lampe und begann, uns Gedichte von Lessing, Lenau und Heine vorzulesen, die alle die Freiheit priesen. Die Lampe strahlte ein rosiges Licht aus, das Zimmer war voll von dem würzigen Geruch der im Ofen brennenden Holzscheite. Es war unmöglich, sich vorzustellen, daß in der Nähe unseres gemütlichen Heimes Arbeiterfamilien, Frauen, Kinder und Säuglinge von schweren Artilleriegeschossen attackiert wurden.

Diese Tage bestimmten die politische Haltung vieler meiner Generation. Mit der typischen jüdischen Sympathie für den Unterdrückten und mit der typischen Naivität eines 13jährigen Mädchens sah ich in jedem Arbeiter einen bedrängten Helden, meinen wahren Bruder, mit dem ich mehr gemein hatte als mit meinen reichen Hohenelber Verwandten. Wie viele übersah ich vollkommen, daß unsere Glaubensgenossen in Deutschland weit unterdrückter waren als der ärmste Arbeitslose.

Einige Tage später war die Ordnung wiederhergestellt. Die Sozialistische Partei und die der Nazis wurden verboten. Österreich war keine Demokratie mehr, sondern ein Staat, in dem es nur eine Partei gab, die Christlich-Demokraten des Dr. Dollfuß.

Österreichs nächster Bürgerkrieg fand im Juli desselben Jahres statt und dauerte nur wenige Stunden. Nazisturmtrupps ermordeten Dollfuß. Die Mörder wurden sofort verhaftet, und die Revolution war vorbei, bevor sie richtig begonnen hatte. Nichts änderte sich, außer dem Namen des Bundeskanzlers, der nun Dr. Schuschnigg hieß. Der christliche Charakter des Landes wurde immer weiter betont. Die Arbeiter und die Arbeitslosen schimpften, daß die jüdischen Sozialistenführer sie in der Stunde der Not im Stich gelassen hatten. Wien war voll von deutschen Flüchtlingen. Für jeden, der auch nur ein Minimum an politischer Voraussicht hatte, war klar, daß Österreich einer Katastrophe entgegenging.

Leider fehlte den österreichischen Juden jede Voraussicht. Nicht einer der berühmten Psychologen, der gut informierten Bankleiter, der klugen Journalisten begriff, daß es Zeit war, die Koffer zu packen. Die Massen folgten ihrem Beispiel und blieben.

Das Sofa in unserem Wohnzimmer wurde jede Nacht als Bett benutzt, denn wir hatten kein Gästezimmer. Unsere Gäste, kürzlich noch führende deutsche Künstler, waren nun blasse, besorgte Geschöpfe, die über Dachau, Buchenwald und die Gestapo flüsterten. Die meisten von ihnen hatten keine Aufenthaltsbewilligung und keine Verdienstmöglichkeit. Sie waren völlig angewiesen auf die Gastfreundschaft ihrer Kollegen.

Traut versuchte, durch ihre Verbindungen zu Juristen, die Schwierigkeiten der Flüchtlinge mit den Behörden zu mildern. Mutter hing ewig am Telefon, um ihren Bruder Arthur, die Paulis oder die Köhlers zu veranlassen, auf diesem oder jenem Weg zu helfen. Vater setzte sich sogar einmal mit Sigmund Freud – er war mit einem von dessen Söhnen in die Schule gegangen – in Verbindung. Keinem der Menschen, die nun zu helfen versuchten, kam der Gedanke, daß bald auch die glücklichsten unter ihnen in derselben Situation sein würden wie die Leute, denen sie heute halfen.

Es war, als ob die Wiener an einem komplizierten Totentanz teilnahmen. Alles, was in diesen Tagen passierte, hatte politische Bedeutung. Der Fußballklub, dem man zujubelte, die Bälle, auf denen man tanzte, das Schwimmbad, das man besuchte, waren ein Hinweis auf eine bestimmte politische Einstellung. Weit aufregender als der spannendste Wildwestfilm war es, einer illegalen politischen Bewegung beizutreten, was ich auch prompt tat.

An meinem 15. Geburtstag wurde ich Mitglied der illegalen kommunistischen Jugendbewegung. Diese Organisation bestand zu 80 Prozent aus jüdischen Mittelschülern und zu 20 Prozent aus Arbeitslosen. Wir begannen, die Welt zu retten, indem wir heimlich Radio Moskau hörten und Marx und Engels lasen, statt unsere Schulaufgaben zu machen. Wir wanderten auch singend und flirtend durch den Wienerwald.

Es war das reinste Vergnügen, bis eines Tages, im September 1937, alle jüdischen Mitglieder unserer Gruppe verhaftet wurden. Später stellte sich heraus, daß einer unserer arbeitslosen Genossen gefunden hatte, Juden und einige arische Judenknechte, die er nicht mochte, wären nicht würdig, Österreich vor dem Kapitalismus zu retten. Er verriet der Polizei unsere illegale Tätigkeit, und so kam es, daß ich die erste der Familie Utitz war, die das Innere einer Gefängniszelle zu sehen bekam, wo ich, aus reiner Perversität, zum ersten Mal in meinem Leben am Yom Kippur fastete. Dank der Tatsache, daß ich unter 16 und die meisten unserer Gruppe unter 18 waren, endete unser Zusammenstoß mit dem Gesetz, bevor das Jahr 1937, das letzte normale Jahr, das wir erlebten, vorüber war.

Sechs Wochen später, im Februar 1938, bestellte Hitler den österreichischen Bundeskanzler nach Berchtesgaden. Dort informierte er Dr. Schuschnigg darüber, daß er bereit sei, Österreichs Unabhängigkeit zu garantieren, falls die Nazipartei in Österreich wieder legal arbeiten könne. Das Resultat dieser Besprechung wurde an dem Tag bekanntgegeben, an dem Arthur Lions Sohn Erich, mein Cousin, seinen 13. Geburtstag, seine Bar Mitzwa, feierte. Es war die letzte Zusammenkunft von Abrahams Nachkommen auf österreichischem Boden, ein würdiges, großes Finale.

Die Wohnung der Lions war geräumig genug, die ganze Familie zu fassen. Man sah den elegant gekleideten Frauen an, daß sie direkt vom Friseur kamen. Die Männer rauchten teure Havannazigarren und blätterten in den vielen Büchern, die das Geburtstagskind bekommen hatte und die den Grundstock für seine künftige Bibliothek bilden sollten. Erlesene Speisen wurden serviert. Die Gespräche drehten sich um Trauts bevorstehende Sommerreise, um Wolfgang Paulis Erfolge in Zürich, um die Pläne der Köhler-Mädchen in Prag, die ihren Kindergarten vergrößern wollten. Arthurs Frau erzählte mit Begeisterung, daß kürzlich der Prince of Wales ein teures Akkordeon in ihrem Laden gekauft hatte. Leo Köhler amüsierte die Familie mit den letzten Abenteuern seines Bruders Hans, der einst einen Antisemiten zum Duell gefordert hatte. Als überzeugter Sozialist war Hans in die Sowjetunion gegangen, um dort beim Aufbau einer sozialistischen Welt zu helfen, und von wo er eben unter Lebensgefahr nach Australien geflohen war.

Keiner der Anwesenden betrachtete die politische Situation als ernst genug, um durch ihre Erwähnung eine schöne Feier zu verderben. Einige Tage später jedoch transferierte der schlaueste der Cousins, Isidor Pauli, ein erfolgreicher Bankleiter, sein Vermögen in die Schweiz. Leider hatte er nicht genug Weitblick, auch seine Frau und seinen Sohn dorthin zu schicken. Eine Woche später begannen die Pessimisten der Familie, Arthur Lion und Leo Köhler, sich über die rapid schlechter werdende Lage Sorgen zu machen, doch leider Gottes nicht genug, um ihr Leben zu retten.

In den ersten Märztagen erhielten die österreichischen Nazis die Erlaubnis, Hakenkreuze zu tragen und mit »Heil Hitler« zu grüßen. Am 3. März entließ Schuschnigg, auf Wunsch des deutschen Reichskanzlers, den Oberbefehlshaber der österreichischen Armee. Am darauffolgenden Tag hielt der österreichische Innenminister, ein Protegé Hitlers, eine Ansprache bei einer von Nazis veranstalteten Demonstration, die mit jubelndem Applaus begrüßt wurde. Schuschnigg sprach von schweren Zeiten. Am 5. März berichtete ›The Times‹: »Wenn es so weitergeht, werden bald die Nazis ein Monopol auf Österreichs politische Freiheit haben.« Tags darauf erklärte der Innenminister, daß Österreichs Geschick untrennbar an das des deutschen Volkes gekettet sei.

Die Zeit der Wunschträume war vorbei. In stundenlangen Telefongesprächen versicherten sich die Familienmitglieder, daß die Situation eigentlich nicht gar so schrecklich sei, daß Dr. Schuschnigg, daß England, daß die Welt nicht erlauben werde... Aber nicht einmal in diesen angstvollen Gesprächen fiel das Wort »auswandern«. Keiner unserer Familie, keiner unserer Freunde packte seine Koffer und reiste ab.

Sie taten es auch nicht, als Schuschnigg zwei Tage später sagte: »Jetzt ist es genug!« und eine Volksabstimmung für den kommenden Sonntag ankündigte. Die Abstimmungsfrage lautete: »Soll Österreich frei oder abhängig von Deutschland sein?« Am nächsten Tag waren Wiens Straßen voll von demonstrierenden Nazis. Die Juden der Stadt betrieben noch immer eine Vogel-Strauß-Politik. Dabei wäre es so leicht gewesen, das Land unauffällig zu verlassen und das schicksalsschwere Wochenende im Ausland zu verbringen. Was hielt Baron Louis von Rothschild davon ab, auf Skiurlaub in die Schweiz zu fahren? Wer hätte sich getraut, ein Wörtchen zu sagen, wenn Sigmund Freud es für nötig gehalten hätte, auf einige Tage nach London zu reisen? Weder die österreichischen noch die Schweizer Behörden hätten sich darum gekümmert, wenn die Paulis Wolfgang in Zürich besucht hätten, kein Mensch wäre daran interessiert gewesen, wenn die Lions, die Köhlers und wir den Hohenelbern einen Besuch abgestattet hätten. Wäre die Volksabstimmung gut ausgegangen, hätte niemand unsere Abwesenheit auch nur bemerkt, und doch habe ich nie von einem einzigen Juden gehört, der diese Galgenfrist nutzte, um sein Leben zu retten. Warum? Warum? Warum? So viele von Österreichs 200 000 Juden wären durch einen kurzen Wochenendausflug am Leben geblieben. Das Schicksal ihrer deutschen Brüder war ein warnendes Beispiel, aber wie Kaninchen, hypnotisiert vom Blick der Schlange, saßen sie da, bis die Türe verriegelt war.

Ich verbrachte den Morgen des 13. März 1938 damit, die Kunst der Kosmetik zu erlernen. Meine »politische Vergangenheit« hatte vorübergehend meiner »akademischen Karriere« Einhalt geboten, mit anderen Worten, keine Schule war bereit, mich die Gedanken der Mitschüler vergiften zu lassen. Meine klugen Eltern beschlossen, mich zunächst zur

Kosmetikerin ausbilden zu lassen, und flehten mich förmlich an, jeden Ball der Saison zu besuchen, in der Hoffnung, daß mich dies davon abhalten werde, eine Weltrevolution anzuzetteln.

An diesem Freitag wollte ich den Abend mit einer Freundin verbringen, um unsere Eroberungen auf der Hakoa-Redoute, der wichtigsten jüdischen Tanzveranstaltung der Saison, zu besprechen. Als ich in den Hausflur trat, stieß ich auf eine aufgeregte Frau, die fortwährend schrie: »Die Abstimmung ist aufgeschoben! Die Abstimmung ist aufgeschoben!« Ich rannte nach Hause. Wie gewöhnlich waren meine Eltern nicht da. Auch Tante Traut war noch nicht von der Arbeit zurück. Milli hatte das Radio nicht angestellt. Ich schaltete den Apparat in dem Moment an, in dem Schuschnigg seinen Rücktritt erklärte: »Deutsche Truppen haben die Grenze überschritten. Ich weiche der Gewalt, um Blutvergießen zu vermeiden.« Nach einer Pause, die mir ewig lang schien, fügte er hinzu: »Gute Nacht.« Der Ton der völligen Verzweiflung in seiner Stimme klingt mir noch heute in den Ohren.

Einen Moment später läutete das Telefon. Meine Mutter war am anderen Ende. »Nimm unsere Pässe, pack einen Koffer, und suche alles Geld, das im Haus ist. Wir holen dich in zehn Minuten ab und fahren nach Prag.« Das Geld, das wir im Hause hatten, reichte nicht, um ein Taxi zum Bahnhof zu bezahlen. Auch Tante Traut, die inzwischen nach Hause gekommen war, hatte nicht genug Bargeld, um alle unsere Fahrkarten kaufen zu können. Keiner von uns besaß ein Scheckbuch. Wir telefonierten mit der Schwester meines Vaters, und sie kam mit ihrem Bargeld fast im selben Moment wie meine Eltern. Zur gleichen Zeit klingelte erneut das Telefon. Ein Freund meines Vaters warnte uns, die Grenzen seien gesperrt. Man hatte Baron Rothschild beim Betreten des Flugzeugs verhaftet. Die Falle war zugeschnappt. Wie die meisten österreichischen Juden hatten auch wir zu lange gewartet.

Die Angst war allein nicht zu ertragen. Unsere jüdischen

Nachbarn kamen herüber; die Eltern meines Freundes schickten ihn zu uns, um zu hören, ob mein Vater etwas mehr wisse. An diesem Abend hockten wir beieinander, und es war, als ob wir zur Schiva (Trauer) säßen für den Staat, der einmal Österreich gewesen war.

Meine Mutter fürchtete, die Nazis hätten nichts Eiligeres zu tun, als mich sofort wieder zu verhaften.[52] Sie entschied, daß ich nicht zu Hause schlafen sollte, und so begleitete ich die Schwester meines Vaters nach Hause, mit dem strengen Befehl, bis auf weiteres dort zu bleiben. Am nächsten Tag schien Wien eine fremde Stadt. Vom Fenster aus sahen wir von allen Dächern Fahnen mit großen Hakenkreuzen wehen. SA-Männer in braunen Uniformen patrouillierten durch die Straßen. Hunderte wanderten zu Fuß in die Stadtmitte, in ihren Knopflöchern große silberne Hakenkreuze, in ihren Händen Fahnen mit demselben Symbol. Wieder und wieder hörten wir ein Lied mit dem Refrain »Wenn das Judenblut vom Messer spritzt«. Unter den Marschierenden erkannte ich viele Klassenkameradinnen.

Tante Traut kam herüber, um zu sagen, daß die Nacht ohne Zwischenfall verlaufen war. Sie trat zu uns ans Fenster, und wir sahen, wie einige Lümmel zwei alte Juden, die auf dem Weg zum Sabbatgottesdienst waren, zwangen, ihre Mäntel und Hüte abzulegen und die Straße zu reinigen. Wir mußten Tante Traut mit Gewalt zurückhalten, hinunterzulaufen und den beiden zu helfen. Es hätte wenig Sinn gehabt, wenn sie wegen »Störung der Autorität in Ausübung ihrer Pflicht« verhaftet worden wäre. Erst am Montag erlaubte meine Mutter, daß ich wieder heimkehrte. Sie hatte Angst, mich allein auf die Straße zu lassen, und kam, um mich abzuholen. Ich erkannte sie fast nicht wieder. Während der drei Tage war ihr herrliches schwarzes Haar fast ganz grau geworden. Ohne Make-up, in ihren ältesten schwarzen Mantel gehüllt, den Hut tief ins Gesicht gezogen, sah diese ältere, verhärmte Frau gar nicht aus wie meine schöne lustige junge Mutter.

Während der ersten Tage der Besetzung durch die Nazis war Wien die reinste Hölle. Unter den Juden, die man zwang, die Straßen zu putzen, war Arthurs Frau Irma. Unter denen, die man auf der Straße blutig schlug, war Fritz Lion, dessen Vater Robert im Ersten Weltkrieg im Dienste des Vaterlandes gestorben war. Jüdische Wohnungen, Firmen und Läden wurden geplündert, ihre Besitzer verhaftet und mißhandelt.

Es war gefährlich, auf die Straße zu gehen; es war gefährlich, seine Arbeit zu verrichten; es war gefährlich, zu Hause zu bleiben. Plötzlich hatten wir alle Zeit, viel zuviel Zeit. Während der ersten Aprilwochen wurden Willkür und Gewalt durch systematische Unterdrückung ersetzt. Jüdische Angestellte wurden aus »arischen« Firmen entlassen, jüdische Eigentümer gezwungen, ihre Firmen arischen »Treuhändern« zu übergeben. Juden durften nicht länger Christen beschäftigen. Die Uhr wurde auf 1780 zurückgestellt. Milli mußte uns verlassen. Soweit ich zurückdenken konnte, gehörte sie zur Familie. Ihr blieb nichts anderes mehr übrig, als uns einmal in der Woche anzurufen, um sich zu vergewissern, daß wir alle noch da waren. Zum ersten Mal in unserem Leben mußten Mutter und ich uns um das Haus kümmern. Wir entschieden, auf Tante Trauts Hilfe zu verzichten, weil sie sich noch ungeschickter anstellte als wir.

Der erste aus der Familie, der in ein Konzentrationslager geschickt wurde, war Leo Köhler. 70 Jahre vorher hatten seine Eltern ihren Namen Kahane in Köhler geändert, um nicht die antisemitischen Gefühle ihrer Nachbarn zu wecken. Die Enkel dieser Nachbarn zerrten nun Leo in ein altes, längst nicht mehr benutztes Schulgebäude, wo sie ihn stundenlang verprügelten, bevor er nach Dachau transportiert wurde. Einige Monate später erhielten seine Frau und sein Sohn die Mitteilung, er sei dort an einem Herzanfall gestorben und seine Asche könne gegen Bezahlung einer großen Summe abgeholt werden.

Auch Isidor half der schöne Name Pauli nichts. Er wurde verhaftet und ins Gestapohauptquartier gebracht, wo er drei Tage und Nächte lang pausenlos gequält wurde, bis er zustimmte, sein Schweizer Vermögen auf das Konto seiner Peiniger überweisen zu lassen, als Gegenwert für seine Freiheit.[53]

Ein anderes Opfer des Anschlusses Österreichs an Deutschland war Arthur Lions Frau. Irma konnte sich nicht von dem Schock erholen, den sie am Tage von Hitlers Einmarsch in Wien erlitten hatte. Sie weigerte sich, die Wohnung zu verlassen, und war nicht bereit, über die Möglichkeit der Auswanderung zu sprechen. Irma hatte 20 Jahre dafür gebraucht, ihre Wohnung elegant einzurichten. Jedes Möbelstück repräsentierte einen Teil ihres Lebens, ihren persönlichen Kampf gegen die Wirtschaftskrise und ihren Triumph über alle Widrigkeiten. Sie konnte ihre Depressionen nicht abschütteln und begann, von Selbstmord zu sprechen. Es war nicht genug Geld vorhanden, sie in eine teure Klinik zu bringen. Es gab aber auch keine Privatanstalt, die Juden aufgenommen hätte, und Arthur weigerte sich, verständlicherweise, sie in das öffentliche Irrenhaus zu geben. Da seine Frau nichts davon hören wollte, Wien zu verlassen, bemühte er sich, wenigstens eine Auswanderungsmöglichkeit für seinen Sohn zu finden.

Fritz Lion, der Sohn seines Bruders Robert, hatte als 22jähriger gerade sein Ingenieurstudium abgeschlossen. Seit frühester Jugend war Fritz in der zionistischen Jugendbewegung tätig gewesen. Am Tage des deutschen Einmarsches in Österreich standen für die 200 000 Mitglieder zählende jüdische Gemeinde Wiens lediglich 16 Immigrationszertifikate für Palästina zur Verfügung. Mit viel Mühe gelang es, noch einige Hundert solcher Zertifikate zu bekommen, für Arbeiter in der Landwirtschaft und auch für Kinder, die ohne ihre Eltern, mit Hilfe der »Youth Aliyah«-Organisation nach Palästina geschickt werden sollten. Dank seiner jahrelangen Arbeit in dieser Bewegung konnte Fritz eines dieser wertvollen Zertifikate bekommen, und er erreichte, daß sein 13jähriger Cousin Erich, Sohn von Arthur und Irma, mit einem der ersten Kindertransporte Wien verlassen konnte.

Irma war ganz beherrscht, als sie hörte, daß ihr verwöhntes einziges Söhnchen nun ganz allein in ein unbekanntes Land ziehen sollte. Ja, sie sagte sogar immer wieder, wie froh sie sei, daß er aus dieser Hölle entfliehen könne. Aber sogar am Tag seiner Abreise war sie nicht dazu zu bewegen, das Haus zu verlassen. Arthur mußte seinen Sohn allein zum Bahnhof begleiten. Bei seiner Rückkehr fand er seine Frau erhängt an einem Balken seines Arbeitszimmers. Irma Lion war eine der Tausenden von Juden, die sich während des Sommers 1938 das Leben nahmen.

Es war seltsam, daß inmitten all dieses Unheils meine Eltern und ich fast völlig in Ruhe gelassen wurden. Jetzt, wo es nicht mehr ganz so gefährlich war, durch die Straßen zu gehen, verbrachten meine Freunde und ich die Tage damit, vor allen möglichen Botschaften Schlange zu stehen, in der Hoffnung, irgendein Visum zu erlangen. Soweit ich mich erinnere, kam ich nie weiter als bis zur Eingangstür; niemals hatte ich die Chance, mit einem Beamten zu sprechen. Aber es war besser, im Frühlingssonnenschein mit den anderen Jugendlichen herumzustehen und von einer Zukunft in Paraguay, Mexiko oder Guatemala zu träumen, als mit den Eltern zu Hause Trübsal zu blasen. Entsetzt über die Berichte in Österreich, beschloß die Hohenelber Familie zu sehen, ob sie nicht helfen könnte. Adele war kürzlich gestorben, aber auch ihre Tochter Hertha betrachtete alle Lions als ihre nächsten Angehörigen, und so erschien sie eines Tages in Wien, um in Erfahrung zu bringen, was sie tun könne. Sie hoffte, dank ihres tschechischen Passes, Zutritt zur amerikanischen Botschaft zu erhalten, um uns zu Visa zu verhelfen. Sie wurde auch tatsächlich vorgelassen und füllte Visaanträge für uns alle aus. Diese verschwanden dann auf immer in einem der vielen Aktenschränke der Botschaft.

Anfang Juni geschah eine Reihe von Wundern, denen es zu verdanken ist, daß ich heute hier sitze und über diese Zeit schreiben kann. Eines Morgens erhielt mein Vater einen anonymen Brief. Die Nachricht bestand aus zwei Zitaten: »Meide die Nähe, und suche die Weite, die eilende Weite, die vor Dir sich breitet« und »Nicht fürder kann mein mächtiger Arm Euch schützen.« Trotz angestrengter Bemühungen habe ich nie herausgefunden, wer unser wundervoller Retter war.

An diesem Morgen hatte ich in der Schlange vor dem peruanischen Konsulat gehört, daß es möglich sei, Visa für China zu bekommen. Ich eilte mit der Nachricht nach Hause, ohne etwas von dem Brief zu wissen. Mein Vater fuhr sofort zur chinesischen Botschaft, und eine Stunde später war er der glückliche Besitzer eines Visums für Shanghai. Da er nun dieses Visum in Händen hielt, konnte er eine Fahrkarte für die Transsibirische Eisenbahn kaufen und ein tschechisches Durchreisevisum bekommen, mit dem er die Reise in Prag unterbrechen durfte. Um all dies zu erreichen, hatte es wohl einiger Bestechungsgeschenke bedurft. Auf jeden Fall kostete es den letzten Pfennig, den wir und Tante Traut besaßen. Völlig erschöpft bestieg mein Vater den Mitternachtszug nach Prag. Am nächsten Morgen kam die Gestapo, um ihn zu verhaften. Warum sie nicht Mutter, Tante Traut und mich statt seiner mitnahmen, habe ich nie herausgefunden. Die einzige Erklärung ist, daß man nur durch Wunder diese Zeit überleben konnte.

Nun, da mein Vater auf tschechischem Boden war, gelang es der Familie, sein Durchreisevisum in eine langfristige Aufenthaltsgenehmigung zu verwandeln und sogar Visa für meine Mutter und mich zu bekommen, doch nicht für Tante Traut. Sie war ja keine direkte Familienangehörige meines Vaters. Wir versprachen, mit allen Mitteln ein Visum für sie zu beschaffen, aber sie wollte nichts davon hören. Sie mußte sich um Arthur kümmern, der jetzt allein war. Auch hatte sie kein Geld und wollte um keinen Preis den Verwandten zur Last fallen. Als alleinstehende Frau befand sie sich nicht in unmittelbarer Gefahr. Sie begleitete uns zur Bahn. Der letzte Blick, den ich auf sie werfen konnte, ist für immer meinem Gedächtnis eingeprägt: Da stand sie, in einem hellen Sommerkleid, und winkte mit ihrem Taschentuch. Als sie dachte, wir könnten sie nicht mehr sehen, wischte sie sich die Tränen vom Gesicht.

Es war Juli 1938. Als wir in Prag ankamen, befanden wir uns in einer völlig anderen Welt. Unsere Verwandten waren der Meinung, daß Österreich sich auf einem anderen Planeten befände und Hitler nie die Kluft zwischen den beiden Welten überbrücken könnte. Der Bruder meines Vaters mietete eine Wohnung für uns und unterschrieb einen Mietsvertrag auf fünf Jahre. Der Bruder meiner Mutter, Manfred, sandte aus Karlsbad ein herrliches Blumenarrangement, um uns willkommen zu heißen. Die Idee, daß wir überhaupt kein Geld hatten und Kochtöpfe und Pfannen uns viel lieber gewesen wären, kam ihm gar nicht. Die Frauen der Familie gaben Mutter und mir zu Ehren eine große Nachmittagseinladung. Da waren sie alle: Anna, ihre drei Schwiegertöchter, Julia, die Tanten von Vaters Seite. Auf dem Tisch lag ein selbstgehäkeltes Spitzentuch, darauf standen Silber, böhmisches Kristall, zierliches Porzellan. Der Duft von Rosen mischte sich mit dem des frischen Hefekuchens. Und meine »taktlose« Mutter verdarb den ganzen Spaß, indem sie den versammelten Damen zurief: »Packt eure Koffer und haut ab, solange ihr noch könnt!« Ein gemeinsames »Hier kann das nicht passieren!« war die Antwort auf ihren gutgemeinten Rat. Danach behandelte man uns wie Menschen, die sich von einem Nervenzusammenbruch erholen müßten.

Nur zu bald zeigte es sich, daß unser Zufluchtsort nicht so sicher war, wie alle um uns herum glaubten. Bevor wir noch den letzten Vorhang in unserer neuen Wohnung aufgehängt hatten, begann Hitler seiner Sehnsucht nach dem Sudetenland Ausdruck zu geben. »Heim ins Reich« war die Parole. Am 13. September versprach er, den »gequälten Deutschen« der Tschechoslowakei zu helfen. Eine Woche später war die Situation so gefährlich, daß der Präsident der Republik Mobilmachung anordnete. In den nächsten Tagen flohen 20 000 Juden von Nordböhmen nach Prag. Unter den ersten dieser Flüchtlinge war unsere Familie aus Hohenelbe. Hertha mit Mann, Kindern und Vater mieteten Zimmer in einer eleganten kleinen Pension. Ihr Bruder Leo reiste sofort nach London weiter und ließ sich dort nieder. Manfred kam zerschlagen in Prag an. Vor der Abreise aus Karlsbad hatte ihn der Bruder seiner christlichen Frau, ein strammer Nazi, tüchtig verdroschen. Er und die Seinen fanden eine kleine, billige möblierte Wohnung in einem alten Haus in der Michalskagasse!

Krieg lag in der Luft; man konnte ihn förmlich wittern, wenn man an diesen Spätsommertagen durch die Straßen von Prag ging. Junge Männer waren aus dem Straßenbild verschwunden; man hatte sie alle zu ihren Regimentern kommandiert. Abends wurde alles verdunkelt, nirgends war auch nur ein Schimmer von Licht zu sehen. Gasmasken wurden verteilt. Wir wußten nicht, ob wir für Frieden beten sollten oder für Krieg, der einzigen Chance, dem Hitlerregime ein Ende zu bereiten.

Der englische Premierminister, Mr. Neville Chamberlain, erlöste uns von unserem Dilemma. Er fuhr nach München, um mit »Herrn« Hitler zu verhandeln, und stimmte schließlich der Zerstückelung der Tschechoslowakei zu. Das Sudetenland wurde dem Deutschen Reich eingegliedert. Hitlers Gegenleistung war ein feierliches Versprechen, daß dies sein letzter territorialer Anspruch sei.

Es war die Nacht des Münchner Abkommens, die Felix, der Sohn von Isidor Pauli, wählte, um illegal die Schweizer Grenze zu überschreiten. Alle Bemühungen seines Onkels

Oskar Pascheles, Visa für die Familie zu bekommen, hatten in vagen Versprechungen geendet. Felix, der ständig befürchten mußte, in ein Konzentrationslager verschleppt zu werden, hatte nichts zu verlieren. Er und ein guter Freund reisten in ein Dorf nahe der Schweizer Grenze. Sie hatten mit Absicht einen Zug gewählt, der erst am Spätnachmittag dort ankam. In Jägeranzügen, ohne Gepäck, spazierten sie langsam, scheinbar völlig sorglos, die Straße entlang, die vom Bahnhof auf den Berg führte. Sie erreichten die Grenze gegen Mitternacht. Es gelang ihnen, der deutschen Grenzwache aus dem Weg zu gehen, aber in dem Moment, wo sie Schweizer Boden betraten, wurden sie von den Schweizer Grenzern verhaftet. Felix erhielt die Erlaubnis, seinen Onkel anzurufen. Oskar Pascheles war im ganzen Land als ein ungewöhnlicher Kerl bekannt. Da er Pelzhändler war, reiste er nach Sibirien, um Silberfüchse einzukaufen, und dann wieder nach Äthiopien, von wo er mit Leopardenfellen zurückkehrte. In der ganzen Schweiz sprach man über seine abenteuerlichen Reisen. Nachdem er den Behörden versichert hatte, daß er volle Haftung für seinen Neffen übernehme, erhielt Felix die Erlaubnis, nach Zürich weiterzufahren. Sein bedauernswerter Freund wurde den deutschen Grenzwachen übergeben, und niemand sah ihn wieder.

Während der Septemberkrise gab es fast keinen Postverkehr, und so wurde es Mitte Oktober, bevor wir von Felix' abenteuerlicher Flucht hörten. Alle anderen Nachrichten waren äußerst deprimierend. Die Außenbezirke von Wien waren nun »judenrein«. Am Vorabend des Yom-Kippur-Fastentages hatten Tausende von jüdischen Familien, unter ihnen auch Traut, den Befehl bekommen, ihre Wohnungen zu räumen. Bevor sie aus Grinzing wegzog, ließ sie die Wohnungseinrichtung versteigern, und obwohl sie weniger als ein Viertel des wahren Wertes bekam, hatte sie nun genug Geld, um sich über die kommenden Wintermonate hinwegzuhelfen. Sie zog zu Arthur, dessen Wohnung in der Nähe des ehemaligen

Wiener Gettos lag und daher nicht von den Verordnungen betroffen war. Auch meines Vaters Schwester und ihre Familie sowie einige seiner Freunde nahmen bei Arthur Zuflucht. Zwölf Menschen wohnten nun in der Vierzimmerwohnung, und Irmas kostbare Möbel waren allen im Weg.

Das waren alles noch geradezu erfreuliche Nachrichten im Vergleich zu dem, was in Trauts nächsten Briefen stand. Anfang November hatte ein junger Jude einen hohen Beamten der deutschen Gesandtschaft in Paris erschossen. Dem folgte ein fürchterliches Pogrom, heute unter dem Namen »Kristallnacht« bekannt. Man hatte alle Wiener Synagogen, mit Ausnahme einer einzigen, angezündet, in den wenigen noch bestehenden jüdischen Geschäften sowie in jüdischen Wohnungen alles kurz und klein geschlagen und in den drei nachfolgenden Tagen über 10 000 Juden nach Dachau und Buchenwald geschafft. Arthur war unter ihnen.

Wir konnten überhaupt nichts tun, um zu helfen. Alle unsere Bemühungen, Visa für Traut und Arthur zu beschaffen, waren fehlgeschlagen. Meine Mutter lief mit roten, verweinten Augen umher.

Unsere Verwandten in Prag sagten nicht mehr: »Hier kann das nicht passieren.« Heinrichs Söhne unternahmen Schritte, um das Schicksal ihrer Wiener Cousins zu vermeiden. Der älteste Enkel Gerhard studierte bereits Musik in der Schweiz, Alfred, sein Bruder Jakob und sein jüngerer Sohn Erik fuhren nach England, um dort die Möglichkeiten für einen Standortwechsel der Firma »Gebrüder Utitz« zu erkunden. Viktor, der in Prag blieb, um die Firma dort weiterzuführen, sandte seine älteste Tochter nach London, damit sie dort die Schule beenden konnte. Hertha war zu drastischeren Maßnahmen gezwungen. Ihre Tochter Gina, bis vor wenigen Wochen noch unter der Fuchtel einer gestrengen französischen Gouvernante, wurde ebenfalls nach London geschickt, mußte aber ihren Lebensunterhalt dort als Stubenmädchen verdienen.

All dies machte wenig Eindruck auf Manfred. Er war überzeugt, daß über kurz oder lang ein neuer Krieg in Europa ausbrechen werde, und entschloß sich daher, »der Zivilisation« den Rücken zu kehren. Folglich akzeptierte er einen unbedeutenden Posten auf den Philippinen, die, wie er meinte, ganz sicher außerhalb Hitlers Reichweite lagen.

Im Spätherbst 1938 besaßen unsere tschechischen Verwandten noch gültige Pässe. Für sie war es relativ leicht, Visa und Arbeitsbewilligungen zu bekommen. Die Wiener Familie hingegen saß offensichtlich in der Falle. Professor Wolfgang Pauli gelang es endlich, für seinen Vater, Wolf Pascheles-Pauli, der Christ geworden war, um vor den Folgen des Antisemitismus geschützt zu sein, ein Visum für die Schweiz zu erhalten. Auch Oskar Pascheles bekam endlich ein solches Visum für seine verwitwete Schwester Olga. Aber es schien unmöglich, etwas für Isidor Pauli und seine Frau zu tun. In seiner Verzweiflung erinnerte dieser sich, daß seine Mutter Karoline oft von Hermann Utitz, ihrem Bruder in Amerika, gesprochen hatte. Es gelang Isidor, sich die Adresse der Utitz-Familie in Amerika zu beschaffen, und er schrieb an den unbekannten Onkel mit der Bitte, ihm und seiner Familie eine Bürgschaft zu senden.

Obwohl die Familien fast 30 Jahre ohne Kontakt gewesen waren, erhielt Isidor postwendend Antwort und das Versprechen auf Hilfe. Hermann war längst gestorben, aber dessen jüngster Sohn, James Jakob Utitz, ein erfolgreicher Geschäftsmann in Texas, Vater von drei erwachsenen Kindern, war bereit, dem unbekannten Cousin zu helfen. So konnten auch Isidor und seine Frau Wien endlich verlassen, ihren Sohn aus der Schweiz abholen und sich nach Amerika einschiffen.

Auch wir konnten dem europäischen Festland den Rücken kehren. Dank der aktiven Hilfe von Thomas Mann erhielten einige jüdische Schriftsteller, darunter mein Vater, eine britische Aufenthaltsgenehmigung. Am letzten Tag des Jahres

1938 bestiegen wird das Flugzeug nach London und kamen völlig mittellos in der englischen Hauptstadt an, wo sich die Glocken anschickten, das Jahr 1939 feierlich einzuläuten. Bloße Kleinigkeiten wie Geld hatten meinen Eltern nie viel Kopfzerbrechen bereitet. Durch die Hilfe des jüdischen Flüchtlingskomitees fand meine Mutter Arbeit als Haushälterin bei einer jüdischen Familie, die bereit war, auch meinen Vater in ihrem Haus wohnen zu lassen, während ich als das ungeübteste aller Kindermädchen im Vereinigten Britischen Königreich zu arbeiten begann.

Plötzlich war die Situation etwas weniger grau. Arthur wurde aus Dachau entlassen unter der Bedingung, Deutschland binnen sechs Wochen zu verlassen. Mutter bat einflußreiche englische Freunde ihrer Arbeitgeber um Hilfe. Diese waren überrascht zu hören, daß in Deutschland Unschuldige ins Gefängnis kamen, bloß wegen ihrer jüdischen Herkunft. Sie versprachen zu helfen; vor allem würden sie von nun an Arthur jeden Tag in ihr Gebet einschließen.

Unter Einsatz all seiner Beziehungen gelang es Irmas Bruder, für Arthur ein Einreisevisum für Belgien zu erhalten. Zu Beginn des Jahres 1939 traf Arthur in Brüssel ein. Nach dem, was er während der letzten Monate erlebt hatte, schien es ihm ein Kinderspiel, krank und ohne Geld in einem wildfremden Land sich eine neue Existenz aufbauen zu müssen. Optimistisch wie immer, dachten wir, es würde uns nun auch bald gelingen, ein Einreisevisum für Traut zu beschaffen.

In der Zwischenzeit beschlossen die Utitzens, ihre Firma in ein kleines Dorf in Nordirland zu verlagern. Da dort niemand »Gebrüder Utitz« aussprechen konnte, würden sie die neue Firma »Chrome Tanner« nennen. Man hoffte, daß es dem dritten Bruder, Viktor, bald gelingen würde, die Geschäfte der Firma in Prag abzuwickeln und sich auch nach Irland zu begeben. Alfreds und Jakobs Frauen begannen, sich nach Möglichkeiten zu erkundigen, ihre Möbel nach Irland zu verfrachten. Es bestand jede Aussicht, daß die Utitzens aus Prag sich in die Utitzens aus Killileagh verwandeln würden. Wie die meisten Prager wußte auch unsere Familie, daß Hitler früher oder später das Münchner Abkommen brechen würde und daß auch Prag eines Tages den Weg »heim ins Reich« finden werde. Aber wie die meisten anderen rechneten sie mit »später«. Es war genug Zeit, Julia zu überreden, ihre alte Mutter allein in Prag zurückzulassen. Es blieb noch Zeit für Ellen, ihr letztes Schuljahr zu beenden und ihr Abitur zu machen, Zeit für Herthas Mann, zu überlegen, ob es besser wäre, nach New York oder zu seinem Bruder nach Kanada zu gehen.

Im Gegensatz zu den österreichischen Juden sahen die der Tschechoslowakei ganz klar die Gefahr, in der sie sich befanden. Alle wollten fliehen, die meisten aber berechneten die ihnen verbleibende Zeit falsch. Im Januar 1939 promovierte Traute Berger, Julias älteste Tochter, an der deutschen Universität in Prag, und einige Wochen später feierten die noch in Prag verbliebenen Mitglieder der Familie die Hochzeit der jungen Ärztin mit einem prominenten Mitglied der zionistischen Jugendbewegung. Mit Trautes Mitgift erwarb das junge Paar ein Zertifikat, das ihnen erlaubte, nach Palästina auszuwandern. Am 14. März 1939 war die Familie auf demselben Bahnhof versammelt, von dem 70 Jahre zuvor Hermann Utitz seinen Weg nach New York angetreten hatte. Wie ihre Großmutter Julia Utitz damals wischte sich nun Julia Berger die Tränen vom Gesicht, als der Zug aus der Bahnhofshalle fuhr und ihr Kind in eine ungewisse Zukunft brachte. Es war buchstäblich der letzte Zug, der eine freie Tschechoslowakei verließ.

Am nächsten Morgen klingelte um sechs Uhr das Telefon bei Bergers. »Deutsche Truppen befinden sich auf dem Marsch nach Prag«, berichtete Jakobs Frau, die nach einer schlaflosen Nacht die ersten Morgenmeldungen im Radio gehört hatte. In der Woche vorher hatten slowakische Separatisten die Auflösung des Bundes verlangt, den sie 20 Jahre früher mit Dr. Masaryk geschlossen hatten. Hitler unterstützte sie. Die tschechische Regierung, der die Sudetenkrise noch in den Knochen steckte, sandte Militär in den Süden des Landes. Am 15. März 1939, genau ein Jahr nach Hitlers Einzug in Wien, annektierte Deutschland den Rest von Dr. Masaryks vorbildlicher Republik. Internationale Übereinkommen hatten sich als völlig wertlos erwiesen. Nun saßen 350000 Juden dort ebenso hoffnungslos in der Falle wie ein Jahr zuvor ihre 200000 Brüder in Österreich.

Und doch war der Unterschied an den ersten Tagen nach dem Einmarsch auffallend. Die Straßen Prags waren voll von finster dreinblickenden Menschen. Nirgends zwangen rüpelige Burschen Juden, das Straßenpflaster zu schrubben. Jedes Anzeichen organisierter Gewalt fehlte. Antijüdische Maßnahmen kamen ausschließlich von der von Hitler eingesetzten Regierung. Wie in Deutschland, so wurden nun auch in der Tschechoslowakei die Juden sofort vom politischen, wirtschaftlichen und kulturellen Leben des Landes ausgeschlossen.

Instinktiv versuchten alle jüdischen Familien, zunächst einmal ihre Kinder ins Ausland zu schicken. England war sich bewußt, daß das Münchner Abkommen teilweise an der Tragödie schuld war. Daher bekamen jüdische Kinder, die drüben Freunde oder Verwandte hatten, die sie aufnehmen konnten, Einreisevisa. Jedes einzelne Familienmitglied der Utitz', das sich außerhalb der Tschechoslowakei befand, verdoppelte und verdreifachte seine Anstrengungen, den Zurückgebliebenen zu helfen. Viktors Frau, die fand, daß ihr Mann zu lange mit dem Auflösen der Fabrik gewartet und daher nicht wie seine Brüder das Land bereits verlassen hatte, wartete nicht geduldig auf Hilfe aus Nordirland. Durch Vermittlung der Quäkerorganisation fand sie eine englische Familie, die bereit war, ihrer Tochter Hanna ein Heim zu bieten. Auf Drängen der Mutter verließ das kleine Mädchen Prag allein, sobald sich Gelegenheit dazu fand.

Wie bei allen anderen jüdischen Familien war die Situation in Viktors Haushalt sehr ernst. Er bereute bitterlich, das Wohl der Firma über die Sicherheit seiner Familie gesetzt zu haben. Nun war er gezwungen zuzustimmen, daß wildfremde Leute seine jüngste Tochter aufziehen würden und daß seine ältere Tochter Helga ihre Studien unterbrach; aus Geldmangel konnte sie nun nicht, wie geplant, die Universität in Oxford besuchen, sondern mußte in einem jüdischen Kinderheim arbeiten. Der Gedanke, daß er seinen Kindern nicht helfen konnte, brachte Viktor an den Rand der Verzweiflung.

Es gab noch mehr Gründe, um deprimiert zu sein. Mitte Mai begannen tschechische Faschisten, aufgehetzt durch deutsche Propaganda, nach Naziart, Juden zu verprügeln. Alle jüdischen Angelegenheiten oblagen der deutschen Rechtsprechung. Deutsche Truppen kauften, was sie nur sahen, und bald waren die Geschäfte leer. Die Preise stiegen, und die meisten Juden standen ohne Einkommen da.

Eine weitere Sorge war das Schicksal der alten Generation. Wer würde sich um seinen Schwiegervater kümmern, falls durch ein Wunder Viktor und seine Frau doch irgendein Visum bekommen sollten? Wie seine Frau weigerte sich auch seine Schwester Julia, ohne ihre 80jährige Mutter auszuwandern. Wie sollte das nur enden?

Die deutsche Regierung sandte Adolf Eichmann, um den Juden bei ihren Auswanderungsplänen »zu helfen«. Im Jahre 1830 hatte eine aufgeklärte österreichische Regierung die »Judensteuer« abgeschafft. 109 Jahre später war Eichmanns erster Schritt, wieder hohe Steuern einzuführen, die Juden zu bezahlen hatten, bevor sie das Land verlassen konnten. Zum Glück besaßen Alfreds und Jakobs Frauen bereits britische Visa und glaubten ihre Möbel auf dem Weg nach Irland. Nachdem sie die Schlüssel zu ihren Wohnungen und die Bevollmächtigungen über allen Utitz-Besitz Eichmanns Häschern übergeben hatten, konnten sie endlich das Land verlassen. Das Geld, das Heinrich und Gotthold in 50 Jahren schwerer Arbeit verdient hatten, konnte jetzt nicht dazu verwendet werden, ihren Kindern das Leben zu retten; Viktor, Julia, Professor Emil Utitz, seine Schwester und all ihre Lebenspartner hatten nicht genug Geld, das Land zu verlassen. Die Nazis beschlagnahmten auch den Besitz von Adeles Tochter Hertha in Hohenelbe und ihr Vermögen in Prag. Die noch vor kurzem wohlhabende Familie hatte nun kaum genug, um die nötigsten Lebensmittel zu kaufen.

Der Kriegsausbruch infolge von Hitlers Einmarsch in Polen verringerte die Chance auf Auswanderung noch mehr. Nur ganz Vereinzelten war es möglich, Prag zu verlassen. Eine dieser Glücklichen war Julias Tochter Ellen. Ende 1939 erhielt eine Gruppe Jugendlicher die Erlaubnis, sich in Palästina als Landarbeiter anzusiedeln, und so konnte Ellen zu ihrer Schwester fahren. Es war der Familie gelungen, alle Kinder, außer Herthas jüngerer Tochter, ins Ausland zu bringen. Es schien, als seien Abrahams Urenkel nun aus Hitlers Reichweite.

Die Situation war schrecklich in Prag, in Wien war sie katastrophal. Im September 1939 waren 75 Prozent von Wiens jüdischer Bevölkerung völlig mittellos und lebten von Unterstützungen. Die letzte der Familie, die sich noch in Wien befand, war Traut. Noch immer hauste sie in Arthurs Wohnung, die sie mit mehreren jüdischen Familien teilte, alle waren arbeitslos und folglich ohne Verdienst. Ihre Mittel verringerten sich zusehends, und ihre einzige Hoffnung war ein schneller Sieg der Alliierten.

Mit welchem Entsetzen muß sie die Nachricht von Hitlers erfolgreichem Blitzkrieg im Frühling 1940 erfüllt haben. Nun war Trauts Bruder Arthur in Brüssel also doch wieder unter deutscher Herrschaft. Die Nachricht von seiner gelungenen Flucht erreichte Traut erst drei Monate später, übermittelt durch Oskar Pascheles. Arthur hatte seinem Cousin in der

Schweiz anschaulich über seine Flucht berichtet. Zusammen mit vielen Tausenden hatte er versucht, den nachrückenden deutschen Truppen zu entkommen, war zunächst nach Paris, dann weiter gen Süden geflohen. Nach langer Wanderung durch völlig verstopfte Straßen war er endlich in Marseille gelandet. Sein nächster Brief an Oskar gab Zeugnis von seiner bedrückten Stimmung. Er war einer der 25 000 Ausländer, die die Vichy-Regierung interniert hatte. Sie alle waren in ein Arbeitslager nach Curs, in den Pyrenäen, geschickt worden. Die Bedingungen waren schlecht, Arthur erhielt kaum 1000 Kalorien Nahrung pro Tag, und er begann den Selbstmord seiner Frau mit anderen Augen zu sehen. Oskar versicherte Traut, daß er alles tue, was in seiner Macht stehe, um ihr und Arthur ein Visum zu verschaffen, wenn nicht für die Schweiz, dann für Südamerika.

Dieses Versprechen half nicht, Trauts Angst zu lindern. Jeder Brief aus dem Ausland sprach von Bemühungen, ein Visum zu verschaffen, die erfolglos waren. Sogar Optimisten wie sie begannen einzusehen, daß für Juden, die sich in deutschen Händen befanden, alle Tore geschlossen waren. Hitlers Feinde waren genauso unwillig, ihnen zu helfen, wie der Rest der Welt. Denen, die in Arthurs Wohnung dahinsiechten, schien der Winter 1940/41 endlos. Sie hatten nicht genug zu essen und nicht genug Brennmaterial, um die Wohnung zu heizen. In dem ehemaligen Eßzimmer, das mit einem kleinen Petroleumofen notdürftig einige Stunden am Tag erwärmt wurde, saßen 15 Leute, auf improvisierten Schlaflagern, frierend, hungrig, verzweifelt.

Trotz allem war Traut glücklich. 15 Jahre nach dem Tod ihres Mannes hatte sie einen neuen Lebensgefährten gefunden. In der Wohnung hatten auch ein gewisser Sandor Gutman und seine beiden Töchter Zuflucht genommen. Der feinfühlige Sandor tat, was in seiner Macht stand, Traut das Leben zu erleichtern. In eine kalte Zimmerecke gekauert, saßen die beiden und sprachen stundenlang über Bücher, Musik,

Opern und vergaßen für kurze Zeit ihre traurige Lage, bis eines Tages ihre Beziehung zu einem abrupten Ende kam.

Bereits 1939 waren in Westpolen Gettos errichtet worden. Dort hatte man Juden aus dem Deutschen Reich angesiedelt, bis eine andere, endgültige Lösung des Judenproblems ausgeführt werden konnte. Mitte Februar 1941 bekam Traut den Befehl, auf einer »polnischen Farm« zu arbeiten. Es war ihr nur erlaubt, ein Bündel Kleider und Essen für die Reise mitzunehmen. Niemand wußte, warum Traut als einzige von allen in Arthurs Wohnung nun verschickt wurde. Nicht einmal Sandor Gutman durfte sie auf den Bahnhof begleiten.[54]

Dort angekommen, wurde sie zunächst in ein Güterdepot geschickt und dann mit ihren Mitreisenden in Waggons ohne Toiletten, ohne Wasser oder Beheizung verfrachtet. Auf dem Weg nach Osten wurde der Zug oft auf ein Nebengleis geschoben und mußte stundenlang warten, um Truppentransporte und Güterzüge vorbeifahren zu lassen. Es verging mehr als eine Woche, bis Traut endlich aussteigen konnte. Ein schmutziges Metallschild, das im eisigen Märzwind hin und her schwankte, verkündete, daß sie in Kielce angekommen war, einem Ort, von dem Traut nie vorher gehört hatte.

Die Neuangekommenen mußten durch eine vernachlässigte Stadt marschieren, der man ansah, daß dort vor kurzem gekämpft worden war. Ein kleiner Teil der Stadt war den Juden als Wohnplatz angewiesen, das Getto. Es sah in keiner Weise dem jüdischen Viertel von Prag ähnlich, das Traut so gut kannte. In einem Gebiet, das von der restlichen Stadt durch Stacheldraht abgetrennt war, hausten Menschen in Stallungen, in verwüsteten Häusern, in alten Eisenbahnwagen. Stühle, Schränke, sogar Betten wurden als Heizmaterial verwendet. Es gab keine Elektrizität, und nachts herrschte völlige Dunkelheit. Zehnmal so viele Menschen wohnten nun in Kielce als in der Vorkriegszeit. Viele der Neuankömmlinge fanden keine Unterkunft und bauten schnell notdürftige Holzhütten, die mit Stroh oder Wellblech gedeckt wurden.

In der Ecke einer solchen Behausung fand Traut schließlich Unterschlupf. In einem ihrer ersten Briefe an Pascheles schrieb sie: »Wir verbringen oft unsere Zeit mit dem Besuch eines Kellerraums, in dem nur vier Leute wohnen. Ein richtiges Heim! Der Traum aller meiner Freunde.« Normalerweise war es den Gettobewohnern verboten, Kontakt mit der Außenwelt zu haben. Daher existieren nur wenige Berichte, die tatsächlich im Getto geschrieben wurden, nicht Erinnerungen, sondern Schilderungen des gerade Geschehenen.

Trauts Briefe an ihre Cousins in der Schweiz zählen zu diesen seltenen Ausnahmen. Sie hatte natürlich keine Ahnung, daß ihre oft stark zensierten Zeilen, auf dünnen Papierfetzen geschrieben, eines Tages historischen Wert erlangen würden. Aus den ersten Briefen geht hervor, wie schnell sie sich von den Strapazen der Reise erholte und sich ohne zu jammern an ein Leben gewöhnte, das ihr völlig fremd war. Immer wieder erwähnte sie, daß sie zu den Glücklichen im Getto zählte, da sie Pakete von Viktor und Julia erhielt; diese, obwohl selbst streng rationiert, teilten ihr weniges mit Traut. Oskar bot ihr Geld an, aber sie schrieb, daß sie Eßwaren, Kleidungsstücke und Bücher vorziehe.

Ein Brief, drei Monate nach ihrer Ankunft in Kielce geschrieben, zeigt, daß sie auch dort derselbe tapfere, mutige, gütige Mensch blieb, der sie immer gewesen war. Nun, da die Sonne wieder schien, sei das Leben nicht mehr ganz so schrecklich. Sie beschrieb ihren Tagesablauf, das Schleppen schwerer Wasserkannen, den ständigen Kampf gegen Schmutz und Ungeziefer. Diese Frau, die in ihrem früheren Leben kaum je ein Zimmer ausgekehrt hatte, verbrachte nun ihre Tage mit dem Ausleeren schwerer Eimer und mit Holzhacken. Sie verkaufte alle Kleidungsstücke, die sie nicht am Leib trug, und tauschte die Konservendosen, die man ihr sandte, gegen Kartoffeln und Mehl ein. Traut gewann schnell Freunde und verbrachte die langen Sommerabende in netter Gesellschaft, zu der die Schauspielerin Grete Löhr und eine

Konzertsängerin zählten. Sie unterhielten sich nicht ausschließlich über Alltagsprobleme, sondern sprachen oft über Bücher, Kunst und Philosophie. In ihren Briefen erkundigte sie sich eingehend nach dem Befinden Arthurs, Illys und aller anderen Familienmitglieder, ja, sie wollte sogar über den Hund der Pascheles-Familie hören.

Im Herbst des Jahres 1941 trat eine gewaltige Verschlechterung der Situation ein. Viktor und Julia konnten ihr keine Pakete mehr schicken, da nun auch die Prager Juden gezwungen wurden, den Weg nach dem Osten anzutreten. Als Vorspiel zur Ausweisung mußten Juden den gelben Fleck, den ihre Urgroßmütter von den Kleidern abtrennen durften, wieder aufnähen.

Viktor, Julia und ihre Ehepartner mußten im Oktober die schreckliche Reise nach Polen antreten, die im Getto Lodz endete. Dort war die Lage unvergleichlich schlechter als die in Kielce. Emil, seine Frau und seine Schwester mußten nach Theresienstadt, und so kam es, daß Anna, Heinrichs Witwe, das letzte Mitglied der Familie Utitz in Prag war. Sie verbrachte ihre Tage in einem einst eleganten jüdischen Altersheim, dessen Einwohner schließlich über Theresienstadt ins Gas geschickt wurden. Das erste Mal in 300 Jahren zählte kein einziges Mitglied der Utitz-Familie zu den Einwohnern Prags. Nur wenig ist über das Schicksal der nach Lodz Verschickten bekannt. Die Pascheles erhielten einige vorgedruckte Karten mit der Bitte um Geld, die die eigenhändige Unterschrift der Absender trug. Dann Stille.

Traut hingegen konnte noch immer Briefe in die Schweiz senden. Das Schicksal ihrer Prager Cousins erschütterte ihre schwer errungene Ruhe. Zum ersten Mal zeigten ihre Briefe Spuren von Verzweiflung. Sie fürchtete um das Leben derer, die in Lodz waren, war außer sich zu hören, daß auch die Köhler-Familie, die nach Italien geflohen war, nun ihr Schicksal teilte, und ängstigte sich mächtig um ihren Bruder Arthur.

Ihr Lebensunterhalt bestand nun ausschließlich aus dem Verkauf des Inhalts der Züricher Pakete. Viele der in der Schweiz aufgegebenen Pakete erreichten Traut gar nicht. Unterernährung führte zum Tod einiger ihrer neuen Freunde. Besonders nahe ging ihr der Tod eines jungen Mannes, den sie zu pflegen versucht hatte. Auch sie war dem Verhungern nahe. Nach endlosen Formalitäten gelang es ihr, als völlig mittellos erklärt zu werden und so Anrecht auf einen täglichen Teller wässeriger Suppe zu erwerben. Um diesen zu bekommen, mußte sie täglich zwei Stunden im eisigen Wind vor einer Suppenküche stehen. Sie begann, sich mit den Kindern im Getto zu beschäftigen, um auf andere Gedanken zu kommen. »Von dieser freiwilligen Arbeit kommend, ist mir, als ob ich von einem Traum in die grausame Realität zurückkehre.« Aber sie war zu schwach, bald fehlten ihr die Kräfte weiterzuarbeiten. Lesen war das einzige Vergnügen, das ihr blieb. Sie vertiefte sich in alle Bücher, die ihr in die Hand kamen, Seneca, Dreiser, Hudson, und berichtete über ihre Lektüre so logisch und rational, als schriebe sie vom Balkon der Grinzinger Wohnung.

Der Sommer des Jahres 1942 war regnerisch und kühl, und Traut fürchtete das Herannahen des Winters. Diese Sorgen erwiesen sich als überflüssig. Ende August wurden die Einwohner des Kielce-Gettos darüber informiert, daß sie auf eine Farm in der Ukraine umgesiedelt würden, und man verlud sie in Viehwagen. Nach fünfstündiger Reise landeten sie in Treblinka, wo sie direkt vom Zug in die Gaskammern transportiert wurden.

Viktor, Julia, ihre Ehepartner, die Köhlers und Arthur erlitten bald das gleiche Schicksal.

Die Hohenelber, das heißt Hertha, ihr Mann und deren Tochter konnten sich bis 1944 in der Slowakei verstecken, bis sie ins Konzentrationslager Auschwitz geschickt wurden, wo Herthas Mann umgebracht wurde. Sie selbst und ihre Tochter Inge sowie Emil Utitz, seine Frau und seine Schwester wurden durch das Kriegsende vor diesem Geschick bewahrt.

Im Jahre 1873 starb Abraham Utitz in dem festen Glauben, daß Juden das Gettoleben für immer hinter sich gelassen hätten. 70 Jahre später zwang man 17 seiner Nachkommen, zum Gettoleben zurückzukehren. Eine seiner Schwiegertöchter, fünf seiner Enkel, drei ihrer Ehepartner und zwei seiner Urenkelinnen starben dort eines gewaltsamen Todes.

Die Überlebenden

Endlich, endlich war der Zweite Weltkrieg beendet. Etliche von Abrahams Urenkeln hatten die Schreckenszeit überlebt und waren nun fest entschlossen, ihren Kindern das Schicksal der älteren Generation zu ersparen. Die Wege, die sie wählten, um dieses Ziel zu erreichen, waren unterschiedlich, beeinflußt nicht nur durch ihr jeweiliges Temperament, sondern auch durch die Bedingungen, unter denen sie lebten. Die Bemühungen führten zu überraschenden und gelegentlich auch zu unerwünschten Resultaten. Bewußt oder unbewußt begannen Abrahams Urenkel ein neues Leben aufzubauen, am Dienstag, dem 8. Mai 1945, dem Tag, an dem Winston Churchill das Ende des Krieges mit Deutschland verkündete.

Nach sechs langen Jahren strahlten an diesem Abend alle europäischen Hauptstädte in festlichem Glanz. Öffentliche Gebäude wurden angestrahlt, Kirchenglocken läuteten, Schiffssirenen ertönten, überall eilten Tausende von glücklichen Menschen in die Stadtmitte, um das Ende der Kampfhandlungen zu feiern. In London erschien König Georg IV. immer wieder auf dem Balkon seines Palastes, um sich seinem jubelnden Volk zu zeigen. Betrunkene kletterten zur Feier des Tages auf Dächer von Autobussen, Fremde umarmten sich, man tanzte auf den Straßen und feierte bis zum Anbruch des Tages.

Diejenigen, für die das Kriegsende die größte Bedeutung hatte, weil es ihnen das Weiterleben sicherte, waren nicht in der Stimmung zu feiern. Juden auf der ganzen Welt standen wie gelähmt unter dem Bann der letzten Kriegsnachrichten, dem Auffinden der Vernichtungslager und Gasöfen. Sie waren außerstande, jubelnd und jauchzend durch die Straßen zu ziehen. Am 11. April waren amerikanische Truppen in Buchenwald eingezogen; einige Tage später war Bergen-Belsen in den Händen der Engländer. Die Zeitungen waren voll mit den ersten, schwer zu glaubenden Berichten aus den befreiten Lagern. Laut russischen Meldungen waren ungefähr vier Millionen Menschen in Auschwitz ums Leben gekommen. Die Kinowochenschauen zeigten Berge unbegrabener Leichen und die bis zu Skeletten abgemagerten Überlebenden.

Die meisten von uns verbrachten Abend für Abend im Kino, um immer wieder die Wochenschau zu sehen, in der Hoffnung, vielleicht doch unter den Lebenden die Gesichter von Eltern, Geschwistern oder anderen nahen Verwandten zu erkennen. Tagsüber saßen wir in den Büros jüdischer Organisationen; dort konnte man Einsicht in die ersten Listen nehmen, auf denen Namen von Überlebenden registriert waren. Es gab kaum eine jüdische Familie in Europa, die nicht mindestens einen nahen Verwandten verloren hatte.

Mein Mann Fritz Hoffer kam mit einer der ersten englischen Einheiten nach Bergen-Belsen und suchte dort viele, viele Stunden lang vergeblich nach seiner verschwundenen Mutter. Der Brief, den er mir nach diesem grauenhaften Erlebnis schrieb, erreichte mich am 8. Mai. Am Abend des Tages, nach dem wir uns sechs lange Jahre gesehnt hatten, kamen einige gute Freunde zusammen, und ich war nicht die einzige, die in lautes Schluchzen ausbrach, als jemand das Glas erhob, um auf Frieden und ein baldiges Wiedersehen mit unseren Lieben zu trinken.

Der einzige, von dem wir wußten, daß er den Krieg überlebt hatte, war Manfred, der jüngste Bruder meiner Mutter. Er hatte aus Furcht vor dem Krieg Europa verlassen, um dann in Manila den Japanern in die Hände zu fallen. Er war dort vor kurzem von den Amerikanern befreit worden. Wir tranken schließlich auf sein Wohl.

Auch Hannah Utitz in Oxford war nicht in der Stimmung, mit Studienkolleginnen das Kriegsende zu bejubeln. Dieser 8. Mai sollte ein Wendepunkt in ihrem Leben werden. Hannah hatte die Kriegsjahre in dem behaglichen Landhaus der

Nicholson-Familie verbracht, die das unbekannte, kleine jüdische Mädchen so großherzig in ihren Familienkreis aufgenommen hatte. Als gläubige Christen hatten sie Hannah wie ihr eigenes Kind behandelt. Obwohl sie darauf sahen, daß Hannah jeden Sonntag mit ihnen zur Kirche ging, hatten sie nicht versucht, das Kind zu überreden, sich taufen zu lassen. Durch den Einfluß der Familie Nicholson war Hannah nun das Musterbeispiel einer »English Lady«, die ihre Erziehung in einem College in Oxford abschloß. Ihre Kolleginnen hatten es für selbstverständlich gehalten, daß Hannah mit ihnen den Frieden feiern werde, und waren erstaunt über ihre schroffe Ablehnung.

Hannah hatte allen Grund zu befürchten, daß ihre Eltern tot waren. Der Gedanke war schwer zu ertragen; sie wollte an diesem Abend allein sein und sich der Trauer hingeben. Eine Kollegin überredete sie schließlich, mit ihr wenigstens in den jüdischen Klub zu gehen. An diesem Abend war dort auch ein gewisser Simon Polak anwesend. Er kam wie Hannah aus Prag. Auch er fürchtete, daß seine Eltern nicht mehr am Leben seien; auch er war nicht in der Stimmung zu feiern; auch er versuchte, den anderen den Abend nicht zu verpatzen. Es ergab sich ganz von selbst, daß die beiden den ganzen Abend beisammensaßen und daß sich die Zufallsbekanntschaft zu einer innigen Freundschaft entwickelte. Durch ihn angeregt, begann Hannah größeres Interesse an jüdischen Angelegenheiten zu nehmen. Sie gingen zusammen zu Veranstaltungen, bei denen Abba Eban mit arabischen Studenten debattierte. Dessen brillante Darlegungen erweckten ihr Interesse am Zionismus und an den Zuständen in Palästina.

Je mehr sie über zeitgenössische Geschichte und das Schicksal ihrer Eltern hörte, desto klarer wurde ihr, daß sie trotz allen Respekts und aller Liebe, die sie für die Familie Nicholson empfand, nie wirklich zu ihnen gehören konnte. Ihre eigene Schwester Helga, nun eine qualifizierte Krankenschwester, kehrte bei erster Gelegenheit nach Prag zurück, um dort die Cholera- und Typhuskranken, meist Überlebende aus den Lagern, zu pflegen.

Nach Beendigung des Studiums und der darauf folgenden Hochzeit folgte das junge Paar Helgas Beispiel und ging nach Prag. Wie wir alle konnten auch sie das Gefühl nicht loswerden, daß ihre Eltern irgendwie alles überstanden hätten und eines Tages in Prag auftauchen würden. Es gab aber auch rationalere Gründe, aus denen die Mädchen in ihre Geburtsstadt zurückkehrten. Ihre Mutter war eine begeisterte Anhängerin von Thomas Masaryk gewesen. Jetzt, da sein Sohn Jan Masaryk als neuer tschechischer Außenminister bemüht war, die Republik, die sein Vater gegründet hatte, wiederaufzubauen, fühlten Hannah und Helga und viele andere tschechische Juden, daß es ihre Pflicht sei, ihn tatkräftig zu unterstützen.

Das Prag der vierziger Jahre war jedoch nicht das Prag ihrer Kindheit. Von den 80000 Juden, die aus Böhmen und Mähren in die Lager verschleppt worden waren, kehrten nur 10000 zurück. Aber viele von den nun in Prag lebenden Juden stammten gar nicht von dort, sondern waren aus den Karpaten in die Hauptstadt geflohen, als sie hörten, daß dieses Gebiet von den Russen annektiert werde. Die große Zahl von Juden, die in der freien tschechischen Armee gekämpft hatten, kehrten nun auch nach Prag zurück, und bald konnte man eine gespannte Atmosphäre wahrnehmen. Juden waren nicht willkommen.

Häuser, Wohnungen, Eigentum aller Art, das die Nazis den Juden geraubt hatten, wurden nicht an die ursprünglichen Besitzer zurückgegeben. Hertha konnte nicht in ihre Villa nach Hohenelbe zurück, sondern bekam eine kleine, dunkle Wohnung in einem Arbeiterviertel von Prag zugewiesen, in der ihre Tochter Inge noch heute lebt. Aus Auschwitz zurückgekehrt, waren die beiden Frauen weder in der körperlichen noch geistigen Verfassung, die Anstrengungen einer Auswanderung auf sich zu nehmen und zu Inges älterer

Schwester Gina nach London zu ziehen. Auch Professor Emil Utitz und seine Frau Otti waren nicht imstande, ein neues Leben zu beginnen, sondern versuchten, sich in dem Nachkriegs-Prag zurechtzufinden.

Hannah und Simon merkten auch sehr bald, daß Juden in der neuen Tschechischen Republik nicht sehr willkommen waren. Im Februar 1948 stürzten die Kommunisten das Land plötzlich in eine politische Krise. Jan Masaryk starb unter mysteriösen Umständen; anstelle des Präsidenten Benesch wurde ein Kommunist Staatsoberhaupt.

Das Ehepaar Polak war nicht gewillt, den Fehler der Eltern zu wiederholen und weitere Entwicklungen abzuwarten. Sie verließen Prag bei der ersten Gelegenheit. Wieder einmal gab es eine wehmütige Abschiedsszene am Prager Hauptbahnhof. Helga hatte einen jungen tschechischen Arzt geheiratet und konnte ihrer Schwester nicht folgen. Die zwei jungen Frauen hatten keine Ahnung, wann und wo sie sich wiedersehen würden.

In Italien schlossen sich Hannah und Simon einer Gruppe verschleppter Personen an, um auf den Transport in den neugegründeten Staat Israel zu warten. Während ihrer letzten Wochen in Europa erlebten sie dort von seiten der Behörden einige der Erniedrigungen, unter denen ihre Eltern gelitten hatten. Nach langer, frustrierender Wartezeit wurden sie endlich auf ein Schiff verfrachtet. Es war klein, alt, reparaturbedürftig und stand in jeder Weise hinter dem Dampfer zurück, auf dem sie eine gute Stunde während der Überfahrt von Dover nach Calais verbracht hatten. Auf diesem alten Kasten fuhren sie nun eine Woche lang bei stürmischer See. Man hatte alle Kabinen herausgerissen und in einem Raum, der kaum groß genug für 30 Betten war, 80 hölzerne Pritschen aufgestellt. Hannah, die in den ersten Monaten der Schwangerschaft war, durfte wenigstens in einer der oberen Kojen schlafen. Obwohl die meisten Reisenden unter Seekrankheit litten, waren sie alle blendender Laune. Von dem

Boot, auf dem sie fuhren, wehte stolz die israelische Flagge. Sie konnten völlig legal in ihre neue Heimat einreisen und hatten keine Internierung auf Zypern zu befürchten.

Nur wenige Monate vorher, am 15. Mai 1948, hatten die Briten ihr Mandat in Palästina aufgegeben, und so hatten die Juden zum ersten Mal seit 2000 Jahren wieder ihren eigenen Staat. Die Araber hatten den Vorschlag der Vereinten Nationen, zwei separate Staaten zu gründen, abgelehnt, und Israel war vom ersten Tag seines Bestehens an ringsum von seinen arabischen Nachbarn angegriffen worden. Hannah und Simon waren sich völlig bewußt, nicht in ein friedliches Paradies zu fahren, sondern freuten sich auf das große Abenteuer, als Pioniere das jüdische Heimatland mit aufbauen zu können.

Als das Schiff endlich in Israel anlegte, standen Traute und Franz Klein am Hafen, um die neuen Einwanderer unter ihre Fittiche zu nehmen. Sie wurden ohne viele Umstände in die Zweizimmerwohnung der Kleins im Norden Tel Avivs aufgenommen, wo Traute, trotz der herrschenden Lebensmittelknappheit, ein festliches Mahl bereitet hatte. Den beiden Cousinen erschien es, als wäre ein Jahrhundert, nicht bloß ein Jahrzehnt vergangen, seit sie sich das letzte Mal gesehen hatten. Sie saßen bis lange nach Mitternacht, um über ihre Erlebnisse während der Kriegsjahre zu erzählen. Am Anfang hatten es die Kleins sehr schwer gehabt. Keinem von beiden hatte das neuerworbene Doktorat geholfen, Arbeit zu finden. Infolge der Einwanderung der deutschen Juden gab es einen Überhang von Ärzten, Rechtsanwälten und Akademikern jeder Art. Kurzentschlossen hatte Franz als Hafenarbeiter in Haifa zu arbeiten begonnen; die einzige Möglichkeit, die sich Traute bot, war, eine Stellung als Wirtschafterin bei einer pflegebedürftigen alten Dame in Tel Aviv anzunehmen. Es fiel ihnen schwer, sich an die Hitze zu gewöhnen und physische Arbeit zu leisten; die Aussichtslosigkeit, passende Arbeit zu finden, deprimierte sie nicht weniger als die Tatsache, daß sie das erste Ehejahr nicht in der gleichen Stadt verbringen konnten. Ohne lange zu überlegen, stürzten sich die Kleins in ein verrücktes Abenteuer. Zusammen mit einem Freund, der einmal in einer Teigwarenfabrik gearbeitet hatte, mieteten sie einen Raum in einem vernachlässigten alten Gebäude, und dort standen sie zwölf Stunden am Tag, um Makkaroni, Spaghetti und Nudeln aller Art zu produzieren. Da Kriegsbedingungen die Lebensmitteleinfuhr erschwerten, florierte ihr Unternehmen. Bald mußten sie Leute anstellen, um alle Aufträge erfüllen zu können. Als ihr erstes Kind zur Welt kam, konnte Traute es sich leisten, zu Hause zu bleiben, um sich um ihre kleine Tochter zu kümmern. Zwei Jahre später gründeten sie und zwei andere Lebensmittelhersteller eine Verkaufskooperative. Mit der Zeit schlossen sich ihnen andere derartige Unternehmen an, und so wurde 1947 die Firma »OSSEM« gegründet, die heute als Israels größte Lebensmittelfirma Weltruf genießt.

Die Kleins, nun stolze Eltern zweier Töchter, waren unter den ersten Familien in Israel, denen es möglich war, ein ganz normales bürgerliches Leben zu führen. Erst nachdem Hannah und Simon verschiedene andere Freunde besucht hatten, die meistens mit ein oder zwei anderen Familien eine Wohnung teilen mußten, begriffen sie, daß Kleins bequeme Zweizimmerwohnung der Inbegriff des Luxus für Israel bedeutete. Was den Neuankömmlingen am meisten auffiel, war der Unterschied zwischen der bedrückten Atmosphäre in der Tschechoslowakei und dem sprudelnden Optimismus in Israel. »Unmögliches erledigen wir sofort. Wunder dauern etwas länger«, war die Parole des Tages.

Das geschäftige Tel Aviv behagte den Polaks nicht, und Hannah und Simon entschlossen sich, ihre Diplome an den Nagel zu hängen und in einen Kibbuz zu gehen. Sie wählten Kfar Rupin, wo nicht nur Trautes Schwester Ellen, sondern auch eine Menge guter Freunde von Simon lebten. Ellen hatte nach ihrer Ankunft in Israel eine landwirtschaftliche Schule besucht und einen alten Freund, Mordechai Glasner, geheiratet. Ihr Mann war ein großer Naturliebhaber und beschäftigte sich trotz seiner häufigen Malariaanfälle damit, eine Karpfenzucht im Kibbuz aufzubauen. Die Siedlung Kfar Rupin liegt im Jordantal, 300 Meter unter dem Meeresspiegel, am Ufer des Flusses. 1948 war die ganze Gegend ein malariaverseuchtes Sumpfgebiet; die nächste menschliche Wohnstätte lag über zehn Kilometer weit entfernt. Kfar Rupin war wirklich das Ende der Welt.

Hannah und Simon wurden mit Begeisterung im Kibbuz aufgenommen. Von Ellen, Mordechai und den anderen Freunden lernten sie, sich in der unmöglichen Situation zurechtzufinden, den sumpfigen Boden zu bearbeiten und ohne ein kühles Lüftchen in einer Temperatur von 40 Grad im Schatten auszukommen.

Die jungen Männer in Kfar Rupin hatten es nicht nötig, in den Krieg zu ziehen, der Krieg zog zu ihnen. Nacht für Nacht wurde der Kibbuz von kleinen feindlichen Gruppen angegriffen. Ellens Sohn Gabby und all die anderen Kinder im Kibbuz kannten kein anderes Schlafzimmer als den Luftschutzunterstand. In Israel war das Leben auf dem Lande etwas ganz anderes als in England. Nichts kam dem bequemen, kühlen Landhaus der Nicholsons auch nur im entferntesten gleich. Wie alle anderen Kibbuzniks hausten Hannah und Simon in einer Holzhütte, die zwei Betten, einige Regale, zwei Stühle und einen wackligen Tisch enthielt. Latrinen, von mehreren Familien benutzt, waren etwa 100 Meter von den Wohnstätten entfernt. Das Essen wurde für alle gemeinsam in einer Holzhütte zubereitet, auf die die Sonne erbarmungslos niederbrannte. Sowohl Ellen wie auch Hannah waren schwanger und träumten von elektrischen Kühlanlagen und eisgekühlter Limonade. Trotz all der großen Unbequemlichkeiten waren die beiden werdenden Mütter mit ihrem Leben recht zufrieden. Sie befanden sich unter Menschen ihrer eigenen Altersgruppe, die wie sie ihre Familien verloren hatten und alle von der gleichen Idee, »Nie wieder«, beseelt waren. In Kfar Rupin träumte man nicht von einer goldenen Zukunft für die nächste Generation, man baute sie eigenhändig auf.

Es ist schön, eine Geschichte erzählen zu können, die ein glückliches Ende hat. Heute, nach vielen schweren Jahren, leben Hannah und Ellen noch immer in Kfar Rupin, einer grünen, lieblichen, von Blumen überwucherten Siedlung, umgeben von ihren Kindern und einer Horde Enkelkinder.

Der Lebensstil der Kibbuzmitglieder Hannah und Ellen war so verschieden von dem ihres Cousins Erik Utitz, Direktor einer erfolgreichen Fabrik in Nordirland, daß man sich nur schwer einen größeren Unterschied vorstellen kann.

Zu Kriegsende lebten Erik und seine Eltern in einem schönen, alten Steinhaus, das auf einem sanften, grünen, vom Regen stets saubergewaschenen Hügel stand. Vor dem Haus lag ein sattgrüner Rasen, umrahmt von blühenden Blumenbeeten. Die beste Gesellschaft der Grafschaft Down ging hier ein und aus. Erik war ein gerngesehener Gast in den vornehmsten Häusern. Der Neuaufbau der Prager Lederfabrik in den grünen Hügeln Irlands wurde zum Segen für die ganze Umgebung. Fast die gesamte männliche Bevölkerung, die jahrelang unter Arbeitslosigkeit gelitten hatte, arbeitete nun für »Chrome Tanner«, ehemals »Gebrüder Utitz«. Die Besitzer des Betriebs zählten zu den wichtigsten Arbeitgebern der Gegend, und die irische Aristokratie akzeptierte sie anstandslos in ihrer Mitte.

Es gab weit und breit keine anderen jüdischen Familien. Außer bei Jakobs und später bei Alfreds Begräbnis hatten sie fast keinen Kontakt mit der winzigen jüdischen Gemeinde in Belfast. In dieser Atmosphäre schien es unnötig, die wenigen jüdischen Traditionen, die die Familie in Prag beibehalten hatte, weiter zu pflegen. Es schien nur vernünftig, sie zu vergessen und das neue Leben nicht durch sie zu komplizieren.

Erik hatte nicht nur seines Großvaters Intelligenz und

Energie geerbt, sondern auch dessen praktische Lebenseinstellung. Er war nicht weniger erschüttert als Traute, Ellen und Hannah zu wissen, daß die halbe Familie in den Lagern umgekommen war; er zog nur völlig andere Schlußfolgerungen daraus. Er war entschlossen, sich seiner neuen Umgebung so anzupassen, daß man ihn nicht von seinen Nachbarn unterscheiden konnte.

Und dies gelang ihm erstaunlich gut. Wenn Erik sich mit seinen Freunden in einer fast perfekten Imitation ihres irischen Dialekts unterhielt, schien es, als hätten seine Vorfahren seit Jahrhunderten in Nordirland gelebt. Der Eindruck vertiefte sich noch, als er kurz nach seines Vaters Tod eine Lehrerstochter aus Belfast heiratete. Die Tatsache, daß sie die Nachkommen von Abraham und Julia Utitz, geboren und aufgewachsen im Prager Getto, waren, drang kaum in das Bewußtsein seiner beiden Töchter.

Als Erik einige Jahre später in den Buckingham-Palast geladen wurde, um eine Auszeichnung für seine Verdienste um die Förderung der britischen Industrie zu empfangen, schien es, als hätte er feste Wurzeln in seiner neuen Heimat geschlagen. Weniger als zehn Jahre später jedoch brach seine so mühsam aufgebaute Welt zusammen. Die Lederfirma, die sein Urgroßvater Mosche Teller im 18. Jahrhundert in Prag gegründet hatte, schloß im 20. Jahrhundert, infolge der religiösen Unruhen zwischen Protestanten und Katholiken in Nordirland, ihre Türen auf immer. Nun begann, vermutlich ohne daß er sich dessen selber bewußt war, Eriks jüdisches Blut sich in ihm zu regen. Da er keine passende Stellung in seinem Beruf in dem unter religiösen Streitigkeiten leidenden Irland finden konnte, verpflanzte er seine Familie, ohne weitere Entwicklungen abzuwarten, nach Südfrankreich, wo er die Leitung einer Fabrik angeboten bekam. Er hoffte, nach seiner Pensionierung wieder in sein geliebtes Nordirland zurückkehren zu können.

Ein Teil der Familie wählte als bewußte Juden das Leben

im Staate Israel; Erik hingegen entschied sich für die vollständige Assimilation. Herthas Tochter Gina wählte eine dritte Möglichkeit; sie war der großen Ideen und Worte müde, sie wollte jüdische und nichtjüdische Freunde haben und einfach Bürgerin einer großen freien Welt sein.

Das Kriegsende bedeutete auch das Ende ihrer Ehe mit einem Wiener Juden, der in der britischen Armee gedient hatte. Die Ehe war nach kurzer Bekanntschaft, ohne viel Nachdenken, geschlossen worden, hatte aus einigen ekstatischen Urlauben bestanden und war nun, unter dem Gewicht des Alltagslebens, zusammengebrochen.

Enttäuscht vom Eheleben, erschüttert von der Nachricht, daß ihr Vater in Auschwitz ums Leben gekommen war, beschloß die bildhübsche junge Frau, der Flüchtlingswelt, in der sie in London verkehrt hatte, den Rücken zu kehren. Sie zog sich in eine kleine, verregnete Hafenstadt in Ostengland zurück; dort teilte sie die Wohnung mit einer Freundin, sandte ihre Tochter Lee in den erstbesten Kindergarten und begann, als Sekretärin im städtischen Krankenhaus zu arbeiten. Aber Gina war nicht für das Provinzleben geschaffen. Auf einem kurzen Urlaub in London traf sie einen Schicksalsgenossen, Toni Manning, ehemals Anton Mannheim aus Wien. In kürzester Zeit wurde sie Frau Manning und zog mit Lee in Tonis große, viktorianische Wohnung im Herzen von Hampstead. Während der fünfziger Jahre war dieser Londoner Vorort der Mittelpunkt der jungen Künstler bzw. derjenigen, die es werden wollten. Gina und Toni taten ihr Bestes, mit dem kosmopolitischen Kreis in ihrer Umgebung auf freundschaftlichem Fuß zu stehen. Im Dezember stand ein großer, geschmückter Tannenbaum in ihrem Wohnzimmer, und es war nicht außergewöhnlich, daß ein angehender italienischer Opernsänger, ein Waliser Dichter und eine in einen hauchdünnen Sari gekleidete indische Tänzerin mit ihnen Weihnachten feierten.

Doch ihre engsten Freunde waren jüdische Flüchtlinge, und in späteren Jahren war es Tonis und Ginas größter Ehrgeiz, die besten Bridgespieler in diesem jüdischen Zirkel zu sein. Egal ob sich Gina in einem Pub in Ostengland oder in einem Bridgeclub in Hampstead befand, meist waren alle Augen auf die charmante Frau gerichtet, die stets lachte und scherzte, mit Rat und Tat half, doch in keiner Gruppe verwurzelt war – Weltbürgerin, aber heimatlos. Ihre Tochter Lee hatte das oft als kleines Kind zu fühlen bekommen und war ständig von einem Extrem ins andere geschleudert worden. Sie mußte immer wieder Freunde, Schulen, Gewohnheiten wechseln. Als Entschädigung für all diese Unbill verwöhnten Gina und Toni das kleine Mädchen, wo sie nur konnten. Lee durfte sich ungehindert ihre eigenen Freunde wählen, im Alter von 15 Jahren die Nächte auf Partys verbringen oder für einige Tage allein nach Paris reisen. Man mischte sich auch nicht ein, als das überdurchschnittlich intelligente Mädchen die Schule vorzeitig verließ, um einen Studenten der Malerakademie zu heiraten, von dem es sich nach kürzester Frist wieder scheiden ließ. Lees nächster Bund machte Gina zu einer jungen Großmutter. Bald darauf zog Lee mit dem Baby in eine Frauenkommune. Heute ist diese Ururenkelin der »armen Marie« eine begeisterte Anhängerin der feministischen Bewegung. Sie veröffentlichte ein erfolgreiches Buch zu diesem Thema und ist beseelt von einem Idealismus, der ihrer Mutter völlig fremd war. Sie verbringt ihre Zeit damit, für die Freiheit unterdrückter Frauen zu kämpfen. Auch Lee sagt: »Nie wieder!« Dies hofft sie durch Unterstützung der Ziele der extremen Linken zu erreichen. Es ist ihr daher etwas unangenehm, Verwandte – nun schon drei Generationen – in Israel zu haben, ungeachtet dessen, daß diese in einer Gemeinschaft leben, die nach sozialistischen Prinzipien aufgebaut ist.

Eriks Versuche der Assimilation waren von Erfolg gekrönt, Ginas Bemühungen, sich ihrer Umgebung anzupassen, erreichten wenigstens teilweise ihr Ziel. Felix Paulis Anstrengungen, aus seinem Sohn einen hundertprozentigen Amerikaner zu machen, waren hingegen ein ausgesprochener Mißerfolg.

Nach seiner traumatischen Flucht war Felix von dem Moment an, in dem er amerikanischen Boden betreten hatte, fest entschlossen, seinen Nachkommen die Erniedrigungen zu ersparen, unter denen er so gelitten hatte. Er konnte es sich jedoch nicht leisten, in eine rein amerikanische Umgebung zu ziehen. Seine Exportfirma machte den Aufenthalt in New York unumgänglich. Er konnte nur in eine Straße der Vorstadt Queens ziehen, in der relativ wenige Juden wohnten. Es war seinen Plänen auch nicht gerade förderlich, daß er sich in eine attraktive amerikanische Jüdin verliebte und sie heiratete. Er hatte kein vollkommenes Vertrauen in die Toleranz der aus vielen Rassen bestehenden demokratischen Gesellschaft Amerikas, und deshalb fälschte er eine Eintragung im Geburtszeugnis seines Sohnes. Statt wahrheitsgemäß den Namen der Mutter als Charlotte Levy anzugeben, trug er Charlotte Leroy in das Dokument ein.

Felix' Söhne, Richard und Myron, wurden ohne jegliche religiöse Tradition erzogen. Sie waren nie bei einem Sederabend zugegen, verkleideten sich nie zu Purim, zündeten nie Kerzen zur Chanukkafeier an und lernten nie für ihre Bar Mitzwa. Felix riet seinen Söhnen, nicht mit den jüdischen Kindern in der Schule zu spielen und bloß nicht ihren eigenen jüdischen Ursprung zu verraten. Der kleine Richard war mehr erstaunt als ärgerlich, als ihm während eines Streites einer seiner Schulkameraden »Judenbengel« zurief. »Wieso weiß er, daß ich jüdisch bin?« wollte er wissen. Die Antwort seines Vaters befriedigte seinen Wissensdurst nicht.

Und es war dieser Wissensdurst, der ihn nach der Meinung seines Vaters auf Abwege führte. Im College, in dem Richard Elektronik studierte, fiel es ihm schwer, mit den anderen Studenten, die meistens nur über Mädchen, Sport und Geld sprachen, in Kontakt zu kommen. Von dem Wunsch getrieben, ernstere Lebensziele zu finden, kam er in Berührung mit einer

Gruppe streng orthodoxer Juden. Er fand ihre Philosophie und ihre streng geregelte Lebensweise faszinierend, und ihre Lehren fielen auf unberührten fruchtbaren Boden. Richard wußte nichts, gar nichts über die Religion seiner Vorväter. Bald verbrachte er jede freie Minute damit, die Auslegungen der jüdischen Lehre, die ihm seine Freunde gaben, in sich aufzunehmen.

Felix wollte seinen Augen nicht trauen, als Richard eines Tages in traditionell jüdischer Kleidung, mit schwarzem Käppchen, die Fransen des leinenen Unterhemdes unter dem Pullover heraussehend, zu Hause erschien und nicht zu bewegen war, die »unkoschere« Mahlzeit, die seine Mutter für ihn zubereitet hatte, zu berühren. Er erklärte seinen erstaunten Eltern, daß er nun einer jüdischen Gemeinde angehöre, die Anhänger eines Lubavicer Rabbiners seien. Felix nahm die religiöse Bekehrung seines Sohnes nicht sehr ernst. Er war sicher, daß es sich nur um eine jugendliche Verirrung handle, und starb in dem Glauben, daß Richard sich, sobald er im Berufsleben stehe, in den hundertprozentigen Amerikaner verwandeln werde, zu dem er ihn hatte erziehen wollen.

Er irrte sich. Heute lebt Richard in einer ultraorthodoxen Gemeinde in Israel. Seine Frau trägt eine Perücke, und sein Sohn hofft, Rabbiner zu werden, der erste in der Utitz-Familie seit 200 Jahren.

Aber auch die Kinder von Felix' Cousins sind religiöse Juden. Es ist eine merkwürdige Tatsache, daß von allen Nachkommen Abrahams und Julias nur die Urenkel von Helene wieder zum religiösen Leben zurückgefunden haben. Sie alle wuchsen in der Schweiz auf, und ihre Eltern waren nicht persönlich von den Geschehnissen in Deutschland berührt. Vielleicht ist dies auch der Grund für ihr Bedürfnis, sich mit den Verfolgten zu identifizieren. Obwohl weniger orthodox als Richard, nehmen die meisten Pascheles ihre Religion recht ernst.

Jean Horgen zum Beispiel lebt in Israel, um seine Kinder in

einer jüdischen Atmosphäre erziehen zu können. Das ist um so erstaunlicher, als Jeans Vater, der Norweger Helge Horgen, nicht einmal jüdischer Abstammung ist. Ein anderer junger Pascheles, Danni, heiratete kürzlich ein Mädchen aus Israel, die Tochter eines jemenitischen Thora-Schreibers. Dannis Schwester ist mit einem religiösen Juden verheiratet und führt einen koscheren Haushalt. Wie sie halten die meisten der Cousins an den Prinzipien des Judentums fest.

Sogar Helenes ältester Enkel, der Nobelpreisträger Professor Wolfgang Pauli, gewann in seinen späteren Lebensjahren ein reges, wenn auch rein theoretisches Interesse an der Religion seiner Großeltern. Als er nach dem Ende des Zweiten Weltkrieges aus Amerika in die Schweiz zurückkehrte, war er so erschüttert über das Schicksal der Angehörigen seines Vaters, daß er Dokumente mit »Pauli (Pascheles)« unterschrieb und auch regelmäßig an der Sederfeier der Familie teilnahm. Seine Cousine Alice erzählte, daß er oft am Samstagvormittag in ihr Haus kam, um mit ihrem Gatten, einem religiösen Juden, über die jüdische Lehre zu sprechen. Er hatte vor allem großes Interesse an den metaphysischen Theorien der Kabbala.

Es gab aber auch einen Utitz-Nachkommen, der sich nie von dem Schock, den er in so jungen Jahren erlitten hatte, erholen konnte. 1945, nach erfolgloser Suche nach seinem verschwundenen Vater, mußte sich Erich an den Gedanken gewöhnen, daß er sich allein und fast ohne Freunde auf der Welt befand. Einige Monate nach dem glänzenden Fest seiner Bar Mitzwa war der verwöhnte, einzige Sohn von Arthur und Irma plötzlich allein in eine fremde Welt gekommen. Statt in einer Millionenstadt lebte er in einer landwirtschaftlichen Siedlung am Ufer des Mittelmeers, im Orient. Alles war fremd, sogar der Name, den man von Erich auf Eli geändert hatte. Statt Klavier- und Tennisunterricht zu nehmen, mußte er nun lernen, den harten Boden zu bearbeiten und Kühe zu melken. Die Jungen, mit denen er die Holzhütte teilte, nannten ihn ein Muttersöhnchen, weil er nachts im Schlaf weinte. Als er hörte, daß seine Mutter Selbstmord begangen hatte und sein Vater Gefangener in Dachau war, wurden seine Alpträume schlimmer. In wenigen Wochen wurde aus dem lustigen, netten Jungen ein introvertierter Pessimist.

Eli war überzeugt, daß nicht eine einzige Ähre des eben gesäten Korns reifen werde, daß das Fischerboot des Kibbuz ohne eine einzige Sardine im Netz zurückkehren müsse und daß ein Sandsturm ihren geplanten Ausflug verhindern werde. Die anderen jungen Kibbuzniks waren stolz auf ihren hart errungenen Erfolg und begannen, seine Gesellschaft zu meiden. Sobald er nur konnte, verließ er den Kibbuz, besuchte einen Schnellkurs in Kochen und ging zur See. Aber auch als Koch auf Israels erstem Luxusschiff gelang es ihm nicht, Freunde zu finden. Der ständige Wechsel von Land und Leuten tat ihm jedoch gut, und er fühlte sich nicht mehr ganz so abgesondert.

Von seinen Eltern hatte er eine leidenschaftliche Liebe zur Musik geerbt, und in seinen Urlauben lief er in Haifa von einem Konzert zum anderen. Dort traf er seine zukünftige Frau. Auch Tova war völlig allein auf der Welt. Im Alter von zehn Jahren war sie durch den Krieg von ihren Eltern, die im Konzentrationslager verschwanden, getrennt worden. Als das hübsche Mädchen, das Elis Mutter erstaunlich ähnlich sah, bereit war, ihn zu heiraten, schwand Elis Pessimismus. Er kaufte eine Zweizimmerwohnung am Berg Carmel und lebte dort während seiner Urlaube mit Tova und seinem kleinen Sohn Amos.

Es schien, als sei endlich alles in Ordnung, bis Tova eines Tages einen Brief erhielt, auf dem eine schwedische Briefmarke klebte. Sie konnte es kaum glauben, als sie las, daß ihre Mutter den Krieg überlebt hatte, nach Schweden gelangt war, dort einen schwedischen Offizier geheiratet hatte und nun Mutter zweier schwedischer Kinder im Alter von Amos war. Eli begleitete Tova zu einem katastrophalen Zusammentreffen der beiden Frauen, die sich nicht einmal richtig verständigen konnten. Tova hatte die ungarische Sprache völlig vergessen, ihre Mutter konnte kein Wort Hebräisch. Überhaupt hatte Tova der eleganten, kühlen schwedischen Dame kaum etwas zu sagen, dieser Frau, die so ganz anders war als die »jiddische Mame«, von der sie geträumt hatte. Statt überglücklich zu sein, war sie einem Nervenzusammenbruch nahe. Eli war nicht der Mann, der seiner Frau in solch einer Situation eine Stütze sein konnte. Er ging der Situation einfach aus dem Weg, blieb immer länger und noch länger auf dem Schiff und war nicht da, wenn Tova ihn brauchte. Natürlich litt seine Ehe darunter; er war bald wieder pessimistisch, in sich gekehrt und ohne Freunde.

Jahrelang hatte er alle möglichen Katastrophen vorausgesagt. Nichtsdestoweniger war er völlig unvorbereitet, als wirklich eine Tragödie die Familie heimsuchte. Er konnte sich überhaupt nicht fassen, als der zwölfjährige Amos an Leukämie starb. Während des Begräbnisses erlitt Eli einen Nervenzusammenbruch, von dem er sich nie wieder ganz erholte. Er verbrachte die letzten Jahre seines Lebens in einer Klinik und starb kurz vor seinem 60. Geburtstag als völlig gebrochener Mann, auch er noch ein Opfer des Holocaust.

Eli hatte sich nie Mühe gemacht, Beziehungen zu anderen Familienmitgliedern aufrechtzuerhalten, außer zu Fritz Lion, der sein möglichstes tat, um dem kranken Cousin zu helfen. Die einzigen Verwandten, die zu Elis Begräbnis kamen, waren Fritz Lions Witwe, seine Tochter und ich selber.

Auch ich war nun in Israel ansässig. Meine Reaktion auf den Holocaust war völlig anders als die der anderen Familienmitglieder. Nach seinen Erlebnissen in Bergen-Belsen wollte mein Mann nichts davon hören, Kinder in diese Welt zu setzen, es sei denn, wir gingen nach Palästina. Er stellte mich vor die Wahl, entweder dorthin zu emigrieren oder auf Kindersegen zu verzichten. Ohne einen Moment zu zögern, akzeptierte ich die zweite Möglichkeit. Meine frühe Jugend war durch Politik, Revolution und Krieg ruiniert worden. Die ersten Jahre unserer Ehe hatte mein Mann nicht mit mir, sondern in der Armee verbracht. Ich hatte das Gefühl, bis jetzt noch nicht richtig gelebt zu haben. Ich wollte studieren, die Welt sehen, ein normales Leben genießen und war nicht bereit, in ein Kriegsgebiet zu ziehen und wieder ständig in Angst und Unsicherheit zu leben. Lieber verzichtete ich auf Kinder, für die ich in Europa keine Zukunft sah.

Mein Mann fand einen Posten als Advokat in einer Rechtsanwaltspraxis, die sich mit internationalem Recht beschäftigte. Dort waren seine Kenntnisse des tschechischen Rechtssystem nützlich. Seine Arbeit befriedigte ihn, und er war einverstanden mit meinem Entschluß. Sobald es sein Einkommen erlaubte, gab ich meine Arbeit als Verkäuferin auf, begann zu studieren und war mit meinem Los zufrieden.

Ohne es wahrzunehmen, gehörten wir einer rasch schwindenden Minderheit an, nämlich der, die weder bereit war, sich zu assimilieren noch ein streng religiöses Leben zu führen. Wir wären uns sehr heuchlerisch vorgekommen, hätten wir uns einer religiösen Gemeinde angeschlossen. So waren wir immer Außenseiter, ohne es zu wissen, lebten wie im Niemandsland, interessierten uns für viele Probleme, aber immer nur als Beobachter, nie wirklich in einer Idee aufgehend.

Im Jahre 1958, nachdem wir viel in Europa gereist waren, entschlossen wir uns, Israel zu besuchen, um alte Freunde und Verwandte wiederzusehen. Der erste Israeli, den ich zu Gesicht bekam, war der Polizist, der meinen Paß überprüfte. Ich sehe ihn noch heute vor mir, ein junger stämmiger Kerl, auf dessen Kappe der Davidsstern in der Morgensonne glänzte. Einen Moment lang stand ich wie in Trance. Statt der Küste von Haifa sah ich das Wien des 15. März 1938 vor mir und einen österreichischen Polizisten, der stolz auf das funkelnagelneue Hakenkreuz auf seinem Ärmel heruntersah. Blitzartig verstand ich, warum meine Cousinen es vorzogen, in Israel zu leben. Was nun folgte, war die dritte Inkarnation der ehemaligen Kommunistin und späteren Weltbürgerin. Ich betrat das Gelobte Land als enthusiastische Zionistin.

Für Leute, die vor kurzem ihre halbe Familie verloren haben, ist auch der entfernteste Verwandte ein Geschenk Gottes. Die Familie meines Mannes und auch die meinigen empfingen uns mit königlichen Ehren. Ich war begeistert, eine Siedlung zu besuchen, die nach dem Prinzip völliger Gleichheit aufgebaut war. Sogar das Transistorradio, das ich meiner Freundin mitgebracht hatte, führte zu endlosen Debatten, weil die anderen Kibbuzmitglieder keines besaßen. In weniger als einer Woche war ich in alle möglichen Probleme verstrickt, von deren Existenz ich vorher nie gewußt hatte. Ich verspürte nicht die geringste Lust, nach England zurückzukehren. Leider gab es in Israel keinen Bedarf an tschechischen Rechtsanwälten oder neugebackenen Sprachlehrerinnen. Nun waren wir zu alt, um in einem Kibbuz als Landarbeiter zu beginnen oder irgendeinen anderen Beruf zu erlernen. Unserem ersten Besuch in Israel folgten viele andere.

Wie die meisten Diasporajuden verbrachte ich den Sechs-Tage-Krieg am Radioapparat, »mitkämpfend«. Erinnerungen an das Münchner Abkommen und die darauf einsetzende Vernichtung waren mir ständig vor Augen. Die Erleichterung, als das Land den Krieg überstanden hatte, war groß. Ich konnte den Tag nicht abwarten, an dem mein Mann in Pension gehen würde und wir in Israel leben könnten.

Der Tag meiner Einwanderung kam viel früher, als ich erwartet hatte. Sobald ich mich von dem Schock des plötzlichen Todes meines Mannes erholt hatte, emigrierte ich 1978 nach Israel. Es ist schwer, Juden, die im Ausland leben und ihren Aufenthaltsort als ihre Heimat ansehen, zu erklären, welcher Luxus es ist, in Israel leben zu können. Ich sorge mich nicht mehr, was sein wird, wenn dieser oder jener Neonazi ins Parlament gewählt wird, ob dieses oder jenes antisemitische

Stück im Theater aufgeführt wird; ich zerbreche mir nicht mehr den Kopf, ob diese oder jene taktlose Bemerkung von mir meinen jüdischen Kollegen schaden wird. Auch werde ich nicht mehr mit der eisigen Höflichkeit, auf die ein Fremder Anspruch haben kann, behandelt. Ein Streit mit Nachbarn ist auch kein Problem mehr. Ich kann sicher sein, daß sie, die syrischen Pogromen, Khomeinis Verfolgungen oder russischem Antisemitismus entflohen sind, mir auch im wütendsten Zank nicht zurufen werden: »Raus, was hast du hier zu suchen?«

Wenn ich mit Traute und Franz Klein im Garten ihrer Villa sitze, erinnern wir uns oft an die Zeiten in Hohenelbe. Wir naschen das gleiche Gebäck, das wir von unseren Großmüttern bekamen, und klatschen wie sie einst über andere Familienmitglieder. Dann habe ich das Gefühl der Zugehörigkeit und Kontinuität, das ich nie vorher kannte.

Es macht mich natürlich ein wenig traurig, daß nicht einer der direkten Nachkommen von Abraham den Namen Utitz trägt. Aber unter den vielen in Israel lebenden Verwandten fand ich einen gewissen Zeev Utitz, der in einem Kibbuz in der Nähe von Haifa lebt. Er ist der Sohn des Leutnants Utitz, der sich im Ersten Weltkrieg weigerte, militärische Beförderung gegen einen Religionswechsel einzutauschen. Zeev ist also der Urenkel von Abrahams Halbbruder Mathias. Erfreulicherweise hat Zeevs Sohn auch einen Sohn.

Im Jahre 1984 wurde Tommy Utitz in Ha'achotrim geboren. Wie alle Säuglinge ist Tommy einzigartig. Ha'achotrim hingegen, wie die meisten israelischen Kibbuzim, ist völlig uninteressant. Tommy…

Diese Chronik wird hoffentlich von Nachgeborenen fortgesetzt werden.

In den folgenden Ländern sind Nachkommen Simon des Hausierers gefunden worden: Tschechien (3), England (2), Nordirland (1), Mexiko (1), Bundesrepublik Deutschland (1), Holland (5), Schweiz (9), Frankreich (11), USA (21), Israel (42).

Nachwort

Meine Großmutter Emilie Utitz war felsenfest überzeugt, daß ihre Familie weit älter und vornehmer war als die ihres Gatten Rudolf Lion. Meine Forschungen für das vorliegende Buch schienen das in jeder Weise zu bestätigen. Der Schein, jedoch, trügt.

Kürzlich, bei einem Besuch in Wien, traf ich Professor Viktor E. Frankl. Ich klagte ihm, daß es mir unmöglich war, etwas über unsere gemeinsamen Verwandten, die Lions herauszufinden, nicht einmal den Namen unseres gemeinsamen Urgroßvaters. Trotz seines hohen Alters machte Viktor sich die Mühe, eine »Stammrolle« herauszusuchen, die er, als ältester Nachkomme der Lions, geerbt hatte. Aus diesem Dokument geht hervor, daß unser Urgroßvater Abraham Lion, der Sohn von Nathaniel Lion und seiner Ehefrau Pessel, der Tochter des Cohnaniter Naftali, Kantor in Prag, war.

Ich traute meinen Augen nicht. Wie ist es möglich, daß meine geliebte Großmutter nicht wußte, daß die Großmutter ihres Gatten einer Familie angehörte, deren Söhne seit dem 15. Jahrhundert die verschiedensten mitteleuropäischen Gemeinden mit Rabbinern versorgt hatte? Rabbiner Isaak Ben Israel Kohn hatte sogar die Tochter des »Hohen Rabbi Loew« geheiratet. Rabbi Loew, so behaupten einige der unzähligen Sagen, die mit seinem Namen verbunden sind, war ein direkter Nachkomme von König David. Also floß, zumindest der Sage nach königliches Blut in den Adern der verachteten Lions!

Weder Professor Frankl noch ich konnten erklären, warum Rudolf, mein Großvater, sich sein ganzes Leben lang wegen seiner niedrigen Herkunft hänseln ließ, ohne je ein Sterbenswörtchen über seine »königlichen« Ahnen zu verraten.

Ich brannte darauf, mehr über die Lions und über Pessels

Familie zu erfahren. Nach Jerusalem zurückgekehrt, stürzte ich mich in die Archives of the Jewish People, in die Nationalbibliothek, las Winnigers ›Jewish Biographies‹, verschiedene Lexika, Paul Arnsbergs ›Muttergemeinde in Israel‹, Werke über die Juden in Frankreich, Posen und Frankfurt und so weiter, und hier folgt, was ich herausfand:

In der zweiten Hälfte des 16. Jahrhunderts, kurz vor der Geburt Simon des Hausierers, feierte der junge Rabbiner Isaak Kohn, ein Urenkel des berühmten Rabbiners Akiva Ben Menache Ha Kohn, Hochzeit. Er und seine junge Frau, Foegele, gehörten zu der Spitze der jüdischen Gesellschaft des Prager Gettos. Foegeles Vater, der »Hohe Rabbi Loew«, Schöpfer der mystischen Robotfigur Golem, wurde von Zeit zu Zeit in die Burg geladen, um dem verschrobenen Kaiser Rudolf II. in die Geheimnisse der jüdischen Mystik einzuweihen. Sicher litten weder Foegele noch Isaak je an Hunger, Kälte oder unter den tausenden Unannehmlichkeiten, die Simon das Leben vergällten.

Während Isaak in Prag seinem Sohn half, sich auf die Rabbinerprüfung vorzubereiten, also etwa 1580, entschloß sich der Vater eines gewissen Nathaniel, Frankreich zu verlassen. Das Gemetzel von Hugenotten in der Bartholomäus-Nacht ließ viele Juden in Frankreich um ihre Zukunft bangen, und so manche schnürten ihre Bündel. Es ist nicht bekannt, warum Nathans Eltern zu den ersten Juden gehörten, denen es erlaubt war, sich in Westpreußen niederzulassen. Jedenfalls schlugen sie ihre Zelte in Kohnitz auf, wo Nathan, um ihn von anderen gleichnamigen Jungen zu unterscheiden, als Nathaniel aus Lion bezeichnet wurde. Bald erlernte er die Landessprache und unterschied sich in keiner Weise von anderen jüdischen Kindern der Gegend. Es scheint, daß es ihm finanziell nicht schlecht ging, denn als 1658 die Königsberger Universität, als erste in Europa, Juden das Medizinstudium erlaubte, zählte sein Sohn Abraham zu den ersten, die von dem Privileg Gebrauch machten.

Zwanzig Jahre später erhielt auch sein Sohn Hirsch die Erlaubnis, den Doktortitel vor seinen Namen zu setzen. An Arbeit fehlte es den beiden Ärzten nicht. In Europa wütete wieder einmal die Pest. Vermutlich war Nathaniel, der 1678 starb, eines der ersten Opfer der gefürchteten Krankheit.

Es wäre interessant zu wissen, ob sich die Wege des Dr. Abraham mit denen des Rabbiners Naftali Kohn je kreuzten. Abraham und dieser Urenkel des Rabbi Loew waren Altersgenossen, und ein merkwürdiges Schicksal hatte auch diesen nach Posen verschlagen. Getrieben von Wissensdurst und Abenteuerlust, hatte der junge Naftali beschlossen, weise jüdische Gelehrte im Osten Europas aufzusuchen. Unterwegs jedoch fiel er einer Horde Tartaren in die Hände, die ihn unter schrecklichen Bedingungen gefangen hielten. Erst nach langen, schlimmen Monaten gelang ihm die Flucht.

Nicht einmal die Tartaren konnten Naftali von einem einmal gefaßten Entschluß abbringen: Statt ins Elternhaus zurückzukehren, versuchte er die Weisheit der polnischen Rabbiner zu ergründen und bekam schließlich die Erlaubnis, selber als Rabbiner in einer kleinen Gemeinde in Posen zu fungieren.

Die Verhältnisse, unter denen Juden dort lebten, waren nicht gerade beneidenswert. Seit dem Ausbruch der Pest stand die Bevölkerung ihnen feindlich gegenüber: Viele behaupteten, die Juden hätten die Brunnen vergiftet. Es kam zu furchtbaren Ausschreitungen, und sowohl er wie auch Dr. Abraham Lion beschlossen, das Land zu verlassen.

Naftali wurde Rabbiner in einer kleinen Gemeinde in Mitteldeutschland. Die Lions hingegen ergriffen die Gelegenheit, sich in dem größten Gettos Europas, nämlich in Prag, niederzulassen. Der Gedanke, nicht einer winzigen Minorität anzugehören, sondern unter Tausenden von Glaubensgenossen zu leben, dürfte der Grund ihrer Wahl gewesen sein. Die Behörden in Böhmen waren viel zu sehr mit ihren eigenen Toten beschäftigt, um sich für die neueingewanderten Juden zu interessieren und ihnen Schwierigkeiten zu machen. Die gesamte Familie Lion, mit Ausnahme des verstorbenen Nathaniel, fand in Wohnstätten kürzlich verstorbener Gettoinsassen reichlich Platz.

An Arbeit fehlte es den beiden Ärzten nicht. Vermutlich begegneten sie gelegentlich Simons Enkel, Rabbi Mosche Utitz, dessen Frau kürzlich gestorben war. Der Tod respektierte leider auch nicht die so dringend benötigten Ärzte. Es ist anzunehmen, daß sich der junge Dr. Hirsch Lion, der 1684 starb, den Tod am Bett eines Patienten geholt hatte. Er war der erste einer langen Reihe von Lions, die auf dem Prager Friedhof ihr Grab fanden.

Dr. Abraham mußte sich um seinen kleinen Enkel Nathaniel kümmern. Er bemerkte, daß der Junge, den Dr. Hirsch zurückgelassen hatte, sich ebenfalls für Heilkunde interessierte. Nathaniel war der dritte Lion, der die Erlaubnis erhielt, den Doktortitel vor seinen Namen zu setzen.

Es ist unbekannt, ob die Lions, die Kohns und die Utitz' miteinander bekannt waren. Zweifellos jedoch ist, daß sie alle von der Tragödie erfuhren, die durch Naftalis Schuld die Frankfurter Juden befallen hatte. Er, der seit 1704 der Oberrabbiner Frankfurts war, hatte so manches von Rabbi Loew geerbt. Einerseits galt sein Interesse in hohem Maße der sittlichen Erziehung des Menschen, andererseits pflegte er auch Urgroßpapas Interesse an metaphysischen Versuchen; und man munkelte in Frankfurt des öfteren, daß der Rabbi sich mit allen möglichen geheimnisvollen Experimenten beschäftigte.

Scheinbar hatte er das auch am Abend des 14. Januars 1711 gemacht. Gegen neun Uhr abends, an jenem schicksalsschweren Tag, brach ein Brand in seinem Haus aus, der bald auf die Nachbarhäuser übergriff und die Judengasse fast völlig zerstörte. Fünfhundert Häuser und die Synagoge fielen dem Feuer zum Opfer, mehr als dreihundert Glaubensgenossen waren plötzlich obdachlos. Naftali wurde sofort verhaftet, man beschuldigte ihn, ein Kreuz in die Glut geworfen zu haben, um dessen Unvermögen zu beweisen. Die antisemitisch motivierte Anklage erwies sich als absurd, und die Behörden entließen ihn schließlich aus der Haft.

Rabbi Kohn kehrte nach Prag zurück. Für kurze Zeit lebten Mosche Utitz, Naftali Kohn und Dr. Nataniel Lion in dem gleichen Getto, ohne zu ahnen, daß sie eines Tages gemeinsame Nachkommen haben würden.

Naftali hielt es nicht lange in Prag aus. Als sich seine Hoffnung auf ein Rabbinat in Posen nicht erfüllte, beschloß er, nach Jerusalem zu ziehen, um dort sein Leben zu beenden. Auch dieser Wunsch ging ihm nicht in Erfüllung. 1719 starb er, bevor er sein Ziel erreichte, in Konstantinopel und wurde dort begraben. Dies alles schreckte seinen Sohn nicht ab, gleich seinem Vater den Rabbinerberuf zu ergreifen.

Dr. Nathaniel Lion hingegen gelang es nicht, seinem Sohn zu ermöglichen, sich dem medizinischen Studium zu widmen. Es scheint, daß die schlechten Wirtschaftsverhältnisse im Getto der Familie Lion schwer zu schaffen machten und einfach nicht genug Geld da war, dem jungen Abraham das Erlernen des ärztlichen Berufes, oder irgend eines anderen, zu ermöglichen. Während der Kriegsjahre, die der Thronbesteigung Maria Theresias folgten, mußte Abraham sich sein Brot mit allen möglichen Handlangerdiensten verdienen. Die Situation verschärfte sich noch, als sein Vater 1742 zu Grabe getragen wurde. Das Jahr darauf starb auch seine Schwester, vermutlich wie so viele andere an Hunger. Mit der Lion-Familie ging es bergab. 1744 zählte Nathaniels Vetter Leib Lion zu den Opfern des Prager Pogroms. Die weitläufigen Verwandten litten selber Not und konnten Abraham und die Seinen nicht unterstützen.

Gleich allen anderen Juden mußte Dr. Nathaniel Lions Sohn am 31. März 1745 das Getto verlassen. Als er 1748 endlich wieder zurückkehren durfte, fand er die Wohnstätte der Familie in Trümmern. Für ihn, dem es nie möglich gewesen war, einen Beruf zu erlernen, blieb nichts anderes übrig, als sich sein Brot durch Feilhalten aller möglichen Waren zu verdienen. Auch ihm fehlte es an Geld, seinen eigenen Sohn Nathaniel einen richtigen Beruf erlernen zu lassen.

Dieser Nathaniel scheint ein netter sympathischer Junge gewesen zu sein, vernünftig und in keiner Weise zu den Exzessen der Aufklärung neigend. Jedenfalls war seine religiöse Auffassung orthodox genug, um als Schwiegersohn des Kantors akzeptiert zu werden. Und so geschah es, daß aus Pessel Kohn, der Nachfahrin des Rabbi Loew, eine einfache Frau Lion wurde, deren Enkel Rudolf das vornehme Fräulein Emilie Utitz heiratete. Die jüngste Urenkelin der beiden, Bataj Lion, Tochter von Fritz Lion, ist nun, wenn auch nicht Ärztin, so doch eine höhere Beamtin des israelischen Gesundheitsdienstes.

Der berühmteste Nachkomme von Pessel und Nathaniel ist jedoch unbestreitbar der Enkel ihres Sohnes Jakob, Professor Viktor E. Frankl, ein Psychologe, der das Konzentrationslager überlebt hat und trotzdem Ja zum Leben sagt.

Von Nathan zur »Goldenen Generation«

- **Simon** * 1580
  - **Nathan Ben Simon** * 1610 ⚭ Roszina
    - **Mosche Utitz** * 1642 ⚭ Malka
      - **Wolf Utitz** * 1690 ⚭ Rosel
        - **Abraham Utitz** * 1720 ⚭ Edel
          - **Itzchak (Isak Loeb) Utitz** * 1764
            ⚭ Frömmel
            ⚭ Esther Hanna (Anna) Bunzel
            - Mathias * 1789
            ⚭ Dvora Jeiteles Goldschmied
            - **Abraham** * 1801
              ⚭ Judith Schwarz
              ⚭ Julia Teller * 1818
              - Elisabeth * 1836
              - Sophie * 1838
              - Mathilde * 1839
              - Isak Loeb * 1840
              - Helene * 1841
              - Anselm + Wilhelm * 1843
              - Hermann * 1846
        - 6 weitere Kinder
      - Nathan
      - Gabriel
      - Abraham
    - Loeb ⚭ Esther
    - Chaim
    - Salomena ⚭ Elizier Backofen
      - Philip
    - Mariana
    - Philip

Siegfried
* 1848

Heinrich
* 1850

Gotthold + Marie
* 1855

Karoline
* 1857

Emilie
* 1859

Kinder von Abraham unc

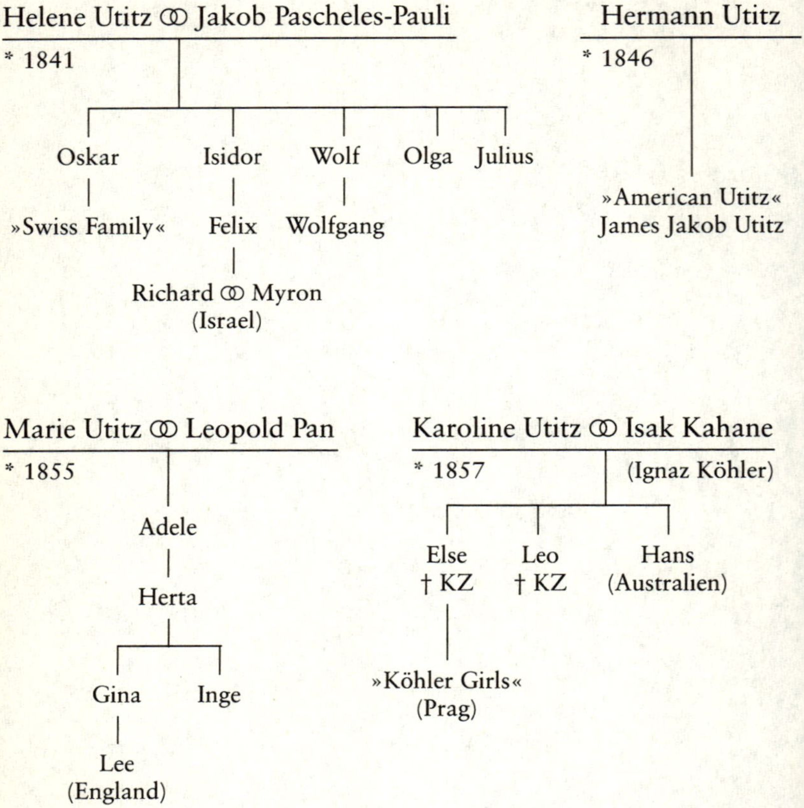

Julia und ihre Nachkommen

Heinrich Utitz ⚭ Anna Mata Levy
* 1850

- Alfred
  - Eric (Nordirland)
- Jakob
  - Doris Engländer (adoptiert) (Nordirland)
- Julia ⚭ Arthur Berger
  - Traute Klein
  - Ellen Glasner
  - (Israel)
- Viktor
  - Hannah
  - Helga
  - (Israel)

Gotthold Utitz ⚭ Philippine
* 1855

- Emil (Prag)

Emilie Utitz ⚭ Rudolf Lion
* 1859

- Robert
  - Fritz
    - Bataj (Israel)
- Arthur ⚭ Irma
  - Eli (Erich) ⚭ Tova
- Traut ⚭ Max Zeisler
- Manfred
- Ilka (Illy) ⚭ Stefan Pollatschek
  - Gerda * 1921 (England, Israel)

Anmerkungen

1 Das ›Jahrbuch der Gesellschaft für die Geschichte der Juden aus der Tschechoslowakei‹ (J. D. G.), Bd. IX, S. 262, berichtet, daß Nathan bereits im Jahre 1650 Großvater war. Juden heirateten gewöhnlich, wenn sie das Alter von 18 Jahren erreichten. Es ist also anzunehmen, daß Nathan um 1610 geboren wurde.

2 Die Beschreibung des Lebens eines Hausierers stammt aus Wilma Iggers: Die Juden in Böhmen und Mähren. München 1986. Eine Hütte, wie beschrieben, gibt es noch heute in Tatzmannsdorf im österreichischen Burgenland.

3 Nach H. Gold (Hrsg.): Juden und Judengemeinden Böhmens, Brünn 1934, gab es in Votice bereits 1538 einen Cheder.

4 Vgl. J. D. G., Bd. IX, S. 262.

5 In: Juden und Judengemeinden Böhmens. Hrsg. v. H. Gold. Jüdischer Buchverlag, Brünn 1934, S. 5.

6 Im 17. Jahrhundert zählte die Gesamtbevölkerung von Böhmen 90000. Im Getto von Frankfurt lebten etwa 3000 Juden, im Wormser Getto an die 2500 (Encyclopaedia Judaica, VII, 86).

7 Jüdische Ärzte konnten nicht die Universität besuchen, sondern lernten ihr Gewerbe von älteren Ärzten (oft ihren Vätern).

8 In Wien lebten zu dieser Zeit zwischen 3000 und 4000 Juden. Nicht einer zog die Taufe dem Exil vor.

9 S. Hock und D. Kaufmann (Die Familien Prags. Alkaly, Pressburg 1892) geben an, daß Malkas Vater der Rabbi von Burnmasch war. J. D. G., Bd. VII, S. 430–450, zeigt, daß Mosche und Rabbi Bunnen, der Sohn des Rabbi Meir von Mies, gemeinsam ein Dokument unterschrieben. Möglicherweise handelt es sich da um dieselbe Person.

10 Augenzeugenberichte s. S. Lieben: Die Prager Brandkatastrophe. Droller, Frankfurt a. M. 1927.

11 Ein Nachkomme von Nathan Ben Chaim erzählte mir kürzlich folgende Geschichte: Als Nathan hörte, daß sein Sohn erschlagen worden war, weil er sich geweigert hatte, vor dem Kreuz zu knien, dankte er Gott für die Ehre, der Vater eines Märtyrers zu sein.

12 »Aluf Morenu« war ein Ehrentitel und bedeutete »sehr verehrter Lehrer«. Nur der Oberrabbiner, in diesem Fall wahrscheinlich David Oppenheim, konnte diesen Titel verleihen. Die Inschrift befindet sich auf der Liste der alten Grabsteine und ist auch von Hock-Kaufmann erwähnt.

13 Aus »Heinrichs Liste« ersehen wir, daß Wolf, seine beiden verheirateten Kinder und fünf seiner unverheirateten Kinder im Jahre 1748 nach

Prag zurückkehrten. Es ist unwahrscheinlich, daß Wolf als Vater von so vielen unverheirateten Kindern älter als 60 Jahre war.

14 Vgl. J. D. G., Bd. V., S. 315–331.

15 Augenzeugenbericht abgedruckt in J. D. G., Bd. II, S. 220.

16 Obwohl ich (die Autorin) damals noch ein kleines Mädchen war, kann ich mich deutlich daran erinnern, wie meine Großmutter ihre Radiokopfhörer herunternahm und meinen Eltern sagte, daß sie eben eine Rede von Hitler, der kürzlich erst in Deutschland an die Macht gekommen war, gehört habe. Sie fuhr fort, dies erinnere sie an eine Geschichte von einem Pogrom in Prag, die sie von ihrem Vater erzählt bekommen habe. Ich fragte nach der Bedeutung des Wortes »Pogrom« und erhielt so meinen ersten jüdischen Geschichtsunterricht.

17 200 Jahre später, vor Abtransport in die Vernichtungslager, erlebten Wolfs Nachkommen ein ähnliches Phänomen.

18 Bei einem Besuch im jüdischen Museum Prags erfuhr ich durch einen höheren Museumsbeamten, daß nur die sehr orthodoxen Juden in unmittelbarer Nähe der Synagogen wohnten.

19 Mikrofilm 3322 in den Archives of the Jewish People, Jerusalem. Andere Dokumente zeigen, daß es zu jener Zeit einen weiteren Isak Utitz im Prager Getto gab, Mathias aber kaum sein Sohn gewesen sein kann, weil er sonst ein Kind aus einer ehebrecherischen Affäre, ein sehr verpönter sogenannter »Mamser« gewesen wäre und Schwierigkeiten bei seiner Eheschließung gehabt hätte. Also ist anzunehmen, daß Mathias der Sohn von »unserem« Isak war.

20 Heinrichs Liste enthält den Namen Goldschmied, ebenso der Mikrofilm 3826 (vgl. Anm. 19).

21 S. Dubnow: Weltgeschichte des Jüdischen Volkes, Berlin 1925–27.

22 Vgl. R. Kestenberg-Gladstein: Neuere Geschichte der Juden Böhmens. J. B. Mohr, Tübingen 1961, S. 341.

23 Vgl. M. Gilbert: Jewish Historical Atlas, Steinmatzky, Jerusalem 1985, S. 78.

24 Die Rede wurde von der Kaiserlichen Hofdruckerei abgedruckt.

25 Vgl. S. Grayzel: History of the Jews. The Jewish Publication Society of America, Philadelphia 1950.

26 Vgl. Encyclopaedia Judaica IX/1130.

27 Vgl. J. D. G., Bd. VIII, S. 207–381.

28 Die Ereignisse jenes Abends wurden immer wieder in der Familie erzählt und als Grund für Julias Blindheit genannt. Ihre jüngste Tochter Emilie, die merkwürdigerweise auch in sehr jungen Jahren erblindete, erzählte die Geschichte, so wie sie hier wiedergegeben ist, 1921 ihrem Schwiegersohn Stefan Pollatschek. Er trug sie in sein Tagebuch ein. Dieses Tagebuch ist eines der wenigen Dokumente der Familie, die die Hitlerperiode überstanden haben, und befindet sich jetzt in Jerusalem.

29 Eine der jüngeren Töchter, Marie, zeigte das schöne, alte Haus ihrem

Enkelsohn Leo Kornfeld, der wiederum seine Nichte Inge Bäumel darauf aufmerksam machte. Als ich 1985 Prag besuchte, standen Inge und ich vor dem Haus unserer Urgroßeltern und versuchten, uns ihr Leben vorzustellen.

30 Eine Tafel zur Erinnerung an die nationalen Heldentaten Herrn von Linkas ist an dem Haus angebracht und gibt die hier erwähnte Information.

31 Meine Großmutter.

32 Vgl. Jahrbuch der Israelitischen Kultusgemeinde 1894, J. B. Brandeis, Prag 1895, S. 99.

33 Diese Information stammt von Hermanns Enkelin, Mrs. Jannett Engles, Texas, USA.

34 Auch im fortgeschrittenen Alter hatte Emilie die Geschichte noch nicht vergessen und erzählte sie wiederholt ihren Enkeln.

35 Vgl. M. Gilbert: Jewish Historical Atlas. Steimatzky, Jerusalem 1985, S. 107.

36 Die Medaille befindet sich jetzt in den Händen von James Utitz in Texas, der den genauen Wortlaut übermittelte.

37 Ein »Betstübel« dieser Art ist heute noch in Schleining im österreichischen Burgenland zu finden.

38 Diese Informationen stammen von Hermanns Enkel, James Jacob Utitz, und dessen Tochter, Mrs. J. Jackson, aus Beaumont, Texas.

39 Vgl. R. Brungraber: Prozeß auf Leben und Tod. Zsolnay, Berlin-Wien-Leipzig 1948.

40 Die Geschichte wurde von Leo Kornfeld erzählt, der die Zeitungsausschnitte besaß, welche Marie ihr Leben lang aufgehoben hatte.

41 Diese Information kommt von Mrs. J. Jackson, der Tochter von James Jakob Utitz, Texas.

42 Diese Angaben über Heinrich und Anna stammen von Heinrichs Enkeltochter Ellen Glasner, Kfar Rupin, Israel.

43 Die Kinder von Helene und Jakob Pascheles: Wolf, Isidor, Julius, Oskar, Mathilde und Olga (ein Kind war bei der Geburt gestorben);
die Kinder von Anna und Heinrich Utitz: Alfred, Jakob, Viktor und Julia;
die Kinder von Emilie und Rudolf Lion: Robert, Arthur, Manfred, Traut und Ilka Lion (Mutter d. A.);
die Kinder von Karoline und Ignaz Köhler: Else, Hans und Leo;
die Kinder von Philipine und Gotthold Utitz: Emil und Flora.

44 Adele selbst erzählte diese Geschichte ihren Enkelkindern.

45 Die Information stammt aus einem Artikel von Franz Kafka über Emil Utitz. Monatsblatt der jüdischen Religionsgemeinschaft in der Tschechoslowakei. Mai 1983.

46 S. Dubnow: Weltgeschichte des Jüdischen Volkes. Berlin 1925–27, Bd. X, S. 74.

47 Wiedergegeben von Stefan Pollatschek, der Hans Köhler half, den Artikel in der Zeitung unterzubringen. Stefan Pollatschek war Journalist und mit Ilka Lion verheiratet.

48 Stefan Pollatscheks Tagebuch, nun in Jerusalem.

49 Nach Ende des Zweiten Weltkrieges erzählte Hertha Pauli diese Geschichte ihren Schweizer Verwandten, der Familie Oskar Pauli, des jüngsten Sohns von Helene und Jakob Pascheles.

50 Erzählt von seinem Sohn Zeev Utitz, Kibbuz Ha'chotrim, Israel.

51 Aus einer Rede, die Oskar Pauli anläßlich seines 80. Geburtstages hielt.

52 Erst kürzlich habe ich herausgefunden, daß der Gerichtsschreiber, der unsere Akten führte, ein Sozialist war, der sämtliche Papiere, die in seiner Obhut waren, verbrannte, sobald er Schuschniggs Abschiedsrede gehört hatte.

53 Der Bericht stammt von Isidors Enkel, Richard Pauli, Israel.

54 Trauts Schwägerin, Helene Mayer, verbrachte einige Zeit im Winter 1940/41 in Arthurs Wohnung. Sie war eine der letzten Juden, die Österreich verlassen konnten, und war Augenzeuge der geschilderten Ereignisse.

Literaturhinweise

Beschreibung des Auszugs der Prager Judenschaft. (Ohne Verfasser.) F. Geyer, Nürnberg 1748.

Birmingham, S.: Our Crowd. Pocket Books, New York 1977.

Blonsky, K.: Der österreichische Zivilstand. Soziale Geschichte. Merkblatt, Wien 1882.

Bondi, J. M.: Zur Geschichte der Familie Bondi. Droller, Frankfurt am Main 1921.

Brunngraber, R.: Prozeß auf Tod und Leben. Zsolnay, Berlin, Wien, Leipzig 1948.

Cohen, G.: Politics of Ethnic Survival. Princeton University Press 1981.

Dubnow, S.: Weltgeschichte des Jüdischen Volkes. Berlin 1925 bis 1927.

Drabeck, A.: Studiaca Austriaca X. Rötzger, Eisenstadt 1948.

Friedell, E.: Kulturgeschichte der Neuzeit. C. H. Becksche Verlagsbuchhandlung, München 1928.

Gilbert, M.: Final Journey. Steinmatzky, Jerusalem 1979.

Gilbert, M.: Atlas of the Holocaust. Steinmatzky, Jerusalem 1982.

Gilbert, M.: Jewish Historical Atlas. Steinmatzky, Jerusalem 1985.

Gold, H. (Hrsg.): Juden und Judengemeinden Böhmens. Jüdischer Buchverlag, Brünn 1934.

Grayzel, S.: History of the Jews. The Jewish Publication Society of America, Philadelphia 1950.

Grossmann, K.: Geschichte der Hitlerflüchtlinge. Europäische Verlagsanstalt, Frankfurt am Main 1969.

Gulick, C. A.: Austria from the Habsburg to Hitler. University of California Press, Los Angeles 1969.

Hannan, B.: Kronprinz Rudolfs Schriften. Amalthea Verlag, Wien, München 1979.

Herman, J.: Jüdische Friedhöfe in Böhmen und Mähren. Rat der Jüdischen Kultusgemeinde in der ČSSR, Prag 1978.

Hermann, I.: Das Prager Ghetto. Unie, Prag 1903.

Hermann, J. F. von: Die Geschichte der Juden Böhmens. Haschen Buchverlag, Wien 1819.
Hock, S., und D. Kaufmann: Die Familien Prags. Alkalay, Preßburg 1892.
Iggers, W. A.: Die Juden in Böhmen und Mähren. C. H. Beck, München 1968.
Jakobowitz, T.: Die Judenabzeichen in Böhmen. Mercy, Prag 1931.
Jakobowitz, T.: Die jüdischen Zünfte Prags. Mercy, Prag 1936.
Jakobowitz, T.: Das Prager und das Böhmische Landesrabinat. Mercy, Prag 1933.
Jeiteles, I.: Dr. Jonas Jeiteles. Selbstverlag, Prag 1906.
Kerner, R. J.: Bohemia in the 18th Century. Orono Academic International, Orono, Me., 1969.
Kestenberg-Gladstein, R.: Neuere Geschichte der Juden Böhmens. J. B. Mohr, Tübingen 1961.
Kisch, G.: Die Prager Universität und die Juden. Grüner, Amsterdam 1969.
Kisch, G.: Zensur der Jüdischen Bücher in Böhmen. Kittel, Mährisch Ostrau 1939.
Kohout, A.: Der alte jüdische Friedhof in Prag. Brandeis, Prag 1897.
Kraus, F.: Joachim, Edler von Poper. Selbstverlag, Wien 1926.
Leger, P. L.: History of Nations. Collins and Son, New York 1939.
Lieben, D.: Eröffnung des neuen Wolschaner Friedhofs. Israelitische Beerdigungsgesellschaft, Prag 1890.
Lieben, S.: David Oppenheim. Droller, Frankfurt am Main 1922.
Lieben, S.: Die Prager Brandkatastrophe. Droller, Frankfurt am Main 1927.
Lieben, S.: Briefe über die Austreibung der Juden aus Prag. Mercy, Prag 1932.
Pauli, H.: The Secret of Sarajevo. Collins, London 1966.
Poper, L.: Inschriften des alten Jüdischen Friedhofs in Prag. Appelhaus, Braunschweig 1893.
Prasek: Dejiny Czech a Moravia Nove Doby. V. Praze, Prag 1894.
Rosenblat, M.: The Jews of Vienna. New York 1983.
Roth, C.: A Short History of the Jewish People. East-West Library, London 1954.
Shachar, A.: A History of the Jews. A. Knopf, New York 1948.

Teller, C. J.: The Teller Family. International Printing, Philadelphia 1944.

Teller, M.: Die Juden und ihre Stellung in der Gegenwart. In: Zeitschrift für Hebräische Bibliographie, 1915 (Silver Schenk, Prag 1863).

Wannicek, J.: Geschichte der Prager Haupt-, Trivial- und Mädchenschule. M. J. Landua, Prag 1832.

Weiss: Die Geschichte der Österreichischen Volksschule. Wiener Verlag, Wien 1935.

Woltmann: Inbegriff der Geschichte Böhmens. I. G. Calve, Prag 1815.

Archive und Sammelwerke

Archive der Stadt Prag.

Archive für Jüdische Familienforschung, Wien.

The Archives of the Jewish People, Hebrew University of Jerusalem (Microfilm 2/2780, 2792, 3896. Geburtenregister 3537, Sterberegister 3927, Totenbuch 3826).

Cambridge Modern History. Cambridge University Press, Cambridge 1907.

Encyclopaedia Judaica, Keter Publishing House, Jerusalem 1972.

Handbuch für Jüdisches Wissen. Philo Verlag, Berlin 1935.

I Did Not Survive (Letters from the Kielce Ghetto), Geffen Publishing, Jerusalem 1981.

Jahrbuch der Gesellschaft für die Geschichte der Juden aus der Tschechoslowakei, Taussig und Taussig, Prag 1929–38.

Jahrbuch der Israelitischen Kultusgemeinde 1894. J. B. Brandeis, Prag 1895.

The Jews Of Czechoslovakia. Jewish Publication Society of America, Philadelphia 1968.

Die Juden Prags. (Sammelschrift der Logia Praga.) Selbstverlag 1927.

Das Jüdische Prag. Athenäum Verlag, Kronberg 1978.

Knaurs Konversationslexikon. Berlin 1934.

Notablenversammlung der Israeliten Böhmens. L. Sommer, Wien 1852.
The Pursuit of Equality. American Jewish Congress, Crown, New York 1957.
Zeitschrift für die Juden der Tschechoslowakei. Jüdischer Kunstverlag, Brünn 1932.

Inge Deutschkron im dtv

Foto: Stefanie Herken

Ich trug den gelben Stern

Ein unprätentiöser Bericht über das verzweifelte Leben und Überlebenwollen eines jüdischen Mädchens in Berlin. Entrechtet und verfolgt, befürchtet die Familie jeden Moment Deportation und Tod. Ein Leben in der Illegalität beginnt, unter fremder Identität, lebensbedrohend auch für die Freunde, die ihnen in beispielhafter Solidarität Beistand gewähren. Nach Jahren quälender Angst vor der Entdeckung haben Inge Deutschkron und ihre Mutter den bürokratisierten Sadismus des nationalsozialistischen Systems überlebt: zwei unter den 1200 Juden in Berlin, die dem tödlichen Automatismus entronnen sind.
dtv 30000

Mein Leben nach dem Überleben

Die Fortsetzung von ›Ich trug den gelben Stern‹. Wie richtet sich Inge Deutschkron ihr Leben nach 1945 ein? Wie geht ihre Geschichte weiter? »Ich malte mir ein Idealbild vom neuen Deutschland aus – ein Deutschland, in dem es einen neuen Geist geben würde. Erfahrung hatte ich zwar im Kampf ums Überleben, aber, wie sich bald zeigen sollte, war ich sehr naiv, was des Lebens Wirklichkeit betraf.« Die streitbare Journalistin gibt in diesen Aufzeichnungen ein spannendes Zeitzeugnis der fünf Jahrzehnte von Kriegsende bis in die Gegenwart, die gerade auch in ihren persönlichen Erlebnissen und durch ihre unbestechliche, ungewöhnliche Sichtweise begreifbar werden.
dtv 30460

Régine Pernoud im dtv

Foto: Irmeli Jung

Königin der Troubadoure
Eleonore von Aquitanien.
Ein lebendiges Bild aus dem Frankreich des Mittelalters: Leben und Zeit der schönen und klugen Königin von Frankreich.
dtv 30042

Herrscherin in bewegter Zeit
Blanca von Kastilien, Königin von Frankreich, Königin Blanche, die Enkelin der Eleonore von Aquitanien, lenkte die Geschicke ihres Landes mit sicherer Hand durch die Turbulenzen der ersten Hälfte des 13. Jahrhunderts.
dtv 30359

Heloise und Abaelard
Ein Frauenschicksal im Mittelalter. Die Liebes- und Lebensgeschichte des mittelalterlichen Philosophen, der Entscheidendes der Frau in seinem Schatten verdankte.
dtv 30394

Christine de Pizan
Das Leben einer außergewöhnlichen Frau und Schriftstellerin. Vor dem Hintergrund des ausgehenden Mittelalters erzählt Régine Pernoud das Leben der französischen Schriftstellerin, die als erste Feministin in die Geschichte eingegangen ist.
dtv 30086

Die Heiligen im Mittelalter
Frauen und Männer, die ein Jahrtausend prägten.
Mit einem Kapitel über die deutschen Heiligen im Mittelalter von Klaus Herbers.
Leben, Wirken und Leiden jener Frauen und Männer des Mittelalters, die als Heilige bis heute verehrt werden.
dtv 30441

Deutsche Geschichte der neuesten Zeit

vom 19. Jahrhundert bis zur Gegenwart

Originalausgaben, herausgegeben von Martin Broszat, Wolfgang Benz und Hermann Graml in Verbindung mit dem Institut für Zeitgeschichte, München

Peter Burg:
Der Wiener Kongreß
Der Deutsche Bund im europäischen Staatensystem
dtv 4501

Wolfgang Hardtwig:
Vormärz
Der monarchische Staat und das Bürgertum
dtv 4502

Hagen Schulze:
Der Weg zum Nationalstaat
Soziale Kräfte und nationale Bewegung
dtv 4503

Michael Stürmer:
Die Reichsgründung
Deutscher Nationalstaat und europäisches Gleichgewicht im Zeitalter Bismarcks
dtv 4504

Wilfried Loth:
Das Kaiserreich
Liberalismus, Feudalismus, Militärstaat
dtv 4505 (i. Vorb.)

Richard H. Tilly:
Vom Zollverein zum Industriestaat
Die wirtschaftlich-soziale Entwicklung Deutschlands 1834 bis 1914
dtv 4506

Helga Grebing:
Arbeiterbewegung
Sozialer Protest und kollektive Interessenvertretung bis 1914
dtv 4507

Hermann Glaser:
Bildungsbürgertum und Nationalismus
Politik und Kultur im Wilhelminischen Deutschland
dtv 4508

Michael Fröhlich:
Imperialismus
Deutsche Kolonial- und Weltpolitik 1880 – 1914
dtv 4509

Gunther Mai:
Das Ende des Kaiserreichs
Politik und Kriegführung im Ersten Weltkrieg
dtv 4510

Klaus Schönhoven:
Reformismus und Radikalismus
Gespaltene Arbeiterbewegung im Weimarer Sozialstaat
dtv 4511

Horst Möller:
Weimar
Die unvollendete Demokratie
dtv 4512

Peter Krüger:
Versailles
Deutsche Außenpolitik zwischen Revisionismus und Friedenssicherung
dtv 4513

Corona Hepp:
Avantgarde
Moderne Kunst, Kulturkritik und Reformbewegungen nach der Jahrhundertwende
dtv 4514

Deutsche Geschichte der neuesten Zeit
vom 19. Jahrhundert bis zur Gegenwart

Fritz Blaich:
Der Schwarze Freitag
Inflation und Wirtschaftskrise
dtv 4515

Martin Broszat:
Die Machtergreifung
Der Aufstieg der NSDAP und die Zerstörung der Weimarer Republik
dtv 4516

Norbert Frei:
Der Führerstaat
Nationalsozialistische Herrschaft 1933 bis 1945
dtv 4517

Bernd-Jürgen Wendt:
Großdeutschland
Außenpolitik und Kriegsvorbereitung des Hitler-Regimes
dtv 4518

Hermann Graml:
Reichskristallnacht
Antisemitismus und Judenverfolgung im Dritten Reich
dtv 4519

Hartmut Mehringer:
Emigration und Widerstand
Das NS-Regime und seine Gegner
dtv 4520 (i. Vorb.)

Lothar Gruchmann:
Totaler Krieg
Vom Blitzkrieg zur bedingungslosen Kapitulation
dtv 4521

Wolfgang Benz:
Potsdam 1945
Besatzungsherrschaft und Neuaufbau
dtv 4522

Wolfgang Benz:
Die Gründung der Bundesrepublik
dtv 4523

Dietrich Staritz:
Die Gründung der DDR
Von der sowjetischen Besatzungsherrschaft zum sozialistischen Staat. dtv 4524

Kurt Sontheimer:
Die Adenauer-Ära
Grundlegung der Bundesrepublik
dtv 4525

Manfred Rexin:
Die Deutsche Demokratische Republik
dtv 4526 (i. Vorb.)

Ludolf Herbst:
Option für den Westen
Vom Marshallplan bis zum deutsch-französischen Vertrag
dtv 4527

Peter Bender:
Neue Ostpolitik
Vom Mauerbau bis zum Moskauer Vertrag
dtv 4528

Thomas Ellwein:
Krisen und Reformen
Die Bundesrepublik seit den sechziger Jahren
dtv 4529

Helga Haftendorn:
Sicherheit und Stabilität
Außenbeziehungen der Bundesrepublik zwischen Ölkrise und NATO-Doppelbeschluß
dtv 4530